최후의 인구론

세계적인 인구학자 폴 몰런드의
사라지는 인류에 대한 마지막 경고

최후의 인구론

폴 몰런드Paul Morland 지음

이재득 옮김

미래의창

나의 출산 장려 운동 동반자 클레어
그리고 손자 리오와 할렐에게,
앞으로 태어날 많은 아이의 시작이 되기를 바라며

차례

1부
•
인구 소멸 위기와
생존 조건

/

2부

•

출산 장려를 반대하는
사람들과 그 해결책

/

1부

/

인구 소멸 위기와
생존 조건

NO ONE LEFT

··· ·

출산의 중요성이 그 어느 때보다 절실해졌지만, 그 이유를 설명하기란 그 어느 때보다도 힘들어졌다.

출산이 절실해진 이유는 지역마다, 나라마다, 대륙마다 인구 붕괴가 임박했기 때문이다. 아직 세계 인구는 전반적으로 늘고 있지만, 그 어느 때보다 상승 폭이 둔화했다. 인구 감소는 이미 세계 여러 나라를 위협하고 있고, 전 지구적 차원으로 봐도 위기는 코앞까지 와 있다.

이유를 설명하기 힘들어진 것은 변화하는 가치관이나 개인주의, 경제적 어려움 같은 요인들이 복합적으로 작용하여 점점 더 많은 사람이 아이를 덜 낳거나 아예 낳지 않는 쪽으로 설득당하고 있기 때문이다. 결국 사회 전반적으로 확산하고 있는 출산 기피 성향을 진화하기가 더욱 더 힘들어지고 있다. 과거 출산율 하락의 주요 원인이 물질적 풍요였다면, 오늘날 출산율 하락의 원인은 가족을 이루고 자연스러운 세대교체를 통해 인구를 유지하는 전통적 가치관에 반하는 이상과 생활방식이다.

이 책의 목적은 이 심각한 문제에 대한 관심을 불러일으키고, 그 이념적·물질적 원인을 이해하고자 하는 것이다. 더불어 인류가 번영을 이어가거나 심지어 계속 존재하길 원한다면 무엇을 어떻게 해야 할지 제안하려 한다.

인류의 미래에 이보다 더 중요한 일은 없다.

최후의 인구론

1장

/

불모의 초승달 지대

- 임박한 인구 소멸

인류가 새 시대로 접어들며 진통을 겪고 있지만,
정작 아이의 울음 소리는 들리지 않는다.
인구 감소의 파장이 전 지구를 뒤흔들고 있으며,
이는 시작에 불과하다.

불길한 기운이 유럽을 덮치고 있다. 동아시아와 북미 대다수 지역에서도 같은 일이 벌어지고 있고, 머지않아 이 불길한 기운이 전 세계를 덮을 것이다. 바로 인구 감소의 망령이다. 이 망령은 수십 년 동안 외딴 시골 마을과 쇠락한 공장지대 같은 변두리 지역에 출몰해왔지만 대체로 무시되었다. 그런 지역은 여론을 이끄는 기자나 학자 혹은 정치인이 사는 곳도, 많은 이들이 관심을 기울이는 곳도 아니었기 때문이다. 하지만 이제 인구 감소의 파장은 전 지구를 뒤흔들고 있다. 그리고 이는 시작에 불과하다.

　인류가 새 시대로 접어들며 진통을 겪고 있지만, 정작 아이의 울음 소리는 들리지 않는다. 유라시아 대륙 서쪽 끝 지브롤터 해협에서 동쪽 끝 싱가포르 인근 조호르 해협을 연결하는 긴 활 모양 지대는 광활한 불모의 초승달 지대라고 불러도 좋을 정도로 심각한 인구 감소 문제에 직면해 있다. 개신교, 가톨릭교, 이슬람교, 불교를 믿는 국가들, 잘살거나 못사는 국가들, 민주주의 국가와 독재 국가가 혼재한 이 지역에는 인구 감소가 이제 막 시작된 국가도 있고 몇십 년째 지속되어온 국가도 있다. 각각 사회·경제·정치 시스템은 다르겠지만, 이 지역 대부분의 국가는 현재의 인구 감소와 그에 따른 대가를 미래까지 안고 가야 하는 필연적 현실 속에 살아가고 있다.

"러시아, '소모성' 병력 고갈", "연료와 트럭 운전사 부족으로 몸살을 앓고 있는 영국", "인력난에 시달리는 암스테르담 스키폴 국제공항", "중국 공장들, 인력 부족 문제로 골머리" 등등. 여러 국가와 산업에서 이런 기사들이 쏟아져 나온다.[1] 우크라이나 전쟁 초반 징집령을 꺼렸던 러시아 정부, 영국의 EU 탈퇴, 네덜란드를 포함한 여러 나라 공항의 미숙한 코로나19 대처, 생산직보다 사무직을 선호하는 중국인 같은 다양한 노동력 수급 문제에는 국가와 산업마다 다른 특징과 원인이 있다. 이러한 각종 인력 부족 사태는 전 세계적으로 들불처럼 번지고 있는 인구 감소 현상의 단면에 불과하다. 마침내 균열이 나타나기 시작한 것이다.

시간과 장소가 갖는 특별함이나 기타 요인과는 별개로, 앞서 언급된 국가들이 20~30년 전 한두 명의 아이를 낳는 대신 두세 명의 아이를 낳았더라면 이런 인력 부족 현상은 나타나지 않았을 것이다. 그래서 이에 대한 대책으로 2023년 영국 정부는 조기 퇴직자들을 다시 노동시장으로 끌어들이기 위해 예산안을 편성할 때 연금 개혁에 중점을 두기도 했다. 이는 분명 그 자체로 칭찬할 만하고 실현 가능한 목표다. 하지만 만약 1980년대 중반처럼 20대 초반 인구가 60대 후반 인구보다 160만 명 더 많았더라면, 이러한 인구 부족

압박은 전혀 없을 것이다. 현재 영국의 20대 초반 인구는 60대 후반 인구보다 겨우 17만 명 더 많은 수준이며,[2] 노동시장으로의 노동력 순유입은 약 90퍼센트 감소했다.

부족한 노동력을 대체할 (로봇 같은) 다양한 첨단 기술이 속속 등장하고 있지만, 터진 수도관 수리나 마트 상품 진열, 노인 돌봄 서비스 같은 일들까지 맡기기에는 아직 역부족이다. 과거나 지금이나 사람이 할 수밖에 없는 일들은 존재한다. 그런데 벌써 사람이 부족하고, 이러한 현상은 앞으로 더욱 악화할 것이다.

세계 인구가 80억 명을 돌파해 사상 최고치를 기록했고 소폭이나마 계속해서 증가하고 있는 현 상황에서 이렇게 인구 감소를 걱정하는 일은 기우처럼 보일 수도 있다. 하지만 그 이면을 자세히 살펴보면 전혀 다른 그림을 발견할 수 있다. 전 세계 인구가 증가세이긴 하지만, 증가율은 1970년대 이후 반토막 났고 계속해서 둔화하고 있다. 게다가 세계 인구 상승 곡선도 그 어느 때보다 완만해져 곧 정점을 찍고 내려오게 될 것이다. 인류는 빠르게 고령화하고 있으며, 작금의 인구 증가는 새로운 생명의 탄생보다는 수명 연장의 결과에 의한 것이다. 줄어든 사망률이 인구 증가의 동력으로 출산율을 압도하고 있지만, 죽음을 영원히 지연시킬 수는 없는 일이다.

전 세계 인구 동향만을 살피다 보면 각 국가 및 지역 단위에서 벌어지고 있는 극적인 장면을 놓치기 십상이다. 아시아, 유럽, 북미 그리고 결국에는 남미에서도 배관공에서 외과 의사에 이르는 다양한 분야에서 인력난을 겪게 될 것이다. 자국 내 시골 지역이 텅 비어가고 교외가 버려지며 학교가 문을 닫고 마을이 황폐해지는데, 아프리카 동부 국가 부룬디의 인구 증가가 어떤 위안이 되고 무슨 소용이겠는가. 앞으로 살펴보겠지만, 해법으로 논의되고 있는 이민도 근본적 해결책이 될 수는 없다. 또한 인구 감소를 겪고 있는 모든 국가가 지구 반대편 출산율이 높은 지역에서 대규모 이민을 유치할 만큼 부유하거나 그럴만한 의지가 충분한 것도 아니다.

일부 국가에서는 총인구수가 이미 감소하고 있다. 점점 더 많은 국가에서 생산가능인구가 감소하고 정년이 가까워지는 인구는 급증하고 있다. 전 세계 대부분의 국가가 지난 반세기 동안 부부가 평균 2.1명 미만의 아이를 낳는 '저출산sub-replacement fertility'을 경험하고 있고 노동시장으로 유입되는 청년의 수도 나날이 줄고 있다. 예를 들어, 영국에서는 1970년대 초반 이후로 대체출산율replacement fertility인 2.1명을 넘는 출산율 통계가 발표된 적이 없으며, 러시아는 1960년대부터 그랬다. 아무리 눈부신 기술 발전이 있더라도 끝없는 신규 노동력 유입 없이 돌아갈 수 있는 경제는 없다. 노동력 유입이 멈추면 공항의 수하물 카트 서비스뿐만 아니라 석유 공급까지도 멈추게 될 것이다.

전 세계적 인구 붕괴는 19세기에 발생했던 폭발적 인구 증가처럼 상당한 지정학적 충격을 동반할 것이다. 가장 먼저 산업화에 성공한 영국은 급증하는 인구를 활용해 샌프란시스코에서 시드니에 이르는 광대한 지역을 식민지로 만들 수 있었다. 인구 급감으로 빚어질 결과도 마찬가지다. 일부 지역의 인구가 상대적으로 더 빨리 감소할 것이고, 결국 그 차이가 다음 세기를 결정할 것이다.

개개인 역시 인구 붕괴의 충격을 직접적으로 느끼게 될 것이다. 나는 요즘 런던에 한 요양원을 정기적으로 방문하고 있다. 그곳에서 일하는 사람들은 대부분 신규 이민자들이다. 비용 문제로 노인 요양원 서비스를 이용하지 못하는 사람들이 늘어나거나 이민자를 유치할 여력이 없는 국가에서는 노인을 돌봐줄 사람이 없다. 게다가 일할 수 없는 사람들이 늘어나는데 경제활동이 가능한 연령대의 인구마저 줄면 경제 전체가 삐걱대다가 결국 무너져 내릴 것이다. 인구 감소의 길을 걷고 있는 강대국 역시 힘을 잃어갈 것이며, 노인들은 방치되어 외롭게 죽어갈 것이다. 국가와 국가의 관계, 개인의 삶에 이르기까지 모든 것이 바뀌겠지만, 그 변화는 결코 긍정적이지 않을 것이다.

인구 감소 단계

● ● ○

인구가 안정되려면 여성 한 명이 가임기간(15~49세)에 낳을 것으로 기대되는 평균 출생아 수를 의미하는 합계 출산율(이하 출산율)이 2명을 약간 웃돌아야 한다. 과거에는 이 기준이 훨씬 높았는데 그 이유는 태어난 아이 중 3분의 1이 한 살이 되기 전에 죽었고, 성인들도 가임기가 끝나기 전에 3분의 2가 사망했기 때문이다. 하지만 이제 전 세계적으로 영아 사망률이 극히 낮아졌고 50세 이전에 사망하는 사람들도 많이 줄어, 여성 한 명당 2명이 조금 넘는 아이만 낳아도 장기적인 인구 균형을 유지할 수 있다.[3]

인구 감소는 세 단계로 일어난다. 우선 출산율이 대체출산율보다 낮아진다. 단, 그 이전 얼마 동안 인구 성장이 있었다면, 아이를 낳을 젊은 여성들도 많고 상대적으로 사망하는 노인의 수도 적어, 인구는 한동안 증가세를 이어간다. 이를 '인구 관성demographic momentum'이라고 한다. 다음으로, 적은 자녀를 둔 대규모 인구 집단이 사망하기 시작하고, 그들의 자녀 역시 아이를 적게 낳으면서 사망률이 출생률을 넘어서기 시작한다.[4] 이때 자연 감소가 시작되지만, 이민자에게 인기 있는 국가라면 이민으로 인구 크기의 절대적 감소를 일시적으로 막을 수는 있다. 최종 단계에서는 이민자 유입과 상관없이 인구수가 줄어든다.

이민자를 유치할 수 없거나 계획이 없는 국가들은 두 번째 단계 없이 바로 최종 단계로 넘어간다. 영국은 현재 두 번째 단계로 이동하고 있다. 아직은 출생률이 사망률보다 높지만, 그 차이는 매우 적고, 이민자들이 없다면 노동력 부족은 훨씬 더 심각할 것이다. 독일은 사망률이 출생률보다 점점 더 높아지는 추세로, 더 이상 이민자 수용으로 인구 자연 감소를 상쇄하기 힘든 최종 단계로 나아가고 있다. 러시아와 일본은 첫 번째 단계에서 최종 단계로 바로 넘어갔으며, 중국 역시 최신 자료에 따르면 연간 85만 명의 인구가 감소하고 있다고 한다.[5] 어느 국가든 이 세 단계를 거치게 되면 인구는 고령화되고 경제활동 인구는 감소한다.

출산율이 저출산 수준 이하로 떨어진 후에도 '인구 관성' 효과로 상당 기간 인구 감소가 지연될 수 있듯이, 출산율이 다시 대체율 이상으로 회복되더라도 그 효과 역시 당장 나타나지 않을 수 있다. 이를 '인구 장애demographic drag'라고 한다. 현재 가임 연령 세대가 아기를 더 낳는 것이 인구 감소를 되돌릴 유일한 방법이지만, 그 효과는 꽤 긴 시간이 지나야 나타난다. 이유는 그동안의 인구 감소 추세로 인해 잠재 출산 연령층 수가 적고 고령자 사망자 수가 많을 것이기 때문이다. 한동안은 사망자 수가 출생아 수보다 많을 수밖에 없다. 일본의 경우, 15세에서 45세 여성 인구는 1990년 대비 4분의 1 이상 감소해, 현재 여성 한 명당 출산율이 1990년 수준으로 회복된다고 해도 신생아 수 역시 4분의 1 정도에 불과하다. UN은 이번 세기말이 되면 일본의 가임 연령 인구가 현재의 절반 수준으로 떨어질 것으로 추정했다. 따라서 앞으로 일본 여성의 출산율이 유지된다고 해도 일본 전체 출생아 수는 절반으로 줄 것이다. 이는 인구수가 곤두박질치는 전형적인 과정으로, 실제로 많은 나라들이 똑같은 일을 경험하게 될 것이다.[6]

저출산이 고착화Self-reinforcement되는 데는 다양한 이유가 있다. 첫째, 가족의 규모에 대한 기대치와 경험이다.[7] 사회적 분위기가 핵가족 위주거나 아예 가정을 꾸리지 않는 쪽을 선호한다면, 자녀가 있는 사람들의 삶은 그렇지 않은 사람들보다 더 힘들 수 있다. 도시 설계나 제품 디자인에서 어린이에 대한 배려는 줄어들고, 유모차를 끌고 다니거나 대가족에 알맞은 주택이나 차량을 찾기가 더 힘들어질 것이다. 둘째, 핵가족 사회가 미래 세대의 기대치를 설정하기 때문이다. 역사적으로 보면, 대가족에서 자란 사람들은 핵가족에 적응하기 쉽지만, 그 반대는 어렵다. 이는 결국 가족의 규모가 점점 줄어드는 악순환으로 이어진다.

셋째, 인류의 수명이 늘어나면서 노인 돌봄의 중요성이 커지고 있다. 성인이 된 자녀는 나이든 부모를 돌봐야 하지만, 부담을 나눌 형제자매가 없는 외동일 경우 자녀 출산이나 양육에 쏟을 시간이 부족하다. 현재 중국에서는 노부모를 돌봐야 하는 사람들 상당수가 외동이다. 이들이 결혼하여 자녀를 출산할 경우 육아를 하면서 동시에 늙어가는 양가 부모를 돌보는 일이 막막할 수밖에 없다. 한 중년 여성은 이렇게 말한다.

"엄마를 돌보는 일이 힘들긴 하지만, 그래도 형제자매가 있어 함께 돌보니 그나마 다행이죠. 하지만 외동으로 자란 아이들이 자라서 결혼을 하면 둘이서 양가 부모님 네 분을 돌봐야 해요. 우리 세대가 자녀들에게 얼마나 부담이 될지 상상이 되나요?"[8]

역사적 맥락

· · ·

대부분의 사람들은 출산율이 감소하고 있다는 것을 인지하고 있지만, 어딘가 다른 지역에서 여전히 많은 아이가 태어나고 있다고 생각하는 경향이 있다. 과거에도 그랬다. 19세기 프랑스인들은 라인강 넘어 독일을 불안하게 바라보며 독일 여성들의 끝없는 생식 능력을 두려워했다. 하지만 독일인들의 생식 능력은 끝없이 이어지지 않았고, 프랑스인들의 두려움은 기우로 끝났다. 사실 독일의 낮은 출산율은 이미 100년이나 된 고질적인 문제다. 한때는 독일인도 동유럽 슬라브인들의 다산 능력을 두려워했지만, 실제로 슬라브 여성들이 대가족을 이룬 기간은 20세기 들어 독일 여성들보다 몇십 년 더 길었을 뿐이다. 그리고 자녀가 줄줄이 딸린 자상한 이탈리아 엄마라는 고정관념도 이제는 유효기간이 한참 지난 잘못된 통념에 불과하다. 이탈리아는 유럽에서 가족의 규모가 가장 작은 나라가 된 지 오래다.

많은 이들이 중국의 한 자녀 정책에 대해서는 알고 있을 것이다. 그러나 중국 정부가 한 자녀 이상을 허용하더라도 이제 중국인들은 더 이상 많은 자녀를 낳길 원하지 않는다. 이 같은 현상은 공산당의 인구 통제를 받아본 적 없는 대만이나 말레이시아 같은 지역에 살고 있는 중국인뿐만 아니라 한국이나 태국 같은 동아시아의 다른 나라들도 마찬가지다. 중국처럼 강제적인 산아제한 정책을 실시한 적 없음에도, 이들 국가의 가족 규모는 20세기 후반 이후 급격히 감소했다.

대략 한 세기 전, (당시 가장 막강한 정치력을 과시했던) 유럽인들은 세계 인구 통계에서 아시아인의 비중이 높아지는 것을 경계하여

(일본인이나 중국인 같은) 황인종이 백인종을 위협한다는, 이른바 '황화론Yellow Peril'을 주장했다. 최근까지만 해도 서구인들은 값싼 노동력이 넘쳐나는 중국에 일자리를 뺏길까 마음을 졸였다. 하지만 수억 명의 중국 노동자들이 제조업의 수요를 충족시켜주는 현실에 익숙해진 유럽과 북미인들은 머지않아 노동력이 풍부했고 임금이 낮았던 시절을 그리워하게 될지도 모른다.

이제 더 이상 중국은 세계에서 가장 인구가 많은 나라가 아니다. 그 타이틀은 이제 인도로 넘어갔지만, 히말라야 남쪽에 위치한 인구 대국 인도의 상황도 녹록지 않다. 의외로 콜카타 여성들의 평균 자녀 수는 한 명이다. 인도 동북부 서벵골주의 합계 출산율은 영국보다도 낮으며, 이 추세는 인도 전역으로 확산하고 있다. 사실 세계 인구 대국인 중국과 인도의 유일한 차이는 시간으로, 인구 감소의 늪에 빠질 시간이 인도에 몇십 년 더 남았을 뿐이다. 인도는 (출산율이 대체출산율 이하로 떨어지는) 인구 감소의 첫 단계로 진입했고, 중국은 (절대 인구수가 감소하는) 세 번째 단계에 진입하고 있다. 두 나라 모두 대규모 이민을 유치하기에는 매력적이지 않고 덩치도 너무 커 이민으로 큰 차이를 만들어내기는 힘들 것이다.

최후의 인구론

고령화, 이어지는 인구 소멸

• • •

전 세계 대부분의 지역에서 인구통계학적 전망은 매우 어둡다. 이는 고령화 관련 데이터에서 가장 두드러지게 나타나고 있다. 유럽에서는 이탈리아가 특히 심각하다. 1950년 이탈리아에는 80세 이상 노인 한 명당 10세 미만 어린이가 17명이었지만, 현재는 대략 1대1 정도다. 이는 이미 선진국 반열에 올라선 이탈리아 같은 유럽 국가만의 상황이 아니다. 큰 발전을 이루며 번영으로 가는 길에 올라탔지만, 아직 갈 길이 먼 개발도상국에서도 비슷한 일이 벌어지고 있다. 이탈리아가 유럽을 대표한다면, 태국은 아시아의 개발도상국을 대표하는 나라다. 1950년 태국에는 80세 이상 노인 한 명당 10세 미만 어린이가 70명이 넘었다. 하지만 오늘날은 노인 한 명당 아이 서너 명 수준으로 비율이 급격히 떨어졌다. 이러한 추세로는 앞으로 한 세대가 지나면 80세 이상 인구가 10세 미만 인구를 앞지를 것으로 보인다.[9]

물론 인구 고령화에 단점만 있는 것은 아니다. 범죄가 줄어들고 전쟁 가능성이 낮다는 장점도 있다. 그러나 고령화는 결국 노동력과 세수의 감소를 의미하며, 연금 및 의료 서비스에 대한 국가 부담의 증가로 이어진다. 80세 후반 이상의 고령 인구가 지출하는 의료비는 청년기 인구 의료비의 6~7배다. 영국의 국가 의료 서비스 NHS가 시작되었을 당시 80세 후반 이상 인구는 20~30만 명 정도였지만, 지금은 150만 명을 훌쩍 넘었고, 이번 세기말이 되면 거의 600만 명에 육박할 것으로 예상된다.[10] 의료비 지출이 나날이 느는데도 사람들이 의료 서비스 질 개선을 거의 체감하지 못하는 것은 어찌 보면 당연한 일이다.

대표적인 고령 국가인 일본과 이탈리아가 선진국 가운데 GDP 대비 부채 비율이 가장 높은 이유가 바로 여기에 있다. 고령화로 인한 사회적·경제적·재정적 부담의 결과는 분명하다.[11] 일본은 30년 전 노동력이 정점을 찍은 후, 경기가 전반적으로 둔화했을 뿐만 아니라 국민 개개인의 소득도 줄어드는 등, 경제 성장이 눈에 띄게 더뎌졌다. 국가가 고령화 사회에 접어들면 국민은 가난해진다. 1990년 일본의 1인당 GDP는 미국의 1인당 GDP보다 18퍼센트 낮은 수준이었지만, 현재는 거의 40퍼센트 정도 차이가 난다.[12]

이 같은 현상은 단순한 사회 변화라기보다 전면적인 사회 대변혁에 가깝다. 인구 변화는 범죄와 처벌, 전쟁과 평화, 호황과 불황에 이르는 모든 측면에 영향을 미친다. 전 세계적으로 저출산 현상이 일반화됨에 따라 향후 약 3세기 동안 인구가 현재(약 80억 명)의 4분의 1 수준 이하로 급격히 감소할 수도 있다. 장기적인 역사적 관점에서 봤을 때, 인류가 20억 명을 넘었던 시기는 비교적 짧고 특이한 인구 급증기 정도로 볼 날이 올지도 모른다.[13]

신뢰할 만한 추정치에 따르면, 이번 세기말까지 일본 인구의 40퍼센트가 증발할 수 있으며 중국도 마찬가지라고 한다. 이후 인구 감소세가 차츰 완화될 수도 있지만, 이 추세는 강대국 역할을 유지할 수 없을 정도로 기능마저 약화한 작고 고립된 지역들만 남을 때까지 이어질 것이다. 한국의 경우, 현재 출산율대로라면 각 세대 인구는 이전 세대 인구보다 40퍼센트 줄어들 것으로 보이며, 그렇게 세 세대만 지나도 인구의 거의 90퍼센트가 증발한다. 한국만큼 심각하진 않은 말레이시아와 마케도니아 같은 나라도 현재 출산율에 변화가 없다면, 다소 더디긴 하겠지만, 비슷한 미래를 맞이할 수밖에 없다.

중국을 비롯한 많은 나라의 출산율이 현재 수치에서 더 떨어지지 않고 유지된다고 하더라도, 인구 감소 추세에는 변함이 없다. 그저 속도가 조금 느려질 뿐이다. 지속적인 인구 감소를 막으려면 출산율이 다시 대체출산율 수준 이상으로 크게 올라야 하지만, 그 가능성은 희박해 보인다. 인류 역사상 전례 없는, 인류가 자초한 인구 감소가 일어나고 있다. 걱정할 때가 됐다. 더 이상 외면할 수 없다.

그렇다면 인구는
영원히 증가해야만 할까?

• • •

전 세계적으로 1800년경에는 10억 명, 1920년대에는 20억 명, 1970년대에는 40억 명의 인구가 살았으며, 인구 감소는 걱정할 일이 아니라고 주장하는 이들도 있을 수도 있다. 다시 그 정도로 사람이 줄어든다고 해서 문제가 될까? 이상적인 인구는 과연 몇 명일까? 인구는 꼭 계속 늘어야만 하는 걸까?

당연한 이야기지만, 1800년과 1920년 그리고 심지어 1970년은 지금보다 훨씬 더 가난했다. 훨씬 더 많은 사람이 궁핍과 배고픔에 허덕였다. 인구가 지금보다 적어 1인당 할당된 공간과 자원이 훨씬 더 많았는데도 말이다. 하지만 19세기 미국 경제학자 헨리 조지가 지적했듯이, 매도 사람도 닭을 먹는데 매의 수가 늘면 닭의 수는 줄어들지만, 사람이 많아지면 닭의 수는 늘어난다. 추가 자원 마련의 열쇠는 바로 인간의 창의력이다. 인간은 식량이나 태양광 같은 대체에너지를 더 효율적으로 생산할 수 있는 능력을 갖추고 있다. 그러므로 더 많은 사람, 특히 교육을 받은 사람들이 많은 세상이 바로 우리가 이루고자 하는 풍요로운 세상이다. 만약 인류 번영의 필수 요소가 1인당 충분한 공간과 자원이 전부였다면, 우리 조상들은 지금의 우리보다 물질적으로 훨씬 풍요로워야 했을 것이다. 그러나 실제로는 훨씬 더 궁핍했다. 예를 들어, 싱가포르는 인구 밀도가 아프리카의 부르키나파소보다 100배 높지만 훨씬 더 부유하다. 그리고 방글라데시는 독립 이후 50년 동안 인구가 두 배 이상 증가했지만, 일반적인 예상과 달리 훨씬 더 부유해졌다.

나는 최근 한 인터뷰에서 출산 장려를 지지하며 세계가 인구 과잉이 아닌 인구 부족으로 위기를 맞게 될 것이며 인구가 많으면 훨씬 더 부유해질 수도 있다는 주장을 펼쳤다. 그런데 그 인터뷰 영상에 달린 댓글 중에는 인도는 인구가 지나치게 많아 교통 인프라

최후의 인구론

가 마비될 정도라며, 나에게 인도에서 기차를 타고 여행을 해본 적 있냐는 질문이 있었다. 나는 인도에서 기차를 타봤을 뿐만 아니라, 2010년에 타봤을 때는 1980년대에 탔을 때와 비교해 관련 시설이나 서비스가 말도 못할 정도로 좋아졌고, 인도의 인구는 그 사이 두 배가 늘었다는 답변을 달아주었다. 인도의 철도 서비스는 (그리고 항공은 훨씬 더) 인구가 7억 5,000만 명일 때보다 15억 명으로 늘어난 현재 질적으로 더 개선됐다. 높아진 인구 밀도와 경제발전은 인프라 투자의 타당성을 높인다. 1800년 인도 인구는 현재의 10분의 1 수준이었고, 물론 기차도 비행기도 없었다. 높은 인구 밀도와 온갖 부정적 결과를 연관 짓는 가정은 더 이상 설득력이 없다. 사람들은 가장 붐비는 곳에 살기 위해 많은 돈을 쓴다. 런던 중심부나 맨해튼을 생각해보면 쉽게 이해될 것이다.

게다가 세계는 아직 그렇게 붐비지도 않는다. 인간이 정착, 인프라 건설 및 농업 활동으로 지구에 미친 영향은 지구 표면의 15퍼센트도 되지 않는다.[14] 게다가 인공육이나 수경재배 같은 농업 기술의 발달로 인해 더 적은 토지로도 늘어나는 인구를 먹여 살릴 수 있게 되었으며, 그에 따라 더 많은 농경지를 자연으로 되돌릴 가능성이 충분해졌다. 도시화의 확산으로 인구 밀도가 높아지면 더 적은 공간을 차지할 뿐 아니라 소비하는 자원 또한 줄어든다. 예를 들어, 우편이나 전기, 수도 그리고 대중교통 수단 등은 사람들이 서로 더 가까이 밀집하여 살 때 효율성이 극대화된다.

인구가 무한히 증가해야 한다고 주장하는 것은 아니다. 한계

없이 무한 확장할 수 있는 건 없다. 하지만 아직 인간이 번성할 수 있는 공간은 충분하다. 실제로 인간은 보통 번성 과정에서 공간을 더 효율적으로 활용해왔다. 결국 인구 증가세는 멈추게 될 것이고, 이후 내리막을 걷게 되겠지만, 내가 이 책에서 강조하고 싶은 것은 아직은 그렇게 되어서는 안 된다는 것이다. 미래의 어느 시점이 되면 인간의 노동력을 상당 부분을 대체할 수 있는 기술이 등장할 것이다. 하지만 (8장에서 더 자세히 다루겠지만) 아직은 아니다. 로봇에 의한 노동력 대체가 아직 실현 불가능한 지금, 인구를 줄이려는 시도는 세계를 마비시키려는 것과 같다. 이상적으로는 세계 인구가 가까운 미래에도 계속 증가해야 하지만, 세계 대부분 지역이 인구 구조 변화 초기였고 피임에 대한 개념 또한 거의 없었던 50년 전처럼 연간 2퍼센트 이상의 인구 증가율을 유지할 필요는 없다. 오늘날은 여성 한 명이 평균 두세 명의 자녀를 낳고 대부분의 사람이 출산 가능 연령 이전에 사망하지 않는 정도의 점진적이고 안정적인 인구 성장이 필요한 시기다. 고령화와 인구 감소로 초래될 여러 가지 문제가 점진적으로 발생한다면 대처하기 어렵지 않겠지만, 출산율이 급격히 떨어지면 그만큼 파장도 더 갑작스럽고 혼란스러울 것이다.

나는 어떤 특정한 숫자를 목표로 두자는 주장을 하는 것도 아니다. "1975년 전 세계 인구는 40억 명이었고, 그때도 인류는 잘 만 살았다. 그런데 40억으로 다시 돌아가는 게 그렇게 끔찍한 일일까?"라는 반론이 있을 수도 있지만, 문제는 숫자가 아니라 인구 변화의 방향과 그에 따른 인구 구조다. 일본의 경우를 살펴보자. 1960년대 중반, 일본의 인구는 1억 명을 돌파했다. 그리고 2050년대 중반이면 1억 명 아래로 다시 떨어질 것으로 보인다. 인구 1억 명을 돌파했을 때, 일본의 정년 인구 한 명당 생산가능인구(20~65세)는 9명 이상이었다. 하지만 30년 뒤 인구수가 감소하게 될 때, 일본의 생산가능인구 비율은 1.5명도 채 되지 않을 것이다. 이 책이 제시하고 있는 수많은 데이터 중 특히 기억해두어야 할 수치다. 고령화 사회에서 노년부양비old-age dependency ratio 문제는 매우 중요하기 때문이다.

심각한 인구 부양비 문제

• • •

저출산 문제가 늘어난 기대 수명과 맞물리면 다양한 문제가 발생한다. 우선 사회가 고령화하고 이후 인구 감소가 뒤따른다. 나아가 생산가능인구 대비 부양해야 할 인구 비율, 즉 부양비가 증가해 사회보장제도에 큰 부담이 발생하고, 교육이나 의료 같은 필수 서비스를 유지할 인력이 부족해진다. 2021년 가을에 영국의 유조차 운전기사 부족 사태가 일어난 것처럼, 인구 감소로 경제의 특정 분야에 균열이 나타나면, 일반적으로 임금 인상이나 외국 노동자 입국 요건 완화 및 해외 인력 채용 같은 특별 조치가 취해진다. 하지만 이는 '땜질식 처방'에 불과하다. 당장 노동력은 수혈되겠지만(장기적

훈련이 필요 없는 분야는 가능하겠지만, 의료 분야처럼 잠재적 인력 양성과 배출에 장기적인 체계적 관리가 필요한 경우 쉽지 않다), 노동력이 전반적으로 부족한 상황에서는 다른 지역의 인력난을 악화시킬 뿐이다.

노동력 부족은 근본적으로 인구통계학적 문제다. 노동력을 보충하기 위해 정년을 연장할 경우, 푸틴 대통령과 마크롱 대통령이 경험한 것처럼 쓰라리고 때로는 격렬한 반발을 살 수 있다.[15] 대학 교육 기간을 단축하여 조기 취업을 유도할 수도 있겠지만, 이는 장기적으로 봤을 때 노동력의 생산성 하락으로 이어질 수도 있다. 인구 구조의 지각변동에 대응하기란 매우 어려운 일이다.

내가 첫 취업을 했던 1980년대 중반 영국에는 20대 초반 인구 한 명당 60대 후반 인구가 2명 정도였다. 따라서 노동시장에는 새롭게 유입되는 인구가 떠나는(은퇴하는) 인구보다 많았다. 이는 1960년 초 베이비붐이 끝날 무렵 영국의 '건강한' 출산율이 반영된 결과이며, 당시 여성은 한 명당 약 3명의 아이를 낳았다. 하지만 오늘날 20대 초반 인구수와 60대 후반 인구수는 거의 같다. 21세기 들어 출산율이 현저히 줄면서 노동시장에 신규로 유입되는 인력도 대폭 줄었고, 결국 노동력 부족이 만성화되었다.[16] 지금까지 이민을 해결책으로 삼아온 영국 같은 선진국 국가들은 수십 년에 걸쳐 이민자를 꾸준히 늘려왔다. 하지만 앞으로 7장에서 살펴볼 것처럼, 이민은 심각한 단점을 동반하고 모든 국가에 공통적으로 적용할 수 있는 방안도 아니며 어떤 국가에도 장기적 해결책이 될 수 없다.

문제의 핵심은 간단히 말해 생산가능인구 대비 은퇴 인구 비율을 나타내는 노년부양비다.[17] 노년부양비를 정확히 계산하려면 사람들이 언제 노동시장에 진입하고 떠나는지를 알아야 하지만, 편의를 위해 20세에 시작해서 65세에 끝난다고 가정해보자. 연령대가 바뀌면 비율도 바뀌지만 그렇게 큰 차이는 없다. 어쨌든 계산해본 결과, 영국의 생산가능인구 대비 은퇴 인구 비율은 1950년대에는 20퍼센트 미만이었고, 현재는 30퍼센트 이상이며, 2100년에는 60퍼센트에 육박할 것으로 예상된다. (출산율을 기준으로 더 나쁜 사례와 더 나은 사례를 종합해) UN이 발표한 '중간' 추정치에 따르면, 노년부양비는 2050년대에 50퍼센트(퇴직자 1명당 근로자 2명)까지 상승할 것이라고 한다.

이탈리아는 부양비가 1950년대에는 15퍼센트 정도였다가 현재 40퍼센트까지 급등했고, 이번 세기말이면 80퍼센트가 될 것이라고 예상되는 나라다. 즉, 머지않아 근로자 한 명이 은퇴자 한 명을 부양해야 한다는 뜻이다. 재정적으로 그런 사회를 유지하기 위해서는 극단적인 세금 인상만이 유일한 답이다. 젊은 노동자가 이탈리아에 남아 있으려는 이유를 찾기 힘든 미래다. 남는다 하더라도 그 수가 너무 적어, 노인을 부양하는 문제는 차치하고, 나라가 제기능을 하는 데 힘이 되지도 못할 것이다. 이탈리아는 최악의 사례지만, 다른 나라들이라고 나은 처지는 아니다. 일본은 이미 부양비가 50퍼센트를 넘었고 이번 세기 후반이 되면 80퍼센트까지 증가할 것이다. 일본의 정년을 65세로 산정하여 계산해보면, 2050년 중반이면 근로자 세 명이 은퇴자 두 명을 부양해야 한다는 이야기다.

태국은 현재 은퇴자 한 명당 근로자가 약 다섯 명꼴이지만, 2070년경이 되면 일본과 비슷해져, 은퇴자 한 명을 근로자 세 명이 부양해야 한다. 부유해지기 전에 고령화되는 국가의 전형적 사례다.[18]

이 모든 일은 생명 연장의 꿈을 이뤄낸 인간의 뛰어난 기술 덕분이지만, 아이 낳기를 꺼리는 사람이 늘어나면서 나타난 안타까운 결과이기도 하다. 현재 미국은 노년 부양비가 28퍼센트로 (1950년대에 비해 두 배로 늘긴 했지만) 비교적 적정 수준을 유지하고 있다. 지난 몇십 년간 미국의 출산율이 다른 선진국에 비해 높았기 때문이다. 하지만 미국도 2040년대 중반이 되면 노년부양비가 약 40퍼센트에 달할 것으로 예상된다. 미국은 물론 세계 노동시장에 매우 광범위한 영향을 미칠 수 있는 엄청난 전환점이 될 것이다.

그 결과 재정적으로는 사회복지 지출이 나날이 늘고 이를 충당할 근로자 수는 줄어, 정부 부채가 눈덩이처럼 불어나고 있다. 노동시장에서 부양비 증가의 결과는 인력 부족 현상으로 나타난다. 8장에서 인류가 과연 기술의 도움을 받을 수 있을지, 그것이 언제쯤일지에 대해 살펴보겠지만, 앞으로 수십 년간 부양비가 급격히 치솟을 것이 예정된 지금, 기술이 어떻게 (완전히 인간을 대체하지는 못하더라도) 기존 인력의 효율성을 빠르게 높여갈지는 여전히 불투명하다. 전기 콘센트 설치나 쓰레기 수거처럼 아주 간단하지만 아직 인간밖에 할 수 없는 일이 아직도 무수히 많기 때문이다. 이처럼 기술적인 해결책은 불확실한 미래지만, 인구 문제는 분명한 현실이다.

몇십 년 앞으로 다가온 고령화 사회는 노동력 부족 문제가 심화하여 많은 일들이 제대로 처리되지 못할 것이다. 또한 정치적 우선순위와 경제 여건에 따라 건물 및 인프라 시설 낙후와 노인이나 사회경제적 무능력자 방치와 같은 다양한 문제가 발생할 수 있다.

인구 구조 변화가 많은 문제를 초래하는 이유는 인구 대비 생산가능인구가 감소하기 때문도 있지만, 젊은 세대에서 나오는 창의적 아이디어가 줄어들기 때문이기도 하다. 일본은 고령화와 함께 특허 출원 건수가 30~40년 전에 비해 크게 줄었다. 전 세계적으로도 젊은 세대에서 흘러나오는 혁신적인 아이디어가 고갈되면 경제 전반의 생산성이 큰 타격을 받게 될 것이다. 실제로 이미 많은 선진국에서 생산성 정체 현상이 나타나고 있으며, 이는 청년 세대의 감소로 혁신적인 제안이 줄었다는 점과 무관하지 않다.[19] 규모가 큰 집단은 많은 인원을 바탕으로 지적 노동을 분담할 수 있어 혁신에 더 유리하다는 점도 주목해야 한다. 영어권 세계는 생각을 광범위하게 공유할 수 있고, 따라서 여타의 소규모 언어 공동체보다 더 많은 혁신을 일으킨다. 점점 더 많은 분야에서 최첨단 기술을 보유해가고 있는 중국도 비슷한 이점을 누려가고 있다. 하지만 젊은 세대가 나날이 줄어가는 중국이 계속해서 혁신을 이어갈 수 있을까?

물론 총부양비는 노년부양비와 달리 일반적 은퇴 연령 이상 인구와 취업하기에는 아직 어린 연령대 인구를 포함해, 노동 가능 인구에 대한 노동 불가능 인구의 비율로 계산되어야 한다. 오늘날의 경제 구조에서는 인구의 상당수가 만 20세까지 정규교육을 받게 되어 있다. 일부에서는 더 어린 나이에도 취업할 수 있다고 주장하지만, 현대 경제가 젊은 세대의 고등교육 기회를 줄이고도 성공적으로 기능할 수 있을지는 의문이다. 아이들의 수가 줄어들면, 총부양비(생산가능인구 대비 노인과 어린이의 비율)는 약간 낮아지는 긍정적 효과를 낳는다. 노인 요양 시설을 만들고 인력을 투입하는 데 더 많은 자본과 노동력이 투입되겠지만, 유치원과 학교에 투입될 자원은 줄어들기 때문이다. 기저귀 제조업체들은 생산 설비와 인력을 요실금 패드 생산으로 전환할 것이다. 일본은 이미 연간 요실금 패드 소비량이 기저귀 소비량을 넘은 것으로 알려져 있다.[20]

하지만 총부양비를 줄이기 위해 아이를 적게 낳자는 주장은 누가 봐도 최악의 문제 해결책이다. 경제적 측면에서 봤을 때, 아이들에게 투자한 자원은 그 결실을 바로 수확할 수 없지만 아이들이 곧 미래의 노동력이라는 사실을 간과해서는 안 된다. 노인 부양을 위한 투자가 인간적으로나 도덕적으로 바른 일이라면, 젊은이들의 교육과 발전에 대한 투자는 미래를 위한 씨앗을 뿌리는 일이라고 할 수 있다. 출산율을 높이면, 처음에는 총부양비가 높아질 수밖에 없다. 하지만 노년부양비가 지나치게 높아져 아이들을 돌보고 교육하는 데 들어가는 비용마저 감당하기 어려워지기 전에 지금 당장 투자와 노력을 기울이는 것이 훨씬 더 나은 선택이다. 아이를 적게 낳아 총부양비를 낮춰 고령화 사회의 부담을 덜자는 주장은 오히려 고령화 사회의 부담을 더 키우는 단기적 시각일 뿐이다.

최후의 인구론

정말 먼 미래일까?

• • •

출산율 감소 추세를 오랫동안 관찰해온 전문가들은 '장기적으로' 문제가 발생할 것이라고 우려한다. 하지만 우리는 그 장기적 시기에 벌써 와 있다. 우리가 모두 목격하고 있듯이, '장기적'이었던 문제가 선진국 경제 전반에 걸친 노동력 부족으로 이미 나타나고 있는 것이다. 이에 대해 일본 총리는 사회 붕괴를 언급했으며, 일론 머스크는 문명이 사라질 것이라고 주장하기도 했다.[21]

　최근 뉴스 보도를 몇 가지 살펴보며 문제의 심각성을 상기할 필요가 있다. (1970년 이후 저출산으로 접어든) 독일에서는 "전문가들에 따르면 고령화로 인해 줄어드는 노동력을 보충하기 위해 매년 약 40만 명의 기술 이민자가 필요하다. 노동청은 이달 초 발표한 연례 분석자료를 통해 조사 대상 직업군 약 1,200개 중 200개 직종에서 노동력 부족이 발생했다고 밝혔다. 이는 전년도 148개 직종에 비해 크게 증가한 수치다"[22]라는 기사가 나왔다. 또한 (1958년 이후 저출산으로 접어든) 일본에서는 "연구 결과, 일본은 2040년이 되면 1,100만 명에 달하는 노동력 부족에 직면할 것"[23]이라는 보도가 있었다. (1991년 이후 저출산으로 접어든) 중국에서도 "인력난 심각. 중국의 인구 감소는 전 세계를 향해 켜진 경고등이다"[24] 같은 보도가 있다. 최근 중국 자료를 살펴보면, 여성 한 명당 평균 출산율이 1명을 조금 웃도는 것으로 나타나, 앞으로 중국의 매 세대 인구는 지난 세대 인구의 절반 수준으로 줄어들 것으로 예상된다. 이는 한 세대 전 남아 선호 분위기에서 만연했던 선택적 낙태로 가임 여성이 부족해져 나타난 현상이다. 이번 세기말이 되면 중국의 인구는 45퍼센트 이상 감소할 것으로 추정되며, 65세 이상 인구 비율은 전체 인구의 14퍼센트에서 40퍼센트로 증가할 것이다.[25]

출산율은 지난 수십 년간 지속적으로 감소해왔다. 인구 감소는 증가세로 돌아설 기미를 보이지 않으며 오히려 가속이 붙고 있다. 지금 아이를 낳는다 하더라도 태어난 아이가 성장하여 노동시장에 진입하는 데는 또 다시 수십 년이 걸릴 것이다. 우리의 상황은 악화일로에 놓여 있다. 노동력 부족은 모든 분야에서 나타나고 있다. 식당과 술집은 직원 부족으로 영업시간을 줄이고 있고, 학교는 자격 있는 교사가 부족해 자격 미달 교사가 아이들을 가르치고 있으며, 인프라 프로젝트는 인력 부족으로 중단되거나 아예 시작조차 못 하고 있다. 인구 부족이라는 근본적인 문제가 깊게 뿌리내려 상황은 향후 수십 년간 나빠지기만 할 것이다. Z세대의 출산 의지를 고려하면 이후 세대의 미래는 더 암울하다.

노동력 부족 현상에도 장점이 있기는 하다. 1980년대의 대량 실업을 기억하는 우리는 그런 시기가 다시 오기를 바라지 않는다. 또한 노동력 부족은 임금 상승 압박 요인으로 작용한다. 전 세계의 많은 노동자가 그동안 고위 경영진과 주주들이 가져갔던 추가 이익의 상당 부분을 받게 된다면 그야말로 반길 일이다. 하지만 일단 인플레이션이 시작되면, 실질 임금 상승에 제동이 걸릴 수 있다(즉, 임금이 물가 상승률을 앞지른다는 보장이 없다). 기업들은 보통 임금 인상보다 상품 혹은 서비스 가격 인상을 선호한다. 여기에 노동력 부족으로 사회 전반의 필수 서비스가 원활하게 이루어지지 못하면 모두가 그 영향을 받게 된다. 일할 사람을 못 구해 노동시장에 구인 광고가 넘쳐나도 잘사는 사람들은 필요한 서비스 이용에 문제가 없지만, 경제적으로 어려운 사람들, 특히 나이 든 사람들은 필요한 서비스를 제때 이용하지 못하거나 간병인을 고용할 여력을 잃게 된다.

오랫동안 저출산에 시달린 일본 같은 나라에선 이미 노동력 부족이 또 다른 문제를 낳고 있다. 일본에서는 매년 약 6만 8,000명이 홀로 세상을 떠나는 것으로 추정되며, 사망 후 오랜 시간이 지나 시신이 발견되는 경우도 수천 건이 넘어 시신이 발견되는 주택을 소독하는 산업까지 생겨났다. 수년의 외로움과 고독과의 싸움이 끝나며 맞게 되는 슬프고 필연적인 결말이다. 도쿄 외곽의 대규모 주택 단지 입주자 협의회장은 "우리가 어떻게 죽느냐는 우리가 어떻게 살아왔느냐를 반영합니다"라며 한탄한다.[26]

경제 성장이라는 관점에서 볼 때, 저소득 국가의 경우 기술 강화와 생산성 향상으로 인구 감소 효과를 어느 정도 반감시킬 수 있긴 하다. 하지만 독일, 이탈리아, 일본과 같이 이미 상당수 인구가 고등교육의 혜택을 누리고 있는 국가에 그런 해법을 적용하는 데는 한계가 있다. 중국에서조차 기술 강화로 경제 성장을 이끌던 시대는 저물어가고 있다. 오늘날 중국의 대학 진학률은 거의 60퍼센트에 육박한다.[27] 선진국의 경제 성장 동력은 생산가능인구에 따라 좌

우되는데,[28] 이 생산가능인구 감소 추세가 전 세계적으로 확대되고 있어 경제 성장 전망에 어두운 구름이 끼고 있다.

주변에서 아이들을 보기 힘들다고 걱정하는 사람들에게 '도덕적 공포'를 부추긴다며 비난하는 이들도 있다. 출산율이 감소하는 국가가 점점 늘어나고 있지만, 그렇게 문제가 심각하지 않을 수도 있다. 사회는 여전히 잘 돌아가고 있는 것처럼 보인다. 전기가 끊긴 것도 아니다. 별거 아닌 일에 너무 과민반응을 보이는 걸까? 전문가들은 불과 얼마 전까지도 인구가 너무 많다고 걱정했다. 그런데 지금은 너무 적다고 불안해한다.

영국의 '인구 문제Population Matters'라는 단체는 저출산에 대한 우려에 "다소 과민반응이 섞여 있다"고 지적하며, "고령화 사회에 대처하기 위한 긍정적이고 창의적인 정책을 모색해야 한다"고 주장했다.[29] 나는 최근 한 전략 연구소에서 주최한 회의에서 EU 관계자의 말을 듣고, EU의 인구 관련 전략의 초점도 인구 감소세를 되돌리는 것이라기보다는 관리하는 데 맞춰져 있다는 인상을 받았다.

이들은 역사적 관점에서 보면 저출산 문제가 그리 심각하지 않다고 주장한다. 1920년대와 1930년대 사이, 유럽 전역에서 출산율이 급감했으며 독일과 영국의 경우 평균 출산율이 3명에서 2명 수준으로 떨어졌다. 당시 영국의 경제학자 존 메이너드 케인스는 급락하는 출산율에 깊은 우려를 나타내며, 인구 감소가 '심각한 재앙'이 될 것이라고 걱정했다.[30] 하지만 예상과 달리, 제2차 세계대전 이후 1930년대에 출산율이 가장 낮았던 지역의 출산율은 다시 반등

최후의 인구론

했고 이후 20년간 상당히 높은 수준을 유지했다. 어쩌면 아무런 경고나 우려, 정책적 논의 없이 그런 일이 다시 발생할 수도 있다.

하지만 이는 낙관일 뿐이다. 첫째, 오늘날의 출산율 하락은 과거와 비교할 수 없을 만큼 심각하다.[31] 두 차례의 세계대전 사이, 즉 전간기의 출산율은 가장 발전하고 도시화한 국가에서도 2명 밑으로까지 떨어지지는 않았다. 오늘날 많은 국가에서 나타나는 1.5명 이하, 심지어 1명 이하의 출산율과 비교해봐도 훨씬 높은 수치다.

둘째, 저출산 확산 범위는 지금이 훨씬 더 광범위하다. 미국과 영국, 독일은 매우 빠른 경제 성장과 조기 인구 전환을 경험한 국가들로, 1920년대와 1930년대 당시 대체로 매우 높은 출산율을 보이던 세계에서 드문 사례였다. 그 외 유럽의 저개발 지역과 세계 대부분 지역의 여성은 여전히 아이를 많이 낳았다. 하지만 오늘날은 전 세계에서 1.5명 이하의 출산율을 흔히 볼 수 있으며, 세인트루시아, 스페인, 싱가포르처럼 서로 멀리 떨어져 있는 지역도 비슷한 추세를 보인다.

셋째, 현재의 인구통계학적 감소는 전간기보다 훨씬 더 긴 시간을 두고 일어났다. 1930년대 초중반에 나타난 매우 낮은 출산율은 아마도 당시 산업 국가들이 극심한 경제 위기를 겪으며 어려워진 경제 여건이 크게 반영된 결과였을 것이다. 놀랍게도 영국의 출산율은 1943년경 다시 두 명 이상으로 회복됐다.[32] 반면, 일부 국가에서는 대체출산율 이하의 출산율이 50년 이상 지속되어 왔으며, 경기 순환의 영향은 미미하다.

따라서 기본적 인구 통계는 훨씬 더 악화하였으며, 저출산 문제도 이전 어떤 역사적 사건보다도 더 심각하고 광범위하고 만성적이다. 인구 위기는 과거 어느 때보다 더 절박해졌고, 더 광범위하며, 더 장기화하고 있다는 이야기다. 더 경악스러운 사실은 인구 감소 추세가 언제 끝날지 알 수 없다는 점이다. 끝이 보이기는커녕 악화하고 있다. 곧 부모가 될 Z세대의 출산율은 전 세대보다 더 떨어질 텐데, 그렇게 추측하는 데는 많은 이유가 있다.

첫 번째 이유는 데이터에 근거한다. 선진국에서는 젊은 연령대의 출산율이 가장 빠르게 감소했고 상대적으로 나이가 든 연령대의 출산율은 다소 회복됐다. 전 세계적으로 청소년 임신율이 급격히 줄어들고 있지만, 40대 여성들의 출산율은 늘고 있다. 2004~2020년에 40세 이상 영국 여성의 출산율이 거의 60퍼센트 상승했다. 하지만 20세 이하는 60퍼센트 하락했으며, 20대 초반 역시 33퍼센트 하락했다.[33] 그러나 역사적으로 젊은 여성의 출산율이 중년 여성의 출산율보다 훨씬 높았기 때문에 전체 출산율은 감소하는 추세다. 미국의 경우, 1990~2019년 동안 10대 출산율은 70퍼센트 이상, 20대 초반 출산율은 40퍼센트 이상 하락했다. 영국처럼 미국에서도 중년 여성의 출산율이 급증하긴 했지만, 절대 수치는 젊은 여성들의 저출산을 상쇄할 정도로 크지 않다.[34]

사회가 부유해지고 교육 수준이 높아지면 많은 여성이 자녀를 갖기 전에 학업을 마치고 경력을 쌓기를 원하게 되어 출산율 감소뿐만 아니라 평균 출산 연령이 높아지는 현상이 일어난다. 예를 들어, 2019년까지 10년 동안 독일에서는 평균 출산 연령이 29세에서 30세로, 루마니아에서는 25세에서 27세로 상승했다. 미국의 변화 속도는 더 놀라워, 불과 10여 년 만에 25세에서 30세로 급상승했다.[35] 이런 출산 연령의 변화는 여성들이 출산을 미루는 장기적 추세 때문이기도 하지만, 잠재적으로 부모가 될 가능성이 높은 젊은 세대의 출산과 육아에 대한 태도가 급격히 변했기 때문이기도 한 것 같다. 출산을 미룰 뿐만 아니라, 아예 자녀를 낳지 않기로 하는 비율도 점점 늘고 있는 듯 보인다.

내 지인 한 명은 이렇게 말했다.

"제 친구들 사이에서 저는 일찍 결혼한 편입니다. 25살에 결혼 해서 29살에 첫 아이를 낳았죠. 친구들은 다들 곧 서른인데, 아이가 있는 친구는 한 명도 없어요."

2023년 영국에서 20~34세를 대상으로 한 설문조사에 따르면, 아이를 가질 계획이 있다는 응답자는 55퍼센트에 불과했다. 놀랍게 도 응답자 중 25퍼센트는 아예 아이를 낳지 않겠다고 답했다.[36] 설 문조사 기관의 분석에 따르면, 지금까지는 아이를 낳는 것이 당연 한 일이었지만, 요즘 젊은 사람들은 점점 더 출산에 거부반응을 보 이는 경향이 있는 것 같다고 밝혔다.[37] 조사에 따르면 이 같은 현상 의 원인은 우리가 모두 익히 들어본 이야기다. 방해받지 않고 인생 을 즐기고 싶은 욕구 그리고 돈과 미래에 대한 걱정이다. 미국에서 는 Z세대 중 27퍼센트가 아이를 원하지 않는다고 한다.[38] 비출산 에 대한 확고한 의지가 시간이 지나며 누그러질 수도 있지만, 다른 한편으로 아이를 갖고 싶거나 가질 수도 있다고 생각하는 사람 중에서도 다양한 이유로 아이를 갖지 않게 되는 경우가 발생할 것이다. 23세의 한 영국 여성은 아이를 갖게 되면 금전적인 압박이 생기고 그로 인해 너무 오랜 시간 일을 해야 할 것 같다는 걱정을 털어놨다.

"예전에는 아이를 갖고 싶었지만, 사실 점점 마음이 바뀌고 있었는데 코로나가 터졌어요. 저는 직장을 잃었고, 죽을 때까지 일하지 않고서는 가족을 부양할 수 있을 정도의 경제적 안정을 얻을 수 없다는 걸 깨달았죠."[39]

임신이 힘든 나이가 될 때까지 출산을 미루는 풍속도도 생겨났다. 1975년생 영국 여성들의 첫 아이 출산 연령은 평균 31세고, 이 여성들의 어머니 세대는 22세였다.[40] 일반적으로 출산율이 본격적으로 떨어지기 시작하는 시기는 30대 초반이므로, 평균 출산 연령이 31세라는 점은 훨씬 더 많은 여성이 임신을 마지막까지 미루고 있음을 뜻한다. 여성의 생물학적 임신 능력은 30대 중반쯤이면 절반 정도 감소한다고 한다.[41]

원인이 무엇이든, 향후 수십 년 동안 출산율이 회복되기보다 더 감소할 것이 거의 확실한 세대 변화가 진행 중이다. 전 세계적으로 피임약이 보급되면서 출산율을 낮추는 데 영향을 미친 것은 분명하지만, 그래도 예전에는 때가 되면 아이를 가져야 한다는 사회적 분위기가 있었다. 하지만 오늘날 성인기에 접어드는 세대들은 이러한 생각에 의문을 품고 있다. 물론 이와 같은 변화를 긍정적으

최후의 인구론

로 볼 수도 있다. 사람들은 과거처럼 아무 의문 없이 사회규범을 받아들이는 대신 자신의 인생에서 중요한 것들에 대해 더 신중히 고민한다. 하지만 이 책에서 언급된 수많은 문제를 피하거나 해결하기 위해서는 일련의 출산 장려 논리가 좀 더 확산되어야 한다.

인구의 삼중 딜레마

• • •

인구통계학적 전환기를 거치면서 국가는 낮은 출산율과 그 결과 줄어든 아이들 수, 민족적 동질성, 경제의 활력이라는 세 가지 특징을 나타내는데, 이 세 가지 특징이 모두 나타나는 경우는 없으며, 이 중 두 가지 특징만이 나타나게 된다. 나는 이를 '인구의 삼중 딜레마'라고 부른다. 만약 어느 한 국가가 낮은 합계출산율과 대규모 이민 없는 민족적 동질성을 고수하길 원한다면, 일본처럼 고령화되어 노년부양비는 나날이 악화하고 경제도 침몰해갈 것이다. 낮은 출산율과 경제적 호황 또는 최소한의 경제 성장을 꿈꾼다면, 이민자를 대규모 유치해 노년부양비를 낮출 수 있지만, 전 세계적으로 낮아지고 있는 출산율을 고려하면 임시방편이 될 수밖에 없다. 높은 출산율만이 경제적 번영을 이루고 이민 의존도를 줄이는 유일한 방법이다.[42]

나는 경제학자 필립 필킹턴Philip Pilkington과 이 개념을 수치화하고 어떤 타협이 필요한지 정량화하는 작업을 해왔다. 우리는 영국 데이터를 분석하면서, 만약 영국의 출산율이 계속 낮아져 동아시아 수준까지 떨어진 상태에서 이민마저 완전히 차단한다면 노년부양비가 얼마나 증가할지 계산해봤다. 결과는 충격적이었다. 2070년이 되면 은퇴 연령 인구 한 명당 생산가능인구가 두 명에 불과했다. 정부가 어떤 재정 및 통화 정책을 펼치든 노동력 부족과 정부 부채 증가라는 위기를 막을 수 없다는 뜻이기도 하다. 만약 영국이 출산율 하락을 방치한 상태에서, 현재의 (그다지 건강한 수준은 아닌) 노년부양비를 유지하고 그 비율이 더 상승하는 것을 막고자 한다면, 이민자가 인구의 절반 수준으로 증가해야 한다. 사실상 전례 없는 수준의 이민자 유치가 필요하다는 뜻이다. 이는 다른 대부분의 선진국 역시 마찬가지다.[43]

　　인구 감소와 관련된 모든 문제가 결국 시장의 기능에 의해 자체적으로 해결될 것이라고 주장하는 이들은 그 예로 노동력 부족 시대와 그에 따른 실질 임금 상승을 꼽는다.[44] 이 주장은 1970년대와 1980년대 시장 친화적 우파 사이에서 매우 유행했던 견해로, 얼마 전 저녁 식사 자리에서 만난 대처 내각의 장관이었던 사람도 역시나 비슷한 주장을 펼쳤다. 식사 내내 이민에 대한 논의가 활발히 오갔고, 노동력 부족을 고려할 때 이민의 증가는 불가피하다는 주장도 있었다. 하지만 그의 주장은 이랬다.

　　"이민에 대한 찬반 논란과 관계없이, 소위 노동력 부족을 근거로 이민을 정당화하는 것은 말도 안 되는 주장입니다. 경제에 투입되는 모든 자원에는 가격이 붙죠. 자원이 부족하면 가격이 올라가서 공급이 촉진되고 수요가 억제되어 부족 현상이 사라집니다."

시장은 인간이 만들어낸 거의 기적에 가까운 제도로, 애덤 스미스가 오래전에 지적했듯이 시스템 내에서는 어떤 행위자의 도움 없이도 효율적 자원분배를 통해 사회에 기여한다. 시장이 인류 역사에서 차지하는 중요성, 그 강점과 한계에 대해서는 광범위하고 집중적으로 논의되어 왔기 때문에 여기서 또 그런 주제를 되풀이할 생각은 없다. 하지만 시장을 기반으로 인구 문제에 접근한다는 것이 정확히 무슨 뜻인지 그리고 실제로 해결책을 끌어낼 수 있는지는 충분히 생각해볼 가치가 있다. 자본, 토지 그리고 노동은 그 공급이 유한하여, 각각의 가격은 (정부 개입 정도에 따라) 수요와 공급이 부분적으로 또는 완전히 반영돼 결정된다. 하지만 노년부양비가 초래하게 될 결과, 즉 '인구 대비' 노동력 부족의 영향은 비교적 새롭게 대두된 문제다. 우리는 역사상 이런 사회나 경제 구조를 경험한 적이 없고, 아마도 그런 사회와 경제가 초래할 결과를 마주하고 싶지도 않을 것이다.

앞서 전 정부 장관이 바라는 대로 시장이 완벽하게 기능하는 사회가 있다고 상상해보자. 모든 공공 서비스에 대한 국가 지원이 최소화되어 모든 것은 민간 기업에 의해 운영될 것이다. 노동력이 부족해지고 임금이 상승하게 되면, 임금을 지급할 능력이 부족한 이들은 노동력을 공급받을 수 없게 된다. 즉, 저소득층은 의사, 간호사, 심지어 구급차도 이용할 수 없게 될 것이다. 노약자들은 돌봐줄 사람을 찾을 수 없고, 가족의 도움도 받지 못한 채 방치되어 죽음을 기다리게 될 것이며, 저소득층 아이들은 학교도 다닐 수 없게 될 것이다.

다행스럽게도 우리는 그러한 사회에 살고 있지 않다. 우리는 정부가 필수적인 공공 서비스를 제공하는 복지 국가에 살고 있다. 사회가 고령화되면 국가에 대한 의존도 또한 높아진다. 고령자들은 국민들이 시장보다는 국가가 제공하기를 바라는 상품과 서비스를 더 많이 소비한다. 그들은 의사와 간호사, 간병인 같은 의료 서비스를 더 자주 필요로 하고, 가정용 연료를 더 많이 소비하게 될 것이다. 이는 우리가 국가가 보편적으로 또는 저소득층을 위해 제공하거나 보조해주기를 기대하는 것들이다.[45] 프랑스는 GDP의 50퍼센트 이상을 공공 서비스에 투입하고 있으며 영국과 미국도 그에 못지않다.[46] 최근 들어, 특히 영어권 국가들에서 더 작은 정부를 주장하며, 세금 인하를 약속하는 이들이 많아졌다. 하지만 현재의 인구 통계학적 상황을 감안하면 비현실적인 공약이다. 인구 고령화로 사회 복지와 의료 서비스에 대한 수요가 증가하고, 연금 지출이 국가 예산에서 차지하는 비중이 커져 국가의 역할이 더욱 중요해질 것이기 때문이다. 현재 선진국들은 인구 감소와 고령화 추세로 일할 사람은 나날이 부족해지고 세수도 부족해지고 있는데 국민들이 요구하는 다양한 서비스를 제공하려다 보니 그 어느 때보다 큰 압박에 시달리고 있다.

이로 인해 세금과 정부 부채가 함께 증가하게 된다. 선진국 중에서도 일본, 그리스, 이탈리아처럼 이미 심각하게 고착화된 고령화 문제를 겪고 있는 국가들의 GDP 대비 정부 부채 비율이 높다는 점에 대해서는 앞서 살펴봤다. 일본의 GDP 대비 정부 부채 비율은 200퍼센트를 훌쩍 넘어섰고, 이는 영국의 두 배가 넘는 수준이다.[47] 사회가 국가에 요구하는 것과 그에 대한 세금을 얼마나 낼 준비가 되어 있느냐는 별개의 문제다. 국가의 서비스 제공에 대한 기대와 적정한 세금 수준에 대한 인식은 젊은 납세자가 급증하고 연금과 집중적 의료 서비스가 필요한 사람들이 비교적 적었던 시대에 형성되었다. 시간이 흘러 고령화 시대로 나아가고 있지만, 유권자들은 그런 변화를 이해하지도 못하며 이해하고 싶어 하지도 않는다. 여전히 소득과 저축의 대부분을 지켜가며 자유롭게 쓰고 싶어 하고 정부가 제공하는 공공 서비스 역시 이전처럼 제공되길 기대한다. 결국 정부는 이 차이를 메우기 위해 차입이라는 방법을 쓰게 된다.

어떤 면에서 정부 차입은 꽤 효과적이다. 2020년대 초, 인플레이션과 이후 기준 금리 인상 조치가 있기 전까지 각국 정부들은 아주 낮은 금리로 자금을 마련할 수 있었다. 2023년 8월, 일본 1년물 국채 수익률은 여전히 마이너스였으며, 10년물 국채 수익률도 1퍼센트를 크게 밑돌았다.[48] 이는 부분적으로 투자자들의 디플레이션 기대 심리가 반영된 결과로, 인구 요인에 기반한 비관론이 일본 경제 전망을 비관적으로 이끌었기 때문이다. 또한 고령화한 일본 투자자들이 수십 년간 부진해왔거나 심지어는 끔찍한 성적을 내온 일본 주식 시장에 투자하기보다는 안전한 투자처를 찾아 정부에 저축

액을 맡기는 것을 선호하고 있음을 반영한다.[49] 최소한 일본 투자자들은 정부의 재정 적자를 메울 의사가 충분히 있는 것으로 보인다. 게다가 일본 정부 채무의 상당액은 오랫동안 지속된 대규모 양적완화 프로그램을 통해 자금을 조달한 일본은행이 매입해왔다.[50]

하지만 파산은 헤밍웨이 소설에 등장한 어떤 인물이 한 말처럼, 서서히 일어나다가 갑작스럽게 닥친다. 부채 재원을 마련하기 위해 돈을 찍어내는 것이 언제 인플레이션을 촉발할지는 정확하게 알 수 없다. 2020년대 초반, 많은 국가에서 불거진 인플레이션 문제 역시 수년간 돈을 찍어내온 결과로 발생한 일이었지만, 누구도 그 시기가 언제일지는 예상하지 못했다. 채무자의 지급 능력에 대한 불안감도 갑자기 찾아온다. 2022년 여름에서 가을 사이 몇 주 동안, 영국 정부의 국채 수익률은 2퍼센트에서 거의 4.5퍼센트까지 급등했고,[51] 정치적 위기와 집권당 교체를 불러왔다. 하지만 이는 개인 및 전문 투자자들이 정부를 더 이상 신뢰하지 않고 국채 시장을 통해 정부 부채를 재정 지원할 의사가 없다고 결정할 경우 발생하게 될 재앙에 비하면 매우 사소한 문제에 불과하다.

정부 부채가 한없이 늘어나는 가운데, 투자자들이 정부에 대한 신뢰를 잃고 채권 투자를 중단하는 사태가 언제 일어날지 예측할 수 없지만, 그 가능성 자체를 배제하기 힘들어졌다. 하지만 실제로 그런 일이 일어난다면 정치·경제 시스템 전체가 붕괴될 수도 있다. 2023년 여름, 주요 신용평가기관 중 한 곳이 무위험 자산의 절대적인 기준으로 여겨져왔던 미국 국채 등급을 하향 조정했다.[52] 신용평

가사들은 정부 재정에 대한 불신이 심화하는 원인으로 고령화를 지목한다. 미국의 신용평가기업 무디스 관계자는 "과거에는 인구 요인이 중장기적 고려사항이었지만, 이제 발등에 떨어진 불이 되어 국가 신용도에 직접적 영향을 미치고 있다"라고 말한다. 세계 3대 신용평가기관 중 하나인 피치의 임원도 비슷한 발언을 했다.

"인구통계학적 변화는 서서히 진행되지만, 문제의 심각성은 더욱 커지고 있다. 많은 국가에서 이미 인구 문제의 부정적 영향을 체감하고 있으며, 앞으로 더욱 심화할 것이다."[53]

물론 미국을 비롯한 선진국의 재정이 악화한 데는 다양한 원인이 작용했겠지만, 이들 국가가 30~40년 전처럼 청년층이 많고 인구도 늘고 있었다면 결과는 꽤 달랐을 것이다.

2008년 은행의 신용도가 땅에 떨어졌을 때, 이를 원상복구할 유일한 방법은 궁극적 신용의 근원인 정부 개입뿐이었다. 하지만 정부의 재정 신용도가 무너진다면 더 이상의 안전장치는 없다. 역사적으로 이 정도 규모의 시스템 붕괴가 발생했을 때, 세계는 공산주의, 파시즘, 전쟁의 소용돌이에 빠져들었다. 다음에 발생할 위기가 정확히 어떤 형태일지는 그 누구도 예측할 수 없지만, 긍정적일 리는 없다. 설령 그런 대규모 금융 대재앙이 일어나지 않는다 하더라도, 선진국들이 50년 전의 젊고 활력 넘치는 사회로 다시 태어나려면 인구가 늘어야 한다. 그러나 안타깝게도 당장 내일부터 출산율을 바로잡는다고 해도 그 효과를 보는 데는 수십 년이 걸린다.

인구 병목 현상

● ● ○

일부에서는 인구 감소에 대한 이 모든 우려가 지나친 과민반응이라고 주장하며, 지금의 위기는 인류를 비롯한 다른 생물종이 과거에도 수없이 겪었던 인구 병목 현상에 불과하다고 주장한다. 과거에는 기근이나 전쟁, 전염병 등으로 인구가 감소하면 살아남은 이들이 다시 인구를 회복해냈다. 하지만 오늘날의 인구 위기는 과거와 달리 외부적 재앙으로 인한 것이 아니라, 아이를 낳기 원하지 않는 사람들의 자발적 선택이 원인으로 작용하여 발생하는 내적 문제다. 즉, 아이를 원하지 않는 사람들이 (자손을 남기지 않고) 점차 사회에서 사라지고 출산을 지지하는 사람들이 그 사라진 사람들의 자리를 대체하지만 역부족인 상황에서 진행되는 인구 감소다.

게다가 현재의 상황이 인구 병목 현상이라기에는 의심스럽거나 우려되는 점들이 몇 가지 있다. 첫째, 살아남은 사람들이 과거에 출산을 꺼렸던 사람들과는 달리 아이를 낳고 싶어 하는 성향을 유지해야만 인구가 다시 늘어날 수 있다. 예를 들어, 14세기 유럽에 흑사병이 유행했을 때, 자연선택을 거쳐 생존한 사람들은 이후 전염병에 더 강한 면역력을 갖게 되었고, 그 유전자를 다음 세대로 전달했다. 하지만 이 예시는 아이를 많이 낳고 싶어 하는 성향이 유전적이라고 가정할 때만 성립한다. 즉, 과거에는 피임이 쉽지 않았고 출산을 장려했던 사회적 분위기 때문에 아이를 낳고 싶지 않은 사람들도 결국 아이를 낳을 수밖에 없었고, 유전적 특성 역시 도태되지 않았을 가능성이 크다. 하지만 이제 임신을 피할 수 있는 자유와 더불어 출산을 장려하지 않는 새로운 사회 환경에서, 출산 관련 유전자나 유전자 복합체가 없는 사람들은 아이를 낳지 않을 것이며, 출산에 대한 유전적 성향이 있는 사람들만이 아이를 낳을 것이다. 그러면 미래 세대는 출산 유전자를 더 많이 보유할 가능성이 커지고, 더 많은 아이를 낳는 방법으로 자신들의 바람을 실현하면서 전체 출산율이 상승하게 된다. 물론 이런 가설이 현실이 될 수도 있으며, 출산과 유전자가 연관성이 있다는 일부 자료도 발견되지만, 확실한 증거가 없어 신뢰도가 떨어지고 설득력도 부족하다.[54] 따라서 유전적 요인으로 출산율이 증가할 것이라는 주장에 우리의 미래를 맡길 수는 없다.

혹은 생물학적 요인보다 문화적 요인으로 인한 병목 현상이라고 주장하는 이들도 있다. 비록 출산을 선호하는 성향이 유전되지 않더라도 역사상 특정 이데올로기, 특히 종교를 중심으로 형성된 집단들은 출산을 선호하는 경향을 보여왔다. 자유로운 영혼을 가진 도시의 힙스터들은 모두 사라지고 그들의 문화도 이어지지 않겠지만, 아이를 낳고 그 아이들에게 다시 아이를 낳고 싶은 마음을 심어주는 사람들은 남을 것이다. 결국 높은 출산율을 보이는 문화권에 사는 이들이 자손을 낳고 자손들에게 출산을 장려하는 가치관을 심어주며 세계적 출산율이 다시 상승할 것이라는 주장이다.

하지만 출산과 문화가 연관되어 있다는 주장도 인구 병목 현상을 설명하는 데는 한계가 있다. 집단은 구성원 이탈을 막고 집단의 자연 감소율을 낮추지 않으면 기능할 수 없다. 출산율이 높은 사람들을 영입하여 출산 문화를 조성한 종교 집단이라고 해도, 후대들이 그러한 문화를 지키지 않고 아이를 많이 갖지 않으면 인구가 적은 소수 집단으로 전락할 수밖에 없다. 각 세대의 구성원 대부분이 종교에 대한 믿음을 버리지 않고 많은 자녀를 낳을 때만 기하급수적 인구성장을 경험할 수 있는 것이다. 실제로 이러한 이유로 미국의 기독교 보수 교파인 아미시Amish 공동체 인구가 1950년대 이후 10배 증가했지만, 오늘날 아미시는 소수 종교 공동체로 구분된다. 이들이 미국 전체의 출산율에 영향을 미칠 정도로 커지려면, 현재 규모에서 10배 그리고 또 10배 정도 성장해야 한다. 그 정도는 되어야 아미시 공동체의 인구가 미국 전체 인구의 약 10퍼센트를 차지하게 될 것이며, 아미시 공동체의 높은 출산율이 국가 전체 통계에 반영되기 시작할 것이다. 아미시 공동체가 현재 수준의 100배에 달하는 인구수를 달성하여 미국 인구 통계에 반영되려면, 대다수의 아미시 젊은이가 저출산 미국 사회의 대세를 따르지 않아야 하며, 집단을 떠나지 않고 머물러야 한다. 이 모든 조건을 만족하더라도 인구수 100배라는 목표를 달성하기 위해서는 150년이라는 긴 시간이 필요하다. 그리고 그 시점이 되면, 그들이 동화되기를 거부했던 사회는 지금과는 완전히 달라져 있을 것이다.

이것이 가능한 시나리오라고 해도 소수 집단의 요구에 맞춘 신념과 생활방식에 순응함으로써 겨우 달성된 출산율로 지탱하는 사회를 우리가 정말로 원하는지는 다시 한번 생각해봐야 할 것이다. 소수 집단의 가치관이 다수의 가치관으로 자리 잡게 되면 사회 전반적으로 더 큰 문제가 발생할 수 있다. 예를 들어, 이스라엘은 초정통파 하레디 유대교 공동체가 수적으로 증가해 전체 인구의 10퍼센트를 차지하게 되면서 비슷한 문제와 씨름하기 시작했다. 하레디 유대교 공동체는 현대 사회에 꼭 필요한 종류의 교육과 직업을 세속주의로 규정하고 이를 거부하는 집단이다. 영국에서 치과 의사로 일하는 내 친구의 환자 대부분은 하레디 유대인이다. 종교적 교리를 엄격하게 따르는 정통 유대인 중에도 의학 및 관련 분야에 종사하는 사람들이 있지만, 일반적으로 하레디 유대인은 치과 의사가 되는 데 필요한 생물학 및 의학 교육을 거부한다. 하레디 공동체에는 그들이 자격을 취득하거나 종사하기를 꺼리는 직업군이 매우 부족하고, 결국 그 직업에 종사하는 외부 공동체의 서비스에 의존한다. 그러므로 하레디 공동체가 인구의 주류가 된다면, 전기 공급이나 의료 분야 같은 사회 필수 서비스가 마비될 것이다. 내가 30년을 살아온 런던의 한 동네에 하레디 유대인들의 유입으로 인구 규모가 증가하는 것이 개인적으로는 반갑지만, 그들의 생활방식과 믿음을 가진 사람들이 유권자의 다수를 이루는 나라에서 살고 싶다는 확신은 들지 않는다.

이처럼 종교적 색채가 짙은 집단은 더 큰 자유주의적 울타리 아래에서 소수자로 살 때 더 잘 기능할 수 있다. 이들의 수가 너무 많아지면, 정반대의 사고를 하는 사람들과 공존하기 어려워질 수 있기 때문이다. 최근에 우연히 알게 된 지인은 자기가 나고 자란 (다산을 중시하는) 종교 집단을 떠났다고 했다. 그는 이른 나이에 결혼했고, 이후 아내와의 사이에서 두 아이를 낳았지만, 결국 결혼생활과 그 집단을 모두 버렸다. 그 이후로 일반 사회에서 적응해나가고 있지만, 떠나온 종교 집단에서 받은 교육이나 언어 능력이 별 도움은 되지 않는다며 걱정했다. 내가 인구 감소를 경고하는 책을 집필 중이라고 했더니, "그런 책은 꼭 써서 많은 이들에게 알려야 합니다. 그렇지 않으면 광신자들만 아이를 낳을 테고, 우리가 어떤 사회에 살게 되겠어요?"라고 했다.

　도덕적인 문제 혹은 환경문제를 이유로 출산을 반대하는 사람들은 출산을 장려하자는 주장에 반감을 보일지 모르지만, 출산 장려론자들은 그들에게 반감은커녕 오히려 다른 감정을 느낀다. 출산 장려론자들은 우리가 살고 있는 이 세상이 개방적 사고와 생활방식을 가진 사람들에게 달려 있다고 굳게 믿는다. 따라서 그런 사람들이 다음 세대를 낳고 키워야 사회가 유지된다고 생각한다. 우리에겐 그들이 절실히 필요하다. 다양성을 존중하여 사회의 응집력을 높여주는 가치관을 가진 자유주의자들이 사라지는 일은 매우 슬프고 끔찍한 일이다. 어떤 이유로든 특정 문화나 문명이 높은 출산율을 유지하지 못해, 더는 하나의 국가로서 존립할 수 없게 되고 결국 사라져 가는 것을 보는 것 또한 가슴 아픈 일이다.

　나는 한국에 몇 번 방문한 적은 있지만, 한국 문화에 대해 많은 것을 알지는 못한다. 그러나 한국의 독특한 역사와 문화가 사라진다는 것은 가슴 아픈 일이며, 인류 차원에서도 큰 손실이 될 것이라고 생각한다. 일본이나 자메이카도 마찬가지다. 자메이카의 인구는 고작 300만 명이고 현재의 출산율이 지속된다면 머지않아 국가의 존립 자체가 불가능해질 것이다. 자메이카 국민이 사라지면, 전세계 수백만 명이 영향을 받은 자메이카의 문화 역시 언제 사라질지 모른다. 이탈리아 역시 소멸의 위기에서 자유롭지 않다. K-팝이든 레게든 오페라든, 인류라는 아름다운 모자이크를 구성하는 다양한 조각들이 곧 사라질 위기에 처해 있다.

이 모든 것이 인구 병목 현상이고, 나아가 (생물학적으로든 문화적으로든) 아이를 사랑하는 사람들로 구성된 사회를 기반으로 하는 일부 국가와 민족 집단이 살아남아 병목 지점을 통과해 나온다고 해도, 그 과정은 결코 평탄하지 않을 것이다. 그리고 많은 소중한 가치가 그 과정에서 사라질 것이다. 이 문제를 시간이 해결해줄 것이라고 기대하는 것은 무모한 도박이다.

많은 사람들이 그렇듯, 나에게는 자식을 낳아 키우고 또 그 자식이 자기 자식을 낳아 키우는 것을 보는 일이 인생 최고의 기쁨이다. 전 세계적으로 이념과 사고가 변하고 있지만, 그래도 여전히 사람들은 아이를 원하고 적어도 그렇다고 말한다. 최근 18~24세 영국 여성을 대상으로 한 설문조사에서 90퍼센트 이상이 아이를 갖고 싶다고 답했고, 평균적으로 희망하는 자녀 수는 2.25명이었다.[55] 하지만 안타깝게도 그런 희망은 실현되지 않고 있다. 현재 영국의 출산율을 보면 희망하는 자녀 수와 실제 출산율은 0.75명 차이가 난다. 미국은 0.5명 정도다.[56] 아이를 소수점으로 표현하는 이 이상한 인구통계학적 숫자에는 많은 실망과 고통이 숨겨져 있다. 55~64세 영국인을 대상으로 한 또 다른 설문조사에서는 자녀를 더 낳았더라면 하고 후회하는 사람들이 덜 낳았더라면 하고 후회하는 사람들보다 세 배 이상 많았다.[57]

아이를 갖고 싶어 하는 개인적 이유, 즉 생명을 이어가고 가족을 꾸리고자 하는 본능적 욕구는 아직 사라지지 않았다. 그러므로 이와 같은 욕구를 더 효과적으로 활용해야 한다. 하지만 그 방법을 생각하기 전에, 아이를 갖고 싶어 하는 마음은 여전한데 왜 출산율은 이렇게 떨어지고 있는지를 먼저 자세히 이해할 필요가 있다.

2장

/

저출산으로 향하는 길

- 전근대에서 현대까지의 인구 전환

일단 지금 우리가 해야 할 일은
한 국가가 일정 정도의 경제적 발전을 이루면
왜 출산율이 대체 수준 이하로 떨어져 그 상태를
유지하는지 그 이유를 파악하는 것이다.

고전 인구학 모델은 모든 지역에 완벽하게 들어맞지는 않지만 대체로 적용 가능하다. 이 모델에 따르면 초기 인류는 토끼처럼 번식하고 파리처럼 죽어갔다고 한다. 그리고 이는 인류 역사의 대부분에 해당하는 이야기다. 전 세계적으로 4분의 1에서 3분의 1에 해당하는 아이들이 첫 생일을 맞기 전에 사망했으며, 대부분은 가임기를 채우지 못하고 죽었다. 날씨가 좋아 풍년이거나 전염병이나 전쟁이 없는 등 우호적인 환경에서는 죽는 사람도 줄어들면서 인구가 급증했고, 재난이 닥치면 인구는 다시 감소했다.

유럽은 중세 초기에서 중기에 이르는 시기까지 인구가 급증했지만, 1310년대의 추위와 흉작 그리고 1340년대의 흑사병 이후 인구가 다시 급감했다. 17세기 초에는 독일에서 30년 전쟁이 일어나 인구의 3분의 1이 사망했다. 중국 역사에서도 비슷한 인구의 등락 현상을 찾아볼 수 있는데, 전염병과 전쟁으로 인구 증가에 주기적으로 제동이 걸렸다. 일부 지역에서는 인구가 재난 이전 수준으로 회복하는 데 수 세기가 걸린 것으로 추정된다. 1840년대 아일랜드에서는 감자 기근으로 약 100만 명의 사망자가 발생했고 뒤이어 장기적 대규모 이민 현상이 일어나, 이후 수십 년간 높은 출산율을 기록했음에도 인구는 여전히 이전 최고치를 회복하지 못하고 있다.[1] 전 세계적으로 인구는 서서히 증가하여, 서기 1년경부터 1800년경까지 약 2억 5,000만 명에서 10억 명으로 늘어났다.[2] 그러나 1964년 전 세계 연간 평균 인구 성장률과 비교했을 때, 20분의 1에도 못 미치는 수치다.

근대 이전의 모든 사회에 걸쳐 나타난 유아 사망률이 얼마나 충격적으로 높았는지는 그 시기에 살았던 부유하고 유명했던 사람들의 전기를 읽어보면 실감할 수 있다. 영국 스튜어트 왕가 최후의 후계자였던 앤 여왕(재위 1702~1714년)은 임신을 열일곱 번이나 했지만, 단 한 명도 살아남지 못했고, 그 역시 50세가 되기 직전에 세상을 떠났다. 이후 19세기 중반 빅토리아 시대에 들어 의료 환경이 개선되긴 했지만, 저명하고 경제적으로 안정된 삶을 살았던 찰스 다윈조차도 자녀 열 명 중 세 명이 어린 시절이나 유아기에 사망하는 비극을 겪어야 했다. 19세기에 들어서면서 하락하기 시작한 유아 사망률은 특히 20세기 초에 급격히 줄어줄었고, 영국은 인구학 분야를 포함한 대부분 분야에서 당시 유럽 본토보다 앞서 나가고 있었다.

오스트리아-헝가리 제국 시절 보헤미아에서 나고 자란 구스타프 말러Gustav Mahler가 작곡한 음악에는 총 열두 명의 형제자매 중 여섯 명을 잃었던 어린 시절의 상처가 서려 있다. 당시는 유럽 선진국

최후의 인구론

들의 유아 사망률이 급격히 떨어지던 20세기 초였지만, 그의 두 아이 중 한 아이도 네 살에 죽었다. 어린 아들딸의 죽음 그리고 어린 시절 형제자매의 죽음은 지금 우리 시각으로는 이해하기 힘들지만, 꽤 일상적인 일이었다.

영국의 성직자 토머스 맬서스의 《인구론》(1798년 초판 및 이후 개정판)에도 기술된 이러한 인구 구조는 그동안 수많은 인류가 극심한 빈곤과 사투를 벌이며 살아왔음을 의미한다. 하지만 산업혁명과 근대화 과정을 거치며 인구 구조 전반에 큰 변화가 일어났다. 식량의 양과 질, 수질 그리고 공중 보건 및 의학 같은 가장 기초적인 요소들이 개선되며 사망률이 줄어들기 시작했고, 영국을 시작으로 유럽 전역 그리고 마침내 전 세계적으로 인구가 증가했다. 사망률이 낮아지고 출산율은 높아지면서 인구가 급증한 것이다. 하지만 곧 경제적으로 풍족해지고 교육 수준도 높아진 도시민들은 자녀의 수를 스스로 결정할 능력이 생겼고, 출산율을 낮추는 쪽을 선택했다. 이상의 과정을 '인구 전환demographic transition'이라고 한다. 먼저 사망률이 감소하고 인구가 증가한 후, 다시 출산율이 감소하고 인구가 안정화되는 일련의 단계들이다.[3]

공중 보건 시스템과 정부 프로그램이 잘 갖춰진 선진국에서는 피임약을 더 손쉽게 구할 수 있다. 국민들도 교육 수준이 높아 효과적으로 피임법을 사용한다. 하지만 출산율은 피임 방법에 대한 접근성이나 교육 수준으로 얻은 '능력'뿐만 아니라 개인의 '의지와 동기'도 작용하는 복합적 문제다. 고전 인구 전환 이론에 따르면, 유아 사망률이 높은 환경의 사람들은 의식적이든 무의식적이든 몇 명이라도 더 살리기 위해 자녀를 많이 낳는다. 사망률이 높은 사회의 출산율이 2명뿐이라면 빠른 속도로 소멸할 수밖에 없기 때문이다. 이 사회가 인구를 안정적으로 유지하기 위해서는 최소한 여섯 명의 자녀가 필요하다. 두 명은 유아기에 사망하고 다른 두 명은 가임기 전에 사망할 가능성이 높기 때문이다.

일단 삶의 질이 개선되어 유아 사망률이 낮아져도 출산율이 다시 떨어지는 데는 시간이 걸린다. 예를 들어, 서아프리카의 기니에서는 1960년대 초 이후 유아 사망률이 5명 중 1명 이상에서 15명 중 1명 미만으로 꾸준히 감소했다. 하지만 출산율이 떨어지기 시작한 것은 약 30년이 지난 1990년대 초부터였으며, 출산율은 약 6.5명에서 4.5명으로 감소했다. 같은 기간(1960년대 초) 덴마크도 유아 사망률이 급격히 감소하여 50명 중 1명에서 300명 중 1명으로 떨어졌지만, 이미 훨씬 이전부터 덴마크의 유아 사망률은 매우 낮은 수준이었기 때문에 덴마크인들은 자녀 손실을 보충하기 위해 자녀를 더 갖는 일을 중요하게 생각하지 않았다. 그들에게 높은 유아 사망률은 기억도 나지 않을 정도로 오래전 일이었다.[4]

가난한 농촌 지역의 사람들이 도시 및 산업이 발달한 지역의 사람들보다 아이를 더 많이 낳는다. 이렇게 사회별 출산율 차이가 발생하는 이유는 경제적 관점에서 설명할 수 있다. 아프리카 기니의 시골에서는 아이를 하나 더 낳는다고 해도 경제적으로 큰 부담이 되지 않는다. 신생아 시절에는 모유만 먹고, 아기용품도 딱히 필요하지 않기 때문이다. 오히려 아이가 좀 더 자라면 가사를 돕거나 농사를 돕는 등 경제활동에 참여하여 도움이 된다. 여건상 학교 교육을 받기는 힘들고, 교육을 받더라도 그 경제적 가치는 그다지 크지 않다. 농업 위주의 사회에서는 과거 수렵 채집 사회에서처럼 부모가 자식을 먹여 살리는 데 큰 비용이 들지 않고,[5] 아이가 당장 큰 경제적 부담으로 작용하지 않으므로 자녀 수를 줄이려는 동기(그리고 피임 방법과 같은 가족계획)가 제한적이거나 전혀 없다. 반면 도시에서는 아이들을 키우고 교육하는 데 비용이 많이 들어 경제적 부담을 느낄 수 있지만, 적절한 투자로 아이가 좋은 교육을 받게 되면 수십 년 후에 높은 급여를 받을 수 있는 잠재력이 생긴다.

이것이 바로 아프리카 기니의 시골에 사는 부부는 많은 자녀를 갖고 싶어 하지만, 수도 코나크리에 거주하는 부부는 자녀를 적게 낳으려는 이유다. 코나크리도 다른 국가의 수도에 비교하면 그렇게 부유한 곳은 아니지만, 시골보다는 임금이나 교육 수준이 더 높다. 코나크리에 살면 시골보다 TV와 인터넷을 접할 가능성이 더 높다. 따라서 피임 방법에 대해 더 잘 알 수도 있고 (비록 높은 수준은 아니지만) 의료 서비스 혜택을 받을 수 있어 자식을 더 잘 키워낼 가능성도 더 크다. 아이를 학교에 보낼 가능성도 더 높고, 아이가 취업하면서 투자의 결실을 볼 거라는 기대도 생겨난다.[6] 인도 서벵골주의 주도 콜카타의 출산율이 주 전체 평균의 절반 수준인 것도, 에티오피아의 수도 아디스아바바 여성의 출산율이 에티오피아 전체 여성 출산율의 절반 수준인 것도 이런 이유에서다.[7] 가난한 농경 사회의 아이들은 밭에서 일하기 시작하는 시점부터 부모에게 경제적 도움이 된다. 반면에 발달한 도시 사회에서는 비싼 육아비와 교육비로 부모는 자녀에게 많은 경제적 지원을 (그것도 오랜 기간) 해야 하므로 자녀를 많이 낳기를 꺼리게 된다.[8] 경제적인 부분 외에도 도시 여성들이 교육과 피임에 대한 접근력이 높다는 점도 출산율 차이에 복합적으로 작용한다. 즉, 자식을 덜 낳고자 하는 의지뿐만 아니라, 도시화, 경제 및 교육 수준의 향상으로 그러한 바람을 실현할 수 있는 능력도 함께 생겨나는 것이다.

인구 전환기를 맞이한 아프리카

• • •

대부분의 국가는 인구 고령화와 낮은 출산율을 동반하는 인구 전환기를 이미 지나왔다. 꽤 최근까지 빈국으로 분류되었던 국가들도 마찬가지다. 예를 들어, 멕시코와 방글라데시 모두 평균 수명이 70세를 넘었고, 출산율은 대체출산율을 밑돈다.

하지만 아직까지도 인구 전환기를 겪고 있는 지역이 남아 있는데, 바로 경제적으로 가장 낙후한 아프리카 대륙이다. 얼마 전까지만 해도 아프리카 지역에서 인구 전환의 조짐은 보이지 않았다. 그러나 현재는 거의 모든 지역에서 평균 수명이 늘고 있고 출산율이 감소하고 있다. 지구상에서 전통적 인구 변화 과정이 아직 진행

중인 마지막 지역이지만, 크기와 다양성이 큰 지역인 만큼 아프리카 대륙은 지역별로 인구 변화 과정에서 매우 다른 단계를 지나고 있다.

오늘날 전 세계적인 저출산 추세 속에서 높은 출산율을 보이는 유일한 예외 지역인 아프리카지만, 그 안에도 또 다른 예외가 무수히 존재한다. 아프리카 대륙 전체를 설명할 수 있는 인구학적 통일성은 찾아보기 힘들다. 사하라 사막 북부 지역부터 살펴보자. 이 지역은 지중해 남부 연안 국가들이 위치한 지역으로 이슬람교와 아랍어가 주를 이루며, 기독교, 이슬람교 그리고 무생물에도 영혼이 있다고 믿는 애니미즘animism이 공존하고 언어 역시 다양하여, 반투어가 주를 이루는 아프리카 나머지 지역과 구별된다. 북아프리카는 유럽의 시각으로 보면 낙후하고 가난한 지역이지만, 아프리카 남쪽의 시각으로 볼 때는 부유한 지역이다. 모로코에서 이집트까지 거의 모든 국가의 1인당 GDP는 3,000달러에서 5,000달러 사이고 산유국인 리비아는 6,500달러가 넘는다. 북아프리카 대부분 국가의 1인당 GDP는 EU 회원국의 1인당 GDP의 약 10분의 1 수준이다. 하지만 사하라 사막 이남 아프리카 국가 중에서도 특히 가난한 시에라리온에 비해서는 7배, 그보다 좀 나은 에티오피아에 비해서는 3배 이상 높다.[9]

따라서 지중해 연안의 아프리카 국가들은 인구 구조나 변화 면에서 대륙의 나머지 지역과 다를 수밖에 없다. 이들 국가는 모두 수십 년 전까지는 매우 높은 출산율을 보였지만, 이후 출산율이 급격히 떨어져 현재는 여성당 2~3명 수준으로 낮아졌다. 튀니지의 경우, 출산율이 대체출산율 수준을 겨우 유지하고 있으며, 대통령이 사하라 이남 지역 출신 사람들의 급격한 유입으로 사회가 혼란을 겪고 있다고 우려를 표명하기도 했다. 튀니지 대통령은 이민자 유입이 자국의 인구 구성을 대체하여 아랍의 뿌리에서 떼어놓으려는 음모라고 주장했는데, 이 '대체 이론replacement theory'은 일반적으로 유럽이나 북미의 백인 우월주의자들이 주장하는 음모론으로, 이민 정책의 목적을 외국에서 온 이질적 집단으로 토착민을 대체하려는 계획이라고 본다.[10]

사하라 이남 지역의 인구 구조 변화는 다양하게 전개되고 있다. 그중에서도 남아프리카공화국은 사하라 이남의 다른 국가들과는 달리 경제적으로 큰 성공을 거두었으며, 실제로 1인당 소득이 약 7,000달러로 사하라 사막 북부 국가들보다도 높다. 물론 이 역시 선진국의 관점에서는 그렇게 높은 숫자는 아니겠지만, 아프리카 대부분 지역과 비교해보면 대단한 경제력이다. 사회·경제 시스템이 상대적으로 발전되어 있어 남아프리카공화국은 인구 전환에 있어서도 대륙의 나머지 지역보다 앞서 있을 것으로 예상할 수 있고, 실제로도 그렇다. 남아프리카공화국은 북아프리카 지역처럼 거의 30년 동안 여성 한 명당 2~3명의 건강한 출산율을 지켜 왔다.

여기서 주목할 만한 점은 남아프리카공화국의 상대적으로 낮은 출산율이 인접국들로 확산하고 있다는 것이다. 상대적으로 낮은 출산율은 더 이상 남아프리카공화국만의 현상이 아니라 점차 남

최후의 인구론

부 아프리카 전체의 현상이 되고 있다. 보츠와나 여성들은 이미 자녀를 셋 미만으로 낳고 있으며, 에스와티니(전 스와질란드) 여성들도 마찬가지다. 나미비아와 레소토 여성들의 출산율도 큰 차이는 없다. 이러한 현상은 이들 국가의 경제적·사회적 발전상을 어느 정도 반영한 결과다. 하지만 '인구통계학적 과잉demographic overshoot' 현상으로 볼 수도 있는데, (특히 아프리카 대륙 최빈국인 레소토의 경우) 출산율 감소가 경제발전보다 먼저 진행되고 있다는 점에서 그렇다. 이웃 국가들이 남아프리카공화국처럼 대체출산율을 유지할지, 아니면 그 이하로 떨어질지 확신하기에는 아직 이르다. 하지만 이들 국가도 남아프리카공화국처럼 출산율이 3명 미만으로 감소한 후, 안정세를 이어가는 유사한 흐름을 보이고 있어, 결국에는 남아프리카공화국의 인구 변화 구조를 뒤따르게 될 것으로 예상된다.

따라서 아프리카 대륙 북부와 남부 국가들의 출산율은 크게 줄고 난 이후 안정적 수준으로 유지되는 공통점이 있고, 이런 흐름은 대체로 사회적·경제적 발전과 비슷한 속도로 진행됐지만, 일부 국가에서는 더 빠르게 나타났다. 여기에 각국 정부가 해외 기부나 국제 원조 기관의 지원을 받아 진행한 피임 장려 및 대중화 캠페인도 이러한 현상에 영향을 미쳤다.

동아프리카 국가들은 인구가 빠르게 증가하고 있지만, 그중 일부 국가들은 출산율 통제에 적극적으로 나서고 있다. 여러모로 아프리카 대륙의 리더라고 볼 수 있는 르완다가 대표적이다. 1980년대 이후 르완다는 출산율이 절반으로 줄었지만, 1인당 소득은 두 배 이상 증가했다.[11] 어느 한쪽을 희생해야만 얻을 수 있는 결과다. 만약 르완다 여성들이 여전히 네 명이 아닌 여덟 명의 아이를 낳았다면, 분명 인구는 더 많겠지만, 국가 경제력은 지금 같지 않을 것이다.

우간다와 탄자니아의 일부 정치인들은 높은 출산율을 유지하자는 주장을 꾸준히 펼쳐왔다. 일명 '초다산주의hyper-natalism'로, 예외적으로 높은 출산율을 유지하여 인구 변화에 맞서려는 후진국 정치인들의 바람이지만, 두 나라 모두 실제 출산율은 감소하고 있다. 한편 케냐의 출산율 감소세는 훨씬 빠르다. 케냐의 합계출산율은 1980년대 중반까지도 일곱 명을 유지하며 감소세가 다소 느려졌지만, 현재 50퍼센트 정도 감소했고, 계속해서 줄어들고 있다. 정부가 어느 정도 일관적으로 추진해온 가족계획도 꾸준한 출산율 하락에 영향을 미친 것으로 보인다.

에티오피아의 출산율은 약 4명으로 아직은 높은 편이지만, 수십 년 전보다는 훨씬 낮아진 수치다. 케냐의 수도 나이로비와 에티오피아의 수도 아디스아바바 모두 대체출산율까지 출산율이 감소했고, 동아프리카를 대표하는 이 두 나라가 도시화되면서 출산율도 분명 더욱 하락할 것이다. UN 관계자에 따르면, "여성들의 교육 수준이 올라가고, 전반적 생활 수준도 향상되면서 사람들은 더 이상 아이를 많이 낳기를 원하지 않게 되었고, 무엇보다도 가족계획이 대중화되고 있다"고 한다. UN이 제공하는 교육 프로그램에 참여하고 있는 한 여성은 "남편이 저를 대학에 보내줬어요. 아이들에게도 더 나은 삶을 선물해주고 싶어요"[12]라고 말했다. 이는 가족계획이 일상화된 전 세계 대부분의 지역에서 흔히 볼 수 있는 정서다.

동아프리카 국가들의 출산율은 하락하고 있긴 하지만, 앞으로 수십 년간 인구가 꾸준히 늘어날 전망이고, 북부와 남부 아프리카 지역도 어느 정도 인구 안정기에 접어들었다. 그러나 중부와 서부 아프리카는 또 다르다. 아프리카 중서부 지역에는 콩고민주공화국의 열대 우림에서부터 모리타니 해안가 사막에 이르기까지, 지구상에서 가장 높은 출산율을 보이는 최후의 국가들이 나열해 있다. 이 지역에서도 전형적인 인구 전환이 진행 중이지만, 국가마다 단계는 다르다. 현재 케냐의 출산율은 3.5명 미만이다.[13] 1인당 소득은 5,000달러를 넘었고, 평균 수명도 65세를 넘었다.[14] 성인 80퍼센트 이상이 글을 읽고 쓸 수 있다.[15] 반면, 중앙아프리카공화국 여성은 지난 수십 년과 마찬가지로 여섯 명 이상의 출산율을 유지하고 있으며, 개발 경쟁 면에서 다른 국가와 비교해 크게 뒤쳐져 있다. 1인당 소득은 케냐와 비교도 안 될 정도로 적고, 평균 수명은 55세 미만이며, 성인의 3분의 1 정도만이 읽고 쓸 수 있다.[16] 높은 출산율을 지속적으로 유지할 것으로 예상되는 국가에서 나타나는 전형적인 특성들이다.

나이지리아는 특별한 경우다. 인구가 2억 명이 넘는 아프리카의 인구 대국으로 이는 사하라 이남 지역 인구의 약 6분의 1에 해당한다. 1인당 소득은 남아프리카공화국 수준과 비슷해 잘사는 나라처럼 보이지만, 석유 자원에서 나오는 부가 소수에게 집중되어 불평등이 극심하다. 여성의 3분의 1이 문맹이며,[17] 사회적·경제적 발전이 정체되어 인구 구조 변화도 함께 멈췄다. 나이지리아의 출산율이 6.3명에서 5.3명으로 떨어지는 데는 30년이 걸렸다. 반면 이란은 약 15년 만에 그리고 중국은 약 10년 만에 (나이지리아와 비교하여) 3배나 더 큰 폭의 출산율 감소를 경험했다.

하지만 나이지리아 내부에서도 격차가 심하다. 나이지리아에는 다양한 민족이 살고 있다. 발전이 덜 된 북부에 거주하는 풀라니족과 하우사족은 대개 이슬람교도로 평균 여덟 명의 자녀를 두지만, 남부에 거주하며 기독교를 믿는 이그보어족과 기독교도와 이슬람교도가 공존하는 요루바족은 네 명 정도의 아이를 낳는다.[18] 교육 수준과 피임약 사용률은 남부 지역이 더 높다. 높은 출산율 덕분에 이슬람교도의 인구 비율은 1960년 독립 당시 전체 인구의 3분의 1을 조금 넘는 수준에서 현재 절반을 넘는 수준으로 증가했다.[19] 과거 나이지리아의 수도였던(현재는 아부자) 라고스는 인구 약 1,500만 명이 살고 있는 대도시로, 기독교인이 주를 이룬다. 약 3.5명이라는, 도시치고는 높은 출산율을 보이고 있지만, 전국 평균에 비해서는 거의 2명이나 적은 출산율이다.[20]

규모로 볼 때 나이지리아가 인구 대국은 맞지만, 출산율이 가장 높은 국가는 아니다. 전 세계에서 출산율이 가장 높은 국가는 나이지리아 바로 옆에 있는 니제르로, 여성 한 명당 평균 일곱 명이 좀 안 되는 자녀를 낳는다.[21] 니제르는 나이지리아처럼 석유 자원이 풍부하지도 않고 대도시도 없다(수도인 니아메의 인구는 라고스의 약

최후의 인구론

10분의 1이며, 도시 인구 비율도 17퍼센트에 불과하다. 참고로 나이지리아의 도시 인구 비율은 약 50퍼센트다).[22] 니제르의 문해률literacy rate은 나이지리아의 60퍼센트 정도며,[23] 출산율이 높은 나이지리아 북부 지역처럼 대부분이 이슬람교를 믿는다. 따라서 니제르의 출산율이 나이지리아보다 더 높고, 출산율 감소 속도도 더 느린 건 당연한 일이다.

여성들이 실제로 낳은 자녀 수를 나타내는 명확한 수치는 출산율 데이터를 통해 확인할 수 있다. 그러나 정확도는 떨어져도 간과할 수 없는 중요한 측정 지표가 있는데, 바로 여성들이 원하거나 원한다고 말하는 자녀 수다. 문화는 다양하며 언어별로 질문의 정확한 의미가 미묘하게 달라질 수 있어, 원하는 가족 크기를 과학적으로 정밀하게 측정하기는 힘들다. 하지만 출산율이 점점 낮아지는 국가들이 아직도 높은 출산율을 자랑하는 몇 안 남은 국가에서 배울 점이 있다면 배워야 한다.

평균적으로 다섯이나 여섯 명의 자녀를 낳는 지역의 여성들은 대개 아이를 덜 낳고 싶어 할 거라고 생각할 수 있다. 따라서 출산율이 높은 아프리카에는 출산을 강요하는 배우자에게서 벗어나고 싶어 하며 피임할 방법만 있다면 간절히 그러길 원하는 젊은 여성들로 가득할 것이라고 추측하는 식이다. 이런 추측을 뒷받침하는 일화들이 분명히 많기는 하다. (합계출산율이 다섯 명인) 서아프리카 베냉 남부의 어촌 마을에 사는 여덟 아이의 엄마는 "아이를 많이 낳고 싶지 않다고 남편에게 말하면, 남편은 그냥 다른 여자와 결혼할 거예요"라고 말한다.

"정말 힘들어요. 저희 마을 남자들은 아이들을 좋아하고 대가족을 원해요. 아이를 너무 많이 낳아서 그런지 몸이 아프고 많이 약해졌어요. 고혈압 같은 병도 생겼고, 두통과 현기증에 피로를 달고 삽니다."

하지만 남편 생각은 다르다.

"아이는 많아야 합니다. 누가 살아남고 누가 죽을지 몰라요. 아이를 둘만 낳았는데, 둘 다 죽으면 어떻게 합니까?"[24]

반대로 여성들이 대가족을 꾸리는 데 만족하거나 적어도 체념하고 있다는 것을 암시하는 일화도 많다. 나이지리아 카노에 사는 한 여성은 자식들과 손주들에 둘러싸여 이렇게 말한다.

"아이가 열 명 있어요. 하느님의 뜻이에요."[25]

데이터에 따르면, 아프리카 대륙이 가족 규모를 제한하고 싶어 하는 여성들로 가득 차 있지는 않은 것 같다. 아프리카 30개 이상 국가를 대상으로 실시된 학술 조사에 따르면 여성 3분의 2가 더 많은 자녀를 원하는 것으로 나타났다. 주목할 만한 점은 출산 욕구가 가장 적은 국가는 아프리카 대륙 내에서는 상대적으로 출산율이 낮은 남아프리카공화국이었고, 아이를 더 많이 낳고 싶은 여성 비율이 가장 높은 곳은 출산율이 상당히 높은 니제르였다. 쉽게 예상할 수 있듯이, 조사에서는 여성의 교육 수준과 노동시장 참여율이 높아짐에 따라 더 많은 자녀를 원하는 욕구가 감소한다는 사실도 밝혀졌다. 또한 텔레비전과 미디어 접근성도 대가족에 대한 욕구 감소와 관련이 있었다.[26] 또한 전반적으로 동아프리카 여성들은 중서부 아프리카 여성들보다 평균 1.5명 적게 낳기를 원했다.[27] 도시화가 꾸준히 진행되고 문맹률이 낮아지고 있는 에티오피아에서는 1980년대 이후 여성당 평균 희망 자녀 수가 약 7.5명에서 약 4명으로 감소했고, 실제 출산율도 동반 하락했다(인도에서도 같은 추세가 발견됐다).[28] 즉, 사람들이 적은 자녀를 원할수록 실제로 낳는 자녀 수도 줄어드는 것으로 보인다.

덴마크 모델과 현대의 출산율

• • •

정치학자 프랜시스 후쿠야마Francis Fukuyama는 모든 나라와 민족이 궁극적으로 덴마크 같은 사회가 되거나 최소한 지향하게 될 것이라고 주장했다. 안정되고 민주적이며 인권이 존중받고 범죄율이 낮은 사회 그리고 경제적으로도 풍요로운 삶을 바라지 않는 사람은 없다. 하지만 후쿠야마의 주장에 대한 정치적·경제적 논쟁은 제쳐두고, 인류는 인구 구조 면에서는 덴마크의 길을 걷고 있다.[29] 콜롬비아와 캄보디아, 모로코와 미얀마처럼 정치 성향, 종교 또는 문화권이 완전히 다른 국가들도 경제가 발전하는 속도만큼 혹은 그보다 빨리, 덴마크처럼 저출산 고령화 사회로 변하고 있다. 핵심 인구 통계 지표 측면에서도 세계는 매년 덴마크를 더욱 닮아가고 있다.

이런 추세는 근대화의 필연적 과정이고 이성적인 사람이라면 누구라도 반길 긍정적 변화다. 출산율 장려 담론은 교육과 경제발전 수준이 낮고, 남성 중심적 사회 제도 아래 여성들이 평균 6~7명의 아이를 낳으면서도 발언권이 거의 없는 사회에서 나타나는 단순한 출산 증가 현상과는 명확하게 구분되어야 한다. 후자는 구세대적인 인구 구조로, 하루빨리 과거로 사라져야 한다.

하지만 덴마크 모델을 달성했다고 해서 인구 구조의 변화가 끝난 것은 아니다. 사실 덴마크의 인구 변화도 아직 끝나지 않았다. 스칸디나비아반도의 다른 국가들과 마찬가지로, 덴마크는 남·동유럽이나 동아시아처럼 극심한 저출산율을 보이지는 않았지만, 대다수의 선진국처럼 지난 50년 이상 동안 출산율이 대체출산율을 넘어선 적이 없다. 1960년대 중반 전후 베이비붐이 사그라들며 유럽과 북미 대부분 지역에서 출산율이 급격히 감소했던 것처럼 덴마크의 출산율도 1960년대 후반부터 급격히 떨어졌다.

'제2차 인구 전환' 이론에 따르면, 덴마크와 비슷한 경제 수준의 국가들에서 개인주의와 전통적 가족 구조의 해체 그리고 전반적 사회 변화로 출산율이 대체출산율 이하로 떨어질 것이고, 인구 감소를 막기 위해 다른 나라에서 많은 이민자를 유치하게 되면서 인구 구성에 급격한 변화가 일어날 것이라고 한다.[30]

하지만 낮은 출산율의 원인이 꼭 진보적 사회 가치관 때문이라고 할 수는 없다. 예를 들어, 그리스와 한국은 (다른 나라에 비해) 혼전 동거가 드물고 사생아 출산율이 상대적으로 낮고 출산율은 전 세계적으로 가장 낮다.[31] 한 국가가 (혼인율 하락, 결혼 적령기 상승, 사생아 출산율 증가, 동거의 일반화, 직장과 가정 내 여성의 권리 신장 등) '사회적으로 진보적'이라는 점과 낮은 출산율을 보인다는 점 사이에는 더 이상 상관관계가 성립하지 않는다. 그리고 여기에서 우리는 자그마한 희망의 근거를 찾을 수 있다. 왜냐하면 여성과 가족에 대한 태도 측면에서 전 세계가 덴마크와 비슷해지고 있긴 하지만, 그렇다고 인류가 꼭 초저출산 시대로 향하는 것은 아니기 때문이다. 사하라 사막 이남 국가들 사례에서 살펴본 것처럼, 어느 정도 경제 개발이 이루어질 때까지는 출산율이 하락할 수밖에 없다. 하지만 그 수준을 넘어 도시화가 진행되고 문맹률이 낮아지며 피임이 보편화되면, 적당한 출산율이냐 저출산율이냐를 결정하는 요인은 경제적 수준이 아니라 문화다.

전 세계적으로 높은 소득, 도시화 그리고 (아직 갈 길은 멀지만) 교육이 보편화되었고, 피임법도 과거에 비해 더 많은 지역에 보급되어 이제 대부분의 국가가 (첫 번째) 인구 전환기를 지나왔다. 그러나 한국과 그리스처럼 매우 낮은 수준이든, 덴마크와 미국처럼 적당히 낮은 수준이든 장기적 지속 가능성 측면에서 볼 때, 전 세계의 출산율은 지나치게 낮다. 예외는 있지만, 일단 지금 우리가 해야 할 일은 한 국가가 덴마크 정도의 경제적 발전을 이루면 왜 출산율이 대체 수준 이하로 떨어져 그 상태를 유지하는지 그 이유를 파악하는 것이다.

저출산과 가족 크기의 관계는 보통 생각하는 것처럼 단순히 아이를 낳지 않는 여성이 늘고 있는 경향만으로 설명할 수 있는 문제가 아니다. 아예 아이를 낳지 않는 비출산은 물론, 아이를 낳는 여성 중 대가족을 꾸리는 경우도 점점 줄고 있다. 1970년 중반 출생한 영국과 웨일스 여성 중 18퍼센트가 가임연령이 끝나는 시점에도 아이를 낳지 않았고, 1950~1960년대 사이에 출생한 세대도 크게 다르지 않았다.[32] 일본은 무자녀 비율이 우크라이나보다 거의 세 배나 높지만, 출산율은 우크라이나보다 약간 높다. 스페인과 포르투갈은 출산율이 비슷하지만, 스페인의 비출산 여성 수는 포르투갈의 세 배에 달한다.[33] 따라서 합계출산율이 비슷해도 가임여성 집단 내에서 자녀의 수는 다를 수 있다.

그러나 이는 가임기가 끝나는 시점의 무자녀 여성 비율만을 고려한 것으로, (대체로) 40대 중반에 이르러서야 확정적으로 판단할 수 있다는 점에서 과거의 기록을 바탕으로 조사할 수밖에 없어 다소 후향적인 지표라고 할 수 있다. 하지만 무자녀 경향은 분명 두드러지고 있다. 현재 30대가 출산을 늦추는 대세를 거슬러 예상보다 훨씬 많은 자녀를 갖지 않는 한, 앞으로 자녀 없이 가임기를 마치는 여성의 비율은 꾸준히 늘어갈 것이다.

낮은 출산율이 전 세계적으로 확산되다 보니 이 글로벌 현상에 하나의 공통된 원인이 작용하고 있는 건지, 아니면 더 근본적 원인이 서로 다른 지역에서 다양한 결과로 나타나고 있는 건지를 구분하기 힘들다. 출산율은 매우 복잡하고 다양한 요인들이 상호작용하는 현상이기 때문이다. 어떤 하나의 근본적 원인을 찾았다고 생각하는 순간에도 예외가 늘 등장한다. 주택 가격이 비싸기 때문이다?

주택 가격이 낮은데도 출산율이 낮은 곳은 얼마든지 있다. 어린이집 비용 부담도 마찬가지다. 한 저명한 사회학자는 이렇게 말한다.

"인구 감소 문제와 약물 및 음주 문제를 같은 선상에 놓고 봐야 합니다. 약물과 음주 문제도 범죄, 실업, 비혼 등의 결과를 낳기 때문이죠."[34]

물론 이는 지극히 미국적인 관점이다. 세계 최저출산율 국가 중에는 약물과 음주에 따른 사회적 폐단이 거의 없는 일본이나 스페인 같은 곳도 있다.[35]

과거에는 물질적 풍요가 출산율을 대체 수준으로 낮추는 주요 원인이었고, 일부 지역에서는 이러한 현상이 여전히 나타나고 있다. 하지만 이미 선진국이 된 국가들과 개발도상국 중 일부에서는 물질적 풍요만으로는 저출산 현상을 설명하기 어려우며, 출산율을 대체 수준 이하로 떨어뜨리거나 혹은 저출산과 강한 상관관계를 보이는 다양한 요인들이 존재한다.

3장

/

오늘날의 저출산과 그 이유
- 위기의 지구

사회·경제 발전으로 인한 인구 전환,
아브라함계 종교의 부재, 보수적인 성별 문제,
만연한 반출생주의 문화 등,
한국은 저출산을 만들어내는 요소가 결합된,
총체적 위기의 전형이라고 할 수 있다.

인구학자가 정의하는 출산율은 사람들이 실제로 낳은 자녀의 수다. 생물학자에게는 아이를 가질 수 있는 능력이다. 생물학적으로 문제가 있으면 인구학적 출산율에 제동이 걸릴 수 있다. 아이를 갖고 싶어도 의학적 이유로 불가능할 수도 있기 때문이다.

최근 들어 정자 수 감소 이야기가 많이 나오는데, 이론적으로 (그리고 종국적으로) 인구 문제를 일으킬 수 있는 요인이 될 수 있다.[1] 그러나 현재까지의 연구 결과에 따르면, 적정 연령의 남녀라면 어느 정도 규칙적인 노력으로 별다른 문제 없이 임신할 수 있다고 한다.[2] 하지만 출산을 미루고 임신을 시도하는 시기가 늦어질수록 임신이 힘들어지고 시험관아기 시술이나 난임 치료 같은 의료 기술에 대한 수요가 증가하게 된다. 관련 기술이 발전하고는 있지만, 아직 소수의 사람에게만 필요한 기술이고 낮아지는 출산율을 되돌릴 정도로 기대할 수준은 아니다. 다시 말해, 오늘날 많은 지역의 출산율이 낮은 이유를 이해하려면 생물학적 요인보다는 현대 사회의 다양한 특징에 주목해야 한다.

종교

• • •

단지 종교가 없다는 이유로 아이를 안 낳겠다고 결정하는 사람은 없겠지만, 비종교인들이 아이를 덜 낳거나 아예 안 낳기를 선호하는 사람들의 생각에 공감할 가능성이 확실히 더 크다. 따라서 신앙이 없다고 해서 자녀를 갖지 않거나 적게 갖는 것은 아니지만 (비종교인 중에도 상당히 많은 자녀를 두고 있는 예도 있지만) 종교를 가진 사람들이 줄어드는 것과 출산율이 감소하는 것 사이에는 상당한 연관성이 있는 것으로 보인다. 일단 출산율을 조절할 수 있는 수단이 보편화되면, 종교가 출산율에 미치는 영향이 관찰되기 시작한다. 일찍이 피임 등 출산 조절 방법을 받아들인 프랑스에서는 가톨릭 신자가 많은 지역과 그렇지 않은 지역 간의 출산율 차이가 19세기부터 두드러졌다. 한 획기적 연구에 따르면, 가톨릭 지역인 브르타뉴는 상대적으로 세속적인 프로방스보다 무려 100년 이상이나 늦게 출산율 감소 현상이 나타났다. 종교가 출산율 하락에 미치는 영향을 보여주는 증거다.[3] 19세기와 20세기 초 사이 프랑스에서는 종교로 인해 여성당 평균 약 1.75명의 자녀 수 차이가 발생한 것으로 보인다.[4]

현대 사회의 경우, 특히 미국에서 주목할 점은 매주 종교 예배에 참석하는 사람들의 출산율은 지난 40년간 일정하게 대체출산율 수준을 유지했지만, 스스로 비종교인이라고 생각하는 사람들의 출산율은 크게 떨어져 현재 두 집단 간의 출산율 차이는 약 0.8명

(2.1명 대 1.3명)에 이른다는 사실이다. 사회의 미래와 인구 존속에 있어 매우 중요한 의미가 있는 수치다. 종교를 열심히 믿지는 않고 때때로 종교 예배에 참석하지만 매주 참석하지는 않는 사람들의 출산율은 매주 참석하는 사람들과 비종교인들 사이의 중간 정도에 있다. 미국의 출산율 감소는 종교인이나 비종교인의 출산율 하락 때문이라기보다 전체 인구에서 비종교인의 비율이 증가한 것이 주원인이다.[5] 기독교를 믿든 유대교를 믿든 독실한 미국인들의 출산율이 높은 것은 잘 알려진 사실이지만, 매주 종교 예배에 참석하는 이들이 그렇지 않은 사람들보다 양호한 출산율을 보인다는 것은 잘 알려지지 않은 사실이다. 종교인들이 줄어들면 출산율도 함께 떨어진다. 무신론자들의 비율이 지난 10년 동안 20퍼센트 미만에서 거의 30퍼센트까지 증가하는 사이, 기독교인의 비율은 같은 기간 미국 인구의 4분의 3에서 3분의 2 미만으로 감소했다.[6]

종교와 출산율 사이에 긍정적 상관관계가 나타나는 경향은 미국 외의 지역에서도 관찰된다. 영국의 경우, 가톨릭교 여성은 종교가 없는 여성들보다 평균 0.5명 이상 아이를 더 낳고, 개신교 여성은 약 0.3명 더 낳는다. 프랑스에서는 가톨릭 신자인 여성이 아이를 평균 0.5명 더 많이 낳는다.[7] 스페인에서는 어린 시절 미사에 참석한 여성들이 참석하지 않은 여성들보다 평균 0.5명을 더 낳는다.[8] 이스라엘로 시선을 옮겨보면, 독실한 여성의 80퍼센트 이상이 세 명 이상의 자녀를 두고 있으며, 자신이 '믿음이 있다'라고 생각하는 여성은 53퍼센트, 어떤 종교도 믿지 않는다고 말하는 여성은 22퍼센트에 불과하다. 또한 종교를 믿지 않는 여성의 42퍼센트가 자녀가 없지만, 독실한 여성 중 자녀가 없는 수치는 9퍼센트 미만이다.[9] 이슬람권 국가의 데이터는 충분하지 않지만, 인도네시아와 이집트처럼 다양한 문화권을 대표하는 국가에서 나타나는 현상을 살펴보면 (기독교인과 유대인들처럼) 이슬람권에서도 종교와 출산율 사이에 긍정적 관계가 엿보인다.[10]

하지만 이는 아브라함계Abrahamic 종교(하느님을 유일신으로 믿는 종교로 기독교, 이슬람교, 유대교가 이에 해당한다. - 편집자 주)에서만 발견되는 상관관계인 것으로 보인다. 태국 같은 불교 국가들은 경제발전 단계에 비해 매우 낮은 출산율을 보인다. 불교 국가에서도 신앙심 깊은 사람들이 종교가 없는 사람들보다 더 높은 출산율을 보일 것으로 예상할 수 있지만, 싱가포르, 몽골, 한국, 일본 등 다양한 국가를 연구한 자료에 따르면 불교인이 더 많은 자녀를 낳는 것은 아닌 것으로 드러났다.[11] 인도의 힌두교도 마찬가지다.

따라서 신앙과 출산율의 상관관계는 아브라함계 세계에서만 나타난다고 볼 수 있다. 그 이유에 대한 설명은 비교적 간단하다. 앞서 살펴본 바와 같이 아브라함계 종교인들은 아이를 더 많이 낳아 큰 가정을 꾸리도록 장려하는 종교적 가르침을 따르기 때문이다. 하지만 단순히 종교적 가르침을 따르는 것 이상의 요인이 있을 수 있다. 예를 들어, 종교를 믿는 여성들 중에서도 정기적으로 종교 행사나 예배에 참석하는 이들은 사회적 네트워크에 포함되어 자녀를 좀더 쉽게 양육할 수 있는 사회적 자본을 갖게 된다. 런던에 거주하

최후의 인구론

며 직장을 다니고 자녀가 셋이 있는 클라라는 종교 행사나 예배에 꾸준히 참석한다.

"아이들이 어렸을 때, 또래를 키우는 엄마들끼리 조언을 나누며 우정도 쌓고 서로 도움을 주며 상부상조했어요. 급할 때마다 서로 아이를 돌봐주기도 하고요. 물론 그런 네트워크가 종교 공동체 밖에도 있겠지만, 쉽게 찾기는 힘들 거예요. 남편과 제가 세 아이를 키우며 맞벌이를 할 때 종교 공동체는 정말 큰 힘이 되었고 그들이 없었다면 훨씬 힘들었을 거예요."

민족성

• • •

유럽과 북미에 정착한 소수민족 집단은 대개 출산율이 높은 국가에서 왔고 이들이 이주할 당시 유럽과 북미는 출산율이 이미 줄고 있거나 줄었기 때문에, 이 소수민족 집단의 출신국이 다른 나라들보다 훨씬 더 출산율이 높을 것이라고 생각되어왔다. 그러나 더 이상은 그렇지 않다. 두 가지 면에서 큰 변화가 있었는데, 첫째, 소수민족 집단 국가의 출산율이 감소했다. 가령, 미국의 경우에는 멕시코, 프랑스는 알제리, 독일은 튀르키예, 영국의 경우에는 인도와 파키스탄의 출산율이 하락했다. 둘째, 이민자들의 출산율이 거주 국가의 출산율과 수렴하는 추세를 보인다. 오늘날 영국의 시크교도와 힌두교도의 출산율은 영국 전체 인구 대비 그렇게 높은 편이 아니며, 이슬람교도의 출산율도 상당히 감소했다.[12]

이러한 현상은 미국에서도 목격된다. 2006년에서 2017년 사이 백인 여성과 흑인 여성의 출산율은 각각 5퍼센트와 11퍼센트 감소했다. 라틴계 여성의 경우, 같은 기간 동안 거의 37퍼센트나 감소했다.[13] 현재 미국 내 라틴계 여성 출산율은 전국 평균에 근접해 있다.[14] 이는 사실 그다지 놀랄 일이 아니다. 미국으로 이주해온 라틴계 이민자들의 2세대와 3세대가 미국 내 저출산 도시 지역에 정착해 그 문화에 자연스럽게 녹아들고 있기 때문이다. 심지어 1세대 이민자들 사이에서도 출산율 감소 현상이 나타나고 있다. 현재 라틴계 이민자들은 1970년대 라틴계 이민자들이 떠나왔던 멕시코와는 (출산율 면에서) 상당히 다른 멕시코에서 이주해왔기 때문이다. 1970년대 멕시코 여성은 미국 여성보다 평균 네 명 이상의 자녀를 더 낳았지만, 현재 그 차이는 약 0.1명에 불과하다.[15]

교육

• • •

개발도상국에서 교육 수준 향상과 출산율 하락 간의 관계는 명확하다. 여성들은 교육 수준이 높아짐에 따라 아이를 낳아 키우고 밭에서 일하기보다, 직업을 갖고 사회생활에 참여하며 자기 계발에 힘쓰려 한다. 또한 피임에 대한 지식과 활용도도 늘려갈 것이다. 학력이 높은 여성들은 전반적으로 자녀를 더 잘 돌볼 수 있는 지식과 경제력을 갖추고 있어 영아 사망률이 낮아지게 되고 이는 교육이 저출산을 초래하는 원인의 하나로 자리 잡는다.

이러한 추세의 대표적인 예로는 방글라데시를 들 수 있다. 1971년 파키스탄에서 독립한 이후 많은 방글라데시인들이 문맹을 탈출했고, 영아 사망률은 7명 중 1명에서 40명 중 1명으로 감소했다. 같은 기간, 거의 7명 수준이었던 출산율은 2명으로 급격히 감소했다. 한 국가의 모든 국민이 약 8년의 교육을 받고 거의 모든 사람이 읽을 수 있으며 각 연령대의 3분의 1에서 절반이 대학에 진학하는 수준이 되면, 교육 수준과 출산율의 상관관계가 더 확실해진다. 예를 들어, 가나에서 교육을 받지 않은 여성은 6명의 자녀를 낳지만 12년의 교육을 받은 여성은 2명의 자녀를 낳는다. 케냐도 비슷하다.[16] 앙골라에서는 학교에 다닌 적 없는 여성들은 7.8명의 자녀를 두지만, 고등교육을 받은 여성들의 자녀 수는 2.3명으로 급격히 줄어드는 현상을 보인다.[17]

미국의 상황도 다르지 않다. 미국에서 고등학교를 중퇴한 여성은 평균 2.75명의 자녀를 낳고, 고등학교 졸업 후 대학에 진학하지 않은 경우 2명 조금 넘게 낳는다. 또한 대학에 입학했지만, 학위를 마치지 못한 여성들은 2명을 조금 밑도는 수의 자녀를 낳는다. 대학 졸업자는 1.3명을 낳는다. 흥미로운 사실은 고학력자로 갈수록 약간의 상승세가 나타난다는 점이다. 석사 학위 소지자는 1.4명의 아이를, 박사 학위 소지자는 1.5명의 아이를 낳는다.[18] 영국에서 1960년대에 태어난 여성 중, 학사 학위를 소지한 여성은 O레벨 O-Level, Ordinary Level(영국의 중등 교육 인증 제도로 현재는 GCSE로 대체되었다. - 편집자 주) 시험을 통과하지 못한 여성에 비해 무자녀일 확률이 두 배 이상 높았다.[19] O레벨을 취득하지 못한 여성의 경우 학위를 소지한 여성보다 4명 이상의 자녀를 둘 확률이 세 배 이상 높았다.[19] 하지만 최근에는 교육 수준이 낮은 여성들도 아이를 덜 낳는 추세를 보이면서, 교육 수준에 따른 출산율 차이가 줄어드는 경향이 나타나고 있다.[20]

　　교육으로 출산율이 낮아지는 요인 중 다소 미묘한 부분은 남성과 여성의 학력 선호도다. 일부 주장에 다르면, 여성은 더 높은 학력의 남성을 선호하는 경향이 있고, 남성들은 학력이 낮은 여성을 선호한다고 한다. 이러한 성향은 여성들에게 충분한 교육 기회가 제공될 정도로는 발전했지만, 그렇다고 교육받은 여성들이 전통적 사고방식을 가진 남성들에게 이상적인 배우자로 여겨지거나, 학력이 낮은 남성들이 교육받은 여성들에게 이상적인 배우자로 여겨질 만큼 진보하지 못한 사회에서는 문제가 된다. 대학 시절 내 여자 동기 중 한 명은 자신이 대학에 진학하는 걸 달가워하지 않았던 할아버지에 대해 웃으며 이야기하곤 했다. 할아버지는 (아마 1930년대의) 친구 이야기를 하면서 친구의 딸은 고등교육을 받았지만, 결국 남자들에겐 인기가 없는 '머리에 든 것만 많은 여자bluestocking'가 되었다는 말을 해줬다고 한다. 현실과 맞지 않는 고리타분한 사고방식이

　　　　　　　　　　　　　　　　　　　　최후의 인구론

었으므로 내 여자 동기는 할아버지의 의견을 따르지 않았고, 현재 좋은 직업을 가지고 있으며 결혼해서 세 아이의 엄마가 되었다(독자 여러분, 제가 그 친구와 결혼했습니다). 하지만 아직도 세계 곳곳에는 이렇게 말도 안 되는 주장을 하는 이들이 많다.

선진국인 영국도 아직 갈 길이 멀다. 고학력자 여성들에게 괜찮은 남자를 찾기 힘들다는 불평을 쉽게 들을 수 있다. 2017년에 1970년생 영국인을 대상으로 한 연구에 따르면, 자녀를 원했지만 갖지 못한 사람들은 가장 주요한 이유로 적합한 파트너를 만나지 못한 것을 꼽았다.[21] 어느 정도는 결혼에 대한 젊은 남성들의 소극적 태도도 작용하겠지만, 남자들보다 대학교에 진학하는 여자들 수가 많아지면서, 적어도 교육적 관점에서 보면 '상향 결혼'이 통계적으로 더 어려워졌다는 사실도 반영하고 있다(영국의 일부 대학교에서는 여성 학부생 수가 남성 학부생 수의 두 배에 달한다).[22] 데이트 앱 틴더에서 실시한 실험 연구에서도 벨기에 여성들은 고학력 남성을 선호했고, 학사 학위 소지자보다 석사 학위 소지자를 선택할 가능성이 거의 두 배 더 높게 나왔다. 반면 남성들은 여성의 학위에 별로 관심을 보이지 않았다.[23] 여성이 일반적으로 남성보다 교육 수준이 낮았던 시대는 지나가고, 적어도 동등하거나 더 높은 교육을 받게 된 세상이 되었는데도 과거의 편견과 취향을 고수한다면 연애와 결혼 문화는 뒤틀릴 수밖에 없다.

따라서 교육과 낮은 출산율의 관계는 단순히 교육받은 여성들이 다른 일에 몰두하고 싶어서 적은 자녀를 원한다는 것 이상의 의미가 있다고 해석할 수 있다. 실제로 2008년부터 2014년까지 독일에서 실시된 연구에서는 교육받은 여성들이 교육 수준이 낮은 여성들보다 더 많은 자녀를 원한다는 데이터가 나타났는데, 남성에게도 같은 성향이 관찰되었다고 한다.[24] 또한 2011년 OECD 국가들을 대상으로 한 조사에서는 교육 수준별로 원하는 출산율에 거의 차이가 없는 것으로 나타났다.[25] 사람들이 원하는 만큼의 자녀를 갖지 못하는 것은 결국 우리 모두의 문제다.

정치

• • •

최근 몇 년간 미국 사회는 다양한 정치적 쟁점을 둘러싸고 문화적 균열이 점점 심화하는 양상을 보여왔고, 그 균열은 출산율에까지 영향을 미치고 있다. 2020년 대선을 카운티(주state 하위의 행정구역으로 우리나라 '군'에 해당한다. - 옮긴이 주)별로 분석한 자료에 따르면, 친親트럼프 카운티의 출산율은 친바이든 카운티보다 약 25퍼센트 높았다. 미국 전체 인구가 안정적 수준을 유지할지, 아니면 인구 소멸로 이어질지를 결정할 수 있는 중요한 격차다.[26] 물론 이 결과가 모든 것을 설명해주지는 못한다. 해당 연구는 트럼프를 강하게 지지했을 가능성이 높으며, 높은 출산율을 보이는 인구가 많은 지역만을 대상으로 했기 때문에 유권자가 적은 농촌 지역은 포함되지 않았다.

그렇지만 완전히 무시할 만한 자료도 아니다. 75퍼센트가 공화당을 지지하는 카운티와 75퍼센트가 민주당을 지지하는 카운티를 인종이나 인구 밀도 같은 다른 요인을 제한하여 비교한 결과, 2004년 이후 친공화당 카운티의 여성 1인당 출산율이 친민주당 카운티보다 0.6에서 0.7명 더 높은 것으로 밝혀졌다.[27] 44세 이상, 가임기를 마친 여성들의 출산율을 조사한 다른 설문조사에 따르면, 보수 성향의 여성은 평균 자녀 수가 2.5명, 진보 성향의 여성은 1.5명으로 나타났다.[28] 이와 같은 경향은 금세기 초반부터 시작된 것으로 보이며, 그보다 오래된 것 같지는 않다. 이 출산율 차이가 정치에 어떠한 영향을 미칠지는 아직 불분명하다. 물론 더 이상 아이들이 부모를 따라 교회에 가지 않듯이 부모가 투표하는 후보에게 투표하지 않을 수도 있다. 종교인들과 보수 성향의 사람들은 아이를 더 많이 낳는데, 인구의 흐름은 세속주의와 진보 쪽으로 기울어지고 있기 때문이다. 인구 구조가 국가의 운명을 결정한다든가, 미국이 반드시 종교적 보수 국가가 된다든가 하는 것이 핵심이 아니다. 특정한 세계관이나 태도가 (호감이 가든 혐오스럽든) 미래 세대의 구성원을 결정하는 데 더 큰 영향을 미칠 가능성이 높다는 점이 핵심이다.

일부 연구 결과에 따르면, 우리가 예상하는 인과관계와는 반대되는 흐름도 관찰된다. 즉, 보수적인 사람들이 아이를 많이 낳을 뿐만 아니라, 출산을 함으로써 사람들이 더 보수적으로 되기도 하는 것이다. 88개국에서 장기간에 걸쳐 실시된 한 연구에 따르면, 자녀가 많을수록 사람들은 더 보수적인 성향을 보인다고 한다.[29] 또한 미국에서는 대가족 출신일수록 보수 성향이 더 강한 것으로 나타났는데, 이는 보수주의가 더 많은 자녀를 통해 세대 간 전승되는 경향이 있음을 시사한다. 형제자매가 많을수록 동성 결혼과 낙태에 반대할 가능성도 높아지는 것으로 나타났다.[30]

경제

• • •

아이를 낳지 않거나, 한 명만 낳기로 한 젊은 부부들에게 그 이유를 물어보면 많은 이들이 "경제적으로 부담스러워서요"라고 대답한다. 영국 가임기 여성의 약 29퍼센트가 경제적 문제로 아이를 갖지 못하고 있다고 말하며, 이미 한 명 이상의 자녀를 둔 여성의 43퍼센트는 경제적 문제로 더 낳을 생각이 없다고 말한다. 또한 3분의 2가 신생아 양육 비용을 감당할 수 없어 출산을 미뤘다고 한다. 물론 경제적 이유와는 별개로 아이를 안 낳는 사람들도 있겠지만, (앞으로 자세히 살펴보겠지만) 사람들은 실제로는 더 많은 자녀를 원한다. 그런데 그렇지 못하다면 뭔가가 그들을 막고 있다는 뜻이다. 대부분의 경우 그것은 바로 돈이다.

그런데 이 주장은 지리적 위치와 역사라는 두 가지 면에서 다

최후의 인구론

소 역설적이다. 전 세계적으로 가족의 규모가 큰 지역 사람들은 보통 가난하다. 앞서 살펴본 것처럼, 1인당 GDP와 출산율 사이의 분명한 관계가 선진국에서는 깨졌지만, 개발도상국에서는 여전히 유효하고, 선진국과 개발도상국을 비교해봐도 그렇다. 예를 들어, 독일의 1인당 GDP는 서아프리카 시에라리온의 100배 이상이고 서아프리카 국가 여성들의 출산율은 독일 여성의 출산율보다 2.5명 더 높다.[31] 출산율이 3.5명을 넘는 국가는 모두 가난하고, 출산율이 2.5명을 넘는 국가는 대부분이 가난하다. 출산율이 낮으면서 가난한 나라는 많지만, 출산율이 매우 높은데도 잘사는 나라는 찾아보기 힘들다.

지리적으로뿐만 아니라, 역사적으로도 같은 흐름이 나타난다. 국가가 부유해질수록 출산율은 감소한다. 교육과 피임법 등이 작용한 결과이긴 하지만, 그 이상의 요인이 있다. 1970년 영국에서는 경구피임약이 널리 보급되었고 대다수가 이전부터 수년간 중등 교육을 받아왔지만, 출산율은 여전히 대체출산율을 웃돌았다. 그런데 이후 1인당 소득이 두 배로 증가하자 출산율이 감소했다. 이 같은 추세는 대부분의 국가에서도 마찬가지다.

이것이 역설의 핵심이다. 사람들은 잘살게 되면 아이를 덜 낳는다. 하지만 다들 아이를 안 낳는 이유를 경제적 이유로 돌린다. 물론 선진국 젊은이들의 볼멘소리엔 일리도 있고 무시할 수도 없다. 전직 교사인 35세 영국인 젠 클리어리는 이렇게 말했다.

"아이를 갖고 싶다고 그냥 가지면 되는 게 아닙니다. 저희 세대는 대부분 정말 경제적 여유가 없어요."[32]

영국에서는 특히 두 가지 경제적 문제가 출산율의 발목을 잡는다. 바로 자녀 양육비와 주거 비용이다. 우선 영국의 자녀 양육비는 OECD 국가 중에서 가장 높은 축에 속하며, 여성 약 170만 명이 비싼 보육료 때문에 직장을 포기하는 것으로 추산된다.[33] "엄마, 뱃속에 아기 있어?"라며, 동생을 바라는 네 살짜리 남자아이가 묻는다. "아니, 동생은 없어"라고 세 명의 아이를 계획했지만, 한 명에서 멈춘 엄마가 대답한다.[34] 바로 양육비 때문이다. "양육비가 가장 큰 걸림돌이에요"라고 다른 한 아이의 엄마가 옆에서 거든다.[35]

하지만 전 세계적으로 보면 양육비가 출산의 장애물이 될 수는 없다. 영국의 경우, 평균 소득의 맞벌이 가정 자녀 양육비는 여성 급여 실수령액의 절반 정도다. 그러나 한국이나 이탈리아, 독일 같은 나라에서는 정부 보조금 덕분에 영국에 비해 양육비가 적게 든다. 예를 들어, 독일에서는 자녀 양육비가 여성 급여 실수령액의 5퍼센트 미만이다.[36] 그럼에도 불구하고 이들 국가의 가족 규모는 영국보다도 작다. 영국의 높은 양육비 문제에 대해서는 다양한 의견이 있지만, 이것이 해결된다고 해도 출산율이 급상승하는 기적 같은 일은 일어나지 않을 것이다. 지금까지 양육비가 적게 드는 나라에서 출산율이 기적적으로 높아진 사례는 없었듯 말이다. 출산율은 아직도 낮고, 계속해서 감소하고 있다.

주거 비용도 사정이 비슷하다. 영국 20대의 자가 보유율은 2013년까지 20년 동안 50퍼센트에서 20퍼센트로, 30대의 경우 같

최후의 인구론

은 기간 동안 70퍼센트에서 47퍼센트로 감소했다. 주택을 임대할 수밖에 없다는 현실 그리고 그 비용과 불확실성으로 출산율이 떨어지는 게 분명해 보인다.

과거 19세기 중반 빅토리아 시대를 살던 영국인 대부분에게 자신이 소유한 집에서 가족과 산다는 것은 상상하기 힘든 사치였지만, 이제는 모두가 익숙해져 버린 사치가 되었고, 그것을 박탈당하는 것이 사회적으로 비난받는 시대가 되면서 가족의 크기 역시 영향을 받게 될 수밖에 없다. 집 크기도 점점 작아지고 있어 대가족이 지내기에는 비좁아지고 있다.[37] 물론 이에 대해 정부가 할 수 있고 해야 할 일들이 있지만, 이에 대해서는 나중에 다루겠다. 주택 문제가 출산율에 미치는 영향은 대체로 부정적이지만, 주택 문제로 인한 출생아 수 감소는 약 1.3퍼센트로 매우 미미한 수준이다.[38] 영국 내에서도 주거비가 낮은 지역의 출산율이 더 높게 나타나지는 않는다. 물론 주거비가 매우 높은 런던의 출산율이 영국에서 가장 낮은 것은 사실이지만, 주거비가 비슷하게 비싼 영국 남동부의 출산율은 주거비가 전반적으로 훨씬 저렴한 웨일스나 요크셔보다 높다.[39] 스코틀랜드는 대부분 주거비가 낮은 편인데 출산율은 매우 낮다. 이는 전 세계적으로도 비슷하다. 예를 들어, 독일과 그리스의 주택 가격은 영국보다 훨씬 낮지만, 출산율이 더 낮다.[40]

반反출생주의anti-natalism

• • •

반출생주의 철학은 너무 모호하고 생소하며 이해하기도 힘들어 아직 전체 출산율과 직접적인 연관성을 보이고 있지는 않다. 하지만 대개 기후에 대한 우려에서 시작되어 기본적으로 인간을 혐오하며, 때로는 악의적이기까지 한 이 사고방식은 현재 가임기에 접어든 젊은 세대의 행동과 잠재적 출산 결정에 영향을 미치고 있다.

"아이를 갖고 싶었지만, 현재 지구 환경을 보면 '이대로 가면 우리 아이들은 어떤 미래를 살게 될까?'라는 걱정이 듭니다."[41]

한 설문조사에 따르면, 참여한 사람들의 약 96퍼센트가 미래 세대를 생각하면 현재의 기후 변화가 우려된다고 답했다.[42]

환경문제에 기반한 반출생주의의 핵심은 다음 두 가지다. 첫째, 새로운 생명은 곧 온실가스 추가 배출원을 의미하며, 아이를 한 명 더 낳을 때마다 기후 재앙을 가속화하는 것이다. 둘째, 인류의 장래는 매우 어둡고, 지구 온난화로 지옥 같은 세상이 된 지금의 세계에서 아이를 낳아 키우는 것은 아이에게 가혹한 짓이다. 이러한 반출생주의에 유명인들이 동조하고 나서면서 관심을 갖는 이들이 늘어나고 있다. 한 예로, 영국의 해리 왕자 부부는 (현재는 국왕이 된 찰스 왕세자 부부와 달리) 기후 변화를 고려해 셋째를 갖지 않기로 했다고 공개적으로 밝혔다.[43] 미국에서는 민주당의 떠오르는 스타 정치인 알렉산드리아 오카시오코르테스가 이렇게 주장했다.

"우리 아이들의 삶이 매우 힘들어질 거라는 과학적 합의가 이루어지고 있습니다. 이러한 과학적 근거에 기반하여 젊은이들이 '여전히 아이를 낳아도 괜찮은가?'라는 정당한 의문을 품게 된다고 생각합니다."[44]

투자은행 모건스탠리의 전문가들은 기후 변화에 대한 우려가 출산율 하락의 주요 요인으로 작용하고 있다고 보고 있다.[45]

'출산파업 운동Birthstrike Movement' 홈페이지에는 반출생주의 주장이 다음과 같이 잘 정리되어 있다.

> 현재의 청소년들이 맞이할 미래가 생각만 해도 끔찍한가요? 기후 위기를 극복하는 데 큰 힘을 보태고 싶나요? 인류가 진정으로 필요로 하는 것을 외면하고 계속해서 소비와 파괴를 일삼는 지도자들에게 지쳤나요? 모두 함께 출산 거부로 아이들을 보호하고 기후 변화와 조직적 부패에 맞서 싸웁시다![46]

그리고 일부는 실제로 행동으로 옮기고 있다. 영국의 언론인 홀리 브록웰은 26살부터 의사의 반대에도 불구하고 난관 절제 시술을 끈질기게 시도했고, 결국 성공했다. 그녀는 지난 4년 동안 주치의가 동의해주지 않았다며 불평한다.

"진료 의뢰서조차 써주질 않더군요. 항상 '아직 어린 나이에 그런 극단적 결정을 내리면 안 된다'라는 말만 했죠."

브록웰은 자신이 공익을 위해 행동한 것이라고 확신한다.

"의료보험 지원을 받아 아이를 낳거나 시험관아기 시술 같은 것을 하는 것보다 비용도 저렴해요."

그녀는 이렇게 덧붙인다.

"장기적으로 정부 입장에서는 비용 절감이 될 겁니다. 저는 '자기 결정권'이 동등하게 적용되어야 한다고 생각해요. 아이를 갖는 게 자기 결정권이라면, 아이를 갖지 않는 것도 일종의 자기 결정권인 거죠. 아이를 갖든 안 갖든 두 가지 모두 존중받아야 하지 않을까요? 왜 하나는 괜찮고 다른 하나는 안 되는 거죠?"[47]

27살에 불임 수술을 받은 또 다른 여성은 이렇게 한탄한다.

"아이를 갖는 건 이기적 행동입니다. 사람이 태어날 때마다 더 많은 음식, 물, 땅, 화석 연료, 나무를 사용하고, 더 많은 쓰레기, 오염, 온실가스를 배출하여 인구 과잉 문제를 일으킵니다."[48]

이러한 주장들에 대해서는 6장에서 더 자세히 살펴보자.

요약하자면, 다양한 요인들이 결합하여 전 세계적으로 출산율이 급격히 감소하고 있으며, 전 세계 대부분의 지역이 출산율 전환을 완료하고 있다는 이야기다. 아시아, 아프리카, 라틴아메리카 사람들은 더 부유해지고 교육 수준이 높아지면서, 유아 사망률이 부모 세대보다 훨씬 줄어들 것이라는 점을 깨닫고 출산을 조절하고 있다. 일면 바람직한 변화로 보기에 충분하다.

하지만 선진국은 물론 아직 가난한 일부 국가에서도 출산율이 대체출산율에 크게 못 미치는 수준으로 떨어지면서 인구 감소가 진행되고 있다. 사람들이 더욱 자유분방해지고 세속적으로 될수록 출산율은 감소한다. 일부 사회에서는 종교인들과 보수 성향의 사람들이 전반적으로 낮은 출산율을 일부 상쇄하고는 있지만, 과거의 가난한 사회가 오늘날보다 더 높은 출산율을 보였고, 현재 세계에서 가장 가난한 국가들이 여전히 가장 많은 아이를 갖고 있다는 점을 고려할 때, 출산율 하락의 주요 원인을 경제적 어려움으로 돌리기에는 무리가 있는 듯하다.

총체적 위기의 한국

• • •

2023년 초여름, 나는 한국에서 인구학 관련 강연을 한 적이 있다. 인구 문제는 한국에서 뜨거운 감자다. 한국의 여성 한 명당 출산율은 약 0.8명으로, 세계에서 가장 낮은 수치이기 때문이다. 강연 후 가족 단위로 많이 찾는 지방의 한 호텔에 투숙했다. 아침 식사를 하러 호텔 식당에 갔을 때 조부모, 부모, 자녀가 함께 놀러 온 가족을 많이 볼 수 있었다. 하지만 놀랍게도 자녀 세대 중 형제자매가 있는 가족은 거의 없었다. 대부분 외동인 것 같았다.

출산율 0.8명이란 이론적으로 한 세대의 두 사람이 다음 세대에서는 0.8명이 된다는 뜻이다. 100명이 40명의 자녀를 낳고, 그 자녀들은 다시 16명의 자녀를 낳는다. 두 세대 만에 인구의 84퍼센트가 사라지게 되는 것이다. 사실 한국은 이보다 조금 더 심각하다. 출산율은 항상 여성을 기준으로 표시되는데, 한국 인구는 한 세대 전 초음파 기술의 도입과 함께 빚어진 남아 선호 사태로 현재의 출산 연령층에 남성 비율이 높아 불균형을 이루고 있다. 한국의 어떤 지역에서는 여성 100명당 남성이 125명이라고 한다.[49] 출산율이 여성을 중심으로 측정되고 여성이 전체 인구의 절반 미만이라면, 그 차이를 메우기 위해 더 많은 아이를 낳아야 한다. 그러나 현실은 그렇지 못하므로, 결국 인구 감소 속도는 훨씬 더 빨라진다.

한국은 이제까지 언급한 많은 요소가 결합된, 총체적 위기의 전형이라고 할 수 있다. 한국은 고도의 도시화가 진행된 나라로, 인구의 절반이 수도권 도시에 거주하고 나머지도 대부분 도시에 산다.[50] 한국은 부유한 나라로, 1인당 GDP가 지난 50년 동안 급성장하여 현재 일본과 비슷한 수준이다. 1990년대만 해도 3분의 1 수준에 불과했던 것과 비교하면 놀라운 성장이다.[51] 또한 매년 70퍼센트 이상이 대학에 진학하는 등 고등교육을 받는 이들이 많다.[52] 한국은 전 세계가 인정하는 치열한 경쟁 사회로, 도시의 부유층이 점점 줄어드는 아이들에게 집중적으로 투자하는 극단적 사례다. 최고의 대학에 자녀를 입학시키는 것이 가장 중요한 목표이며, 이를 위해 많은 시간과 돈을 투자해야 한다면, 자녀를 한 명만 낳아 모든 자원을 그 아이에게 쏟아붓는 것이 합리적이기 때문이다.

한국 사회는 지위에 매우 민감하고 경쟁도 치열할 뿐만 아니라 성별 문제에서도 상당히 보수적이어서, 여성이 더 교육받은 남성을 찾고 남성은 더 교육받은 여성을 피하는 상승혼hypergamy 문제가 있

최후의 인구론

을 것으로 추정된다. 출산율이 낮은 경향이 지속될 수밖에 없는 그야말로 '진퇴양난'에 빠진 사회인 것이다. 한국의 교육열은 여성들에게도 공평하게 적용되어 훌륭한 교육을 받지만, 다른 한편으로는 과거의 생활방식을 따르라는 요구를 받는다. 예를 들어, 한국의 가사 분담 비율은 여성이 80퍼센트, 남성이 20퍼센트다.[53] 한국 사회의 보수적인 분위기는 매우 낮은 혼외 출산 비율(2023년 기준 4.7퍼센트 - 편집자 주)에서도 찾아볼 수 있다. OECD 회원국 평균 혼외 출산율은 거의 50퍼센트에 달한다.[54] 게다가 결혼 건수도 1990년대 중반 이후 절반 이상 감소했다. 결혼하는 사람이 줄어들고, 혼외 출산도 거의 없다면 출산율 급락은 불 보듯 뻔한 일이다. 전반적으로 교육과 소득 수준은 높지만, 혼외 출산율이 낮은 선진국들은 합계출산율도 매우 낮다. 또한, 한국 사회에서는 결혼으로 이어지는 관계를 형성하는 것이 더욱 어려워지고 있다. 최근 연구에서 서울 거주 여성의 43퍼센트, 남성의 29퍼센트가 지난 1년 동안 성관계를 갖지 않았다고 답했다.[55]

한국이 초저출산 국가가 된 것에는 또 다른 두 가지 요인이 작용하는 것으로 보인다. 하나는 앞서 살펴본 바와 같이, 출산율을 높이는 데 도움이 될 수 있는 아브라함계 종교적 배경의 부재다. 한국에서 종교를 가진 사람들 중 많은 이들이 기독교를 믿지만, 이는 비교적 최근의 현상으로 기독교의 문화적 영향력은 지극히 제한적이다. 그리고 한국인 대부분은 종교가 없다.[56] 둘째 요인은 만연한 반출생주의 문화다. 식당, 카페, 박물관 등 많은 공공장소에서 '어린이 및 반려동물 출입금지' 표지판을 쉽게 찾아볼 수 있다. 이러한 태도가 사회 전반적으로 팽배한 한국에 아이가 사라지고 있는 것은 어찌 보면 당연한 일이다.

4장

/

이상적인 출산율의 비밀

- 골디락스 시나리오

인류가 지속 가능한 수준의 출산율을 달성한 모델을
찾으려면, 도시화·교육·소득 수준이 높아졌는데도
출산율이 안정된 나라를 찾아야 한다. 또한 여성들이
스스로 임신을 결정할 수 있는데도 평균적으로
두세 명의 자녀를 낳는 나라여야 한다. 이런 조건을
충족하는 나라는 지구상에 단 하나뿐이다.

이번 장에서는 소득 및 교육 수준 향상 그리고 도시화가 반드시 출산율 하락으로 이어지지 않는 사례들을 살펴볼 것이다. 우선 경제적·사회적 발전이 한창이지만 출산율 붕괴가 나타나지 않은 인도네시아를 중점적으로 살펴본 후, 그다음으로는 고소득, 높은 교육 수준 및 도시화를 이미 달성한 선진국이면서도 대체출산율을 훨씬 웃도는 출산율을 자랑하는 이스라엘을 들여다보자.

골디락스 가설, 인도네시아

• • •

몇 년 전 나는 일 때문에 한동안 인도네시아의 수도 자카르타에서 지냈다. 무덥고 오염이 심해 견디기 힘들었지만, 에너지 넘치는 도시였다. 자카르타의 인구는 약 1,000만 명으로 세계에서 네 번째로 인구가 많은 인도네시아(약 2억 8,000만 명)에서 가장 큰 도시다. 자카르타는 활기가 넘치는 곳이지만, 개발도상국 대도시의 전형적 특성을 많이 볼 수 있다. 인도는 좁고 보수가 안 된 곳이 많고 주택은 대개 허름하고 낡았다. 인프라 역시 노후화해, 도로는 늘 혼잡하고 비가 올 때면 물이 넘치는 일도 잦다. 하지만 내가 1970년대 학교 지리 시간에 배웠던 대규모 판자촌 같은 곳은 아니었다. 우리가 당시 배운 제3세계의 도시는 기아와 절망이 가득하고, 상상할 수 없을 정도로 끔찍한 환경에서 살아가는 사람들로 넘쳐났고, 심지어 그곳보다 더 열악한 오지에서 온 사람들이 매일 또 유입되는 그런 도시였다. 현재의 자카르타는 우리가 과거에 제3세계 도시의 전형이라고 생각했던 도시에서 유럽, 북미 또는 동아시아의 도시와 더 비슷한 모습으로 변화하며, 선진국과 개발도상국 사이쯤에 있는 도시다. 세계가 어떻게 변화하고 있는지 관심이 있다면 매우 흥미롭다고 느낄 수 있는 곳이다.

자카르타에서 가장 눈에 띄는 것은 젊음이었다. 거리, 시장 그리고 도시 곳곳에 생겨난 에어컨이 나오는 쇼핑몰도 젊은이들로 북적댔다. 내가 배웠던 제3세계와는 또 다른 모습이었다. 1980년대 인도 여행 중 지나쳤던 먼지투성이 콜카타 같지도 않았고, 1990년대 말리에서 시간을 보내며 잠시 들렀던 음울한 바마코와도 달랐다. 당시 콜카타와 바마코는 마치 디스토피아 영화 속 한 장면처럼, 영양실조에 걸린 유치원생들로 넘쳐나는 희망이 보이지 않는 어두운 도시들이었다. 자카르타는 최근에 다녀온 스페인 북부의 마을과도 달랐다. 그곳은 햇볕을 쬐면서 커피를 마시며 앉아 있는 노인들

최후의 인구론

로 가득했고, 젊은 사람들은 모두 사라진 것 같은 곳이었다. 자카르타는 대략 이 두 세계 중간 어딘가에 있다. 자카르타는 분주하게 살아가며 성공을 위해 노력하는 20대가 가득한 도시다. 자카르타, 더 넓게 인도네시아는 전형적 인구 보너스를 누리는 곳만의 에너지가 흐른다. 자카르타는 어떻게 이렇게 젊은 도시가 된 걸까? 그리고 앞으로는 어떻게 될까?

인도네시아가 인구학자들의 관심을 끄는 이유는 2~3명 정도의 출산율이 꽤 오랫동안 유지되고 있다는 사실 때문이다. 골디락스goldilocks 시나리오가 구현되고 있는 이상적인 출산율을 보이는 곳이다('골디락스'는 영국 전래동화《골디락스와 곰 세 마리》에 등장하는 어린 소녀 골디락스가 세 그릇의 죽을 맛보고, 너무 뜨겁지도 않고 너무 차갑지도 않은 딱 적당한 온도의 죽을 가장 좋아한다는 내용에서 유래됐다. - 옮긴이 주). 인구가 급증하지도 않고, 급감하지도 않으며, 출산율이 너무 높지도 않고, 너무 낮지도 않다. 인류가 번성하려면 인도네시아 같은 나라에서 무언가를 배워야 한다.

동남아시아의 섬 나라인 인도네시아는 제2차 세계대전에서 패배한 일본에 독립을 선언하고 식민지 재통치를 노렸던 네덜란드를 쫓아낸 후, 오랜 기간 수카르노 초대 대통령이 이끌었다. 수카르노는 (당시 냉전체제 어느 진영에도 속하지 않는 비동맹주의 외교 정책을 기조로 하는 - 옮긴이 주) 비동맹운동회의Non-Aligned Movement 창립자로서 반서구 성향을 보이며 국내 공산주의자들의 지지를 일부 받았지만, 1965년 수하르토 장군이 일으킨 잔혹한 군사 쿠데타로 축출되었

다. 수하르토는 공산주의자들을 무자비하게 탄압하여 최소 40만 명을 학살했다.[1]

그 시기 인도네시아는 정치는 물론, 경제·사회 면에서도 실패를 거듭하고 있었다. 인구 통계를 봐도 실망스럽긴 마찬가지였다. 여성 한 명당 출산율은 5~6명이었고, 평균 수명이 약 55세였으며, 유아 사망률은 10명 중 1명을 넘었다. 세계에는 더 가난하고 절박한 나라들이 많았지만, 풍부한 자원을 고려하면 당시 인도네시아의 성적표는 여러모로 실망스러웠다.

하지만 이후, 특히 1998년 수하르토 정권 붕괴 이후 민주주의 질서가 안정적으로 형성되면서 꾸준하고 지속적인 발전이 이루어졌다. 1인당 소득은 이미 1970년대 초 이후부터 6~7배 증가했으며,[2] 유아 사망률은 80퍼센트 감소했고 평균 수명은 70대 초반까지 늘어나, 미국 내에서 가장 성적이 좋지 않던 웨스트버지니아주나 스코틀랜드 글래스고의 남성 평균 수명, 혹은 러시아 전체 평균 수명과 비슷한 수준이 되었다.

인도네시아는 경제 및 인적 개발 면에서 교과서 같은 사례로, 각종 인구 통계 지표에 그 사실이 여실히 드러난다. 1970년과 2000년 사이 문맹률이 절반으로 줄었고, 현재는 글을 못 읽거나 못 쓰는 성인은 없다고 봐도 될 정도다.[3] 대학 학위 소지자의 비율은 17.9퍼센트로 상당히 낮지만, 증가하는 추세다.[4] 도시에 거주하는 인구 비율은 지난 50년 동안 전체 인구의 5분의 1 미만에서 절반 이상으로 증가했다.[5]

인도네시아의 소득, 도시화, 교육 분야에서의 비약적인 발전은 한 국가가 인구 전환기를 거치면서 보이는 전형적 특징이다. 1960년대 후반과 1970년대 초반 인도네시아 여성들은 평균 다섯에서 여섯 명의 자녀를 두었다. 그런데 국가가 발전하고 도시화하며 교육 수준이 높아짐에 따라 출산율이 감소했다. 수카르노는 출산 장려 정책을 추진했으며(그 수준을 감안할 때 과잉 출산 정책이라고 해도 과언이 아니다), 특정 지역의 인구 쏠림 현상을 해소하기 위해 인구 과밀 지역 사람들이 더 먼 지방으로 이동하도록 장려했다(인구통계학적 측면에서 인도네시아에서 가장 인구가 많은 자바섬의 문화를 인도네시아 전역으로 확산시키는 '자바화' 정책의 일환으로 볼 수 있다).[6]

수하르토 정권으로 바뀌면서 이 정책에 변화가 생겼는데, 1970년 국가 가족계획 조정 기구가 설립되었다. 설립 후 불과 5년 만에 가임연령 기혼 여성 3분의 1이 이 프로그램의 혜택을 받았으며, 1990년대 초 인도네시아의 출산율은 3명 이하로 떨어졌다.[7] 이러한 모든 과정은 사회적·경제적 발전과 맞물려 진행되었지만, 1960년대부터 인구 밀도가 가장 높은 자바와 발리 두 섬에서 시행된 현장 지원인력 배치, 목표 설정, 인센티브 제공, 데이터 수집 강화 등 정부의 지속적 노력도 큰 몫을 했다.[8]

이후 인도네시아의 출산율 감소 속도는 둔화했고, 평균 출산율 2~3명의 '골디락스 구간'에 30년째 머물고 있다(이와 비교해 태국은 인도네시아보다 약 10년 빠른 1980년대 초에 출산율 3명에 도달했지만, 1990년대에 들어서며 출산율이 대체출산율 이하로 급감하였고 현재도 1.3명이라는 극히 낮은 수준에서 벗어나지 못하고 있다). UN은 2065년 인도네시아의 65세 이상 인구 1명당 생산가능인구가 3명 이상이 될 것으로 예측했다. 인구 고령화도 점진적으로 진행될 것으로 기대되어 관리할 수 있는 수준을 지켜갈 것으로 보인다. 반면 태국의 2065년 부양비는 인도네시아의 두 배 수준으로, 노인 2명을 부양하기 위한 생산가능인구가 3명이 될 것이라는 예측이 나온다. 그때쯤 태국의 중위 연령은 인도네시아보다 10살 이상 더 높을 것이다. 불과 한 세대 뒤인 2050년대 중반부터 태국의 부양비는 현재 일본 수준만큼 악화할 것이고, 그 이후로도 계속 악화할 것이다. 하지만 태국은 지금의 일본만큼 고령화 사회의 여러 가지 부작용을 감당할 경제력을 갖추지 못하고 있다.

인구 구조의 변화 방향 차이로 경제 성장의 방향도 극명히 갈렸다. 인도네시아는 경제 성장률에서 최근 수십 년 동안 태국을 넘어섰다. 2000년부터 2019년까지 인도네시아 경제가 매년 약 5퍼센트 꾸준히 성장하는 사이, 태국 경제는 훨씬 더 불안정해진 것은 물론, 한 번도 5퍼센트의 성장율을 달성해본 적이 없다.[9] 인구만 놓고 보더라도 인도네시아는 앞으로 수십 년간 더 높은 성과를 거둘 것으로 예상된다. 현재 평균 소득은 태국이 인도네시아보다 두 배가량 높지만 격차는 줄어들고 있다.[10] 이번 세기 중반이 되면 두 국가의 모습은 크게 달라져 있을 것이다. 태국은 고령화와 경기 침체, 부채에 시달리겠지만, 인도네시아는 어느 정도의 성장 동력을 유지할 것이기 때문이다. 이 모든 차이의 근원에는 인구 구조가 있다.

인구 전환 보너스

• • •

인구 전환기에 들어서서 사람들이 가족의 크기를 줄여가더라도, 아직 인구 고령화나 감소가 심각하지 않은 단계라면 경제에 활력이 넘치게 된다. 이 단계에서 출산율은 일반적으로 2~3명 사이이며, 노동 시장에 진입하는 젊은이들이 많고, 이들은 일찌감치 결혼해 대가족을 이루었던 부모 세대와 달리 좀 더 늦게 결혼하고 아이도 덜 낳는다. 이렇게 경제가 호황을 누리게 되는 현상에 대해서는 크게 두 가지로 설명할 수 있다. 첫째, 인구통계학적 구조다. 20~30년 전 높은 출산율로 풍부한 노동력이 형성되었고, 자녀 부양의 부담도 줄어들어 더 많은 생산가능인구가 노동 시장에 적극적으로 참가하게 되면서 경제가 탄력을 받게 된다. 둘째, 인구 구조 자체가 교육 확대, 도시화, 소득 증가 등 다른 긍정적 발전에 따른 결과이므로, 출산율 감소와 함께 청년층 인구의 증가가 경제 활성화로 이어지는 것은 당연하다는 것이다.

어떤 이유로 인구 전환이 시작되든, 이러한 인구 구조 시나리오에는 두 가지 추가적 이점이 있다. 첫째, 가족 수가 줄면 자녀에 대한 투자가 늘어나고, 그렇게 양질의 교육을 받은 자녀들은 노동 시장에서 높은 생산성을 보이게 된다. 둘째, 젊은 노동자들이 저축한 은퇴 자금이 국내 투자 자본이 되고 국가의 자본 기반이 확충된다.

일본은 1950년대부터 1980년대까지 노동 인구가 풍부했던 시기에 눈부신 경제 성장을 이루었다. 그러나 노동력이 정점에 달했을 때부터 상대적 쇠퇴와 침체기에 접어들기 시작했다. 한국의 경제 호황기도 인구가 급증하고 출산율이 떨어지던 시기였다. 대만도 마찬가지다. 중국은 급격한 출산율 하락 이후 수십 년 동안 전 세계가 주목할 만큼 놀라운 속도로 산업화와 경제 성장을 이뤄냈다(앞서 언급했듯이, 중국의 출산율 하락은 극단적인 한 자녀 정책이 없었더라도, 비록 속도는 더뎠겠지만, 어쨌든 일어났을 것이다). 그리고 앞서 살펴본 대로, 인도네시아는 출산율이 완만하게 하락하고 젊은 노동 인구가 급증하면서 경제적으로 크게 성장하고 있다.

그러나 인구 구조가 이상적이라고 해서 경제적 성공이 보장되는 것은 아니다. 안타깝지만 출산율이 여성당 2~3명 수준으로 떨어진 지 10~20년이 지난 후 인도네시아처럼 밝은 전망을 보이지 못한 사례도 많다. 가장 대표적 예가 시리아다. 2010년, 혁명과 내전이 발발했을 때 시리아의 합계출산율은 3명으로 빠르게 떨어지고 있었다. 당시 출산율은 3.4명이었고, 이는 20년 전의 출산율에서 2명이 줄어든 수치다. 하지만 내전 전에도 시리아가 인구 전환 보너스를 통한 경제적 도약을 향해 나아가고 있다는 징후는 전혀 발견할 수 없다. 대신 탄압과 부패로 일관하던 정권이 나라를 옥죄고 있을 뿐이었다. 이후 시리아는 여러 세력으로 분열되었다. 레바논도 20~30대 인구가 많고 과거에 비해 출산율이 크게 줄어들었지만, 경제적으로는 실패한 국가다. 인도네시아의 성공에 민주주의와 정치적 안정이 중요했던 것처럼 정치적 불안정이 실패의 중요한 요소이기 때문이다. 적합한 인구 구조가 경제적 성공의 필요조건이라는 점은 분명하다. (일정 정도의 정치적 안정과 경제적 성장이 인구 구조 전환으로 이어진다고 볼 때) 현대 사회에서 출산율이 4명 이상인 국가가 번영을 이루기는 힘들기 때문이다. 그러나 인구 구조가 전부는 아니다. 적절한 인구 구성만으로는 인구 전환 보너스를 받을 수 없다.

당연히 중요한 또 하나의 요소는 정치다. 만약 '부조리'가 판을 치고 정치적 불안정이 극심하다면, 사회 근간에 흐르는 그 어떤 발전적 추세도 활용할 수 없다. 교육 역시 빼놓을 수 없는 요소다. 기존 노동력보다 훨씬 더 많은 교육을 받은 젊은 노동자의 유입은 경제에 강력한 활력소가 된다. 하지만 새로운 세대가 영향력을 발휘할 수 있을 정도의 규모가 되지 못하면 인구 전환 보너스는 없다.[11]

물론 인구 전환으로 인한 보너스를 영원히 누릴 수는 없다. 인구 보너스는 무려 6명을 낳던 여성들의 출산 부담이 줄고 새로운 세대가 경제와 국가 발전에 이바지할 수 있는 환경이 조성되면서 발생한다. 하지만 그 시점 이후에도 인도네시아처럼 수십 년 동안 2~3명 정도의 안정적 출산율을 유지할 수 있어야 보너스 효과가 급격히 사라지지 않는다. 이미 여러 번 언급했지만, 태국은 보너스 효과를 누려 경제적 성장을 이루기 전에 고령화되고 말았다.

인도네시아는 30년간 대체출산율을 약간 웃도는 출산율을 유지해오다가 이제 차츰 대체출산율 수준을 향해가고 있다. 앞으로 어떻게 될지 예측하기는 힘들다. 10~20년 후, 인도네시아도 태국이나 일본처럼 출산율이 낮아질 수 있다. 하지만 급격한 출산율 하락이 나타날 것으로 보이지는 않으며, 노동력과 인구 감소에 대비할시간도 더 많을 것이다. 유엔 인구 분과The United Nations Population Division는 세계적으로 가장 권위 있는 인구 전망을 내놓는 기관으로, 인도네시아의 출산율이 이번 세기말까지 매우 천천히 하락할 것으로 예측한다. 현재 (대체출산율에 가까운) 2.2명에서 약 1.8명으로 떨어질것이라는 전망이다. 그러나 전 세계 많은 지역이 앞으로 겪을 일에비하면 상당히 완만한 내림세다.

출산율의 향방을 가늠하는 또 하나의 중요한 지표는 사람들이원하는 자녀 수다. 인도네시아의 경우, 두 명을 원한다는 비율이 약40퍼센트이고 두 명 이상을 원한다는 비율도 40퍼센트에 달한다.한 명 또는 전혀 원하지 않는다는 응답은 매우 드물다. 나머지 약20퍼센트는 숫자 대신 신의 뜻에 맡긴다고 응답했다.[12] 이런 응답을보이는 사회의 출산율이 동북아시아나 유럽 수준으로 곤두박질할위기에 처해 있다고 보기는 힘들다.

인도네시아가 안정적 출산율을 유지해온 데는 국민 대다수가믿는 이슬람교가 요인으로 작용했을 수도 있다. 동아시아와 동남아시아에서는 역사적으로 다수가 불교를 믿는 지역(일본, 중국, 태국 등)에서 출산율이 가장 빠르게 떨어졌고, 이슬람이나 기독교가 다수종교인 사회(인도네시아, 필리핀 등)에서는 상대적으로 느리게 감소했다. 지리적으로 이웃해 있는 말레이시아는 문화적·언어적으로 인도네시아와 유사하지만, 중국계 불교도와 인도계 힌두교 소수민족

최후의 인구론

이 많고, 현재 대체출산율보다 훨씬 낮은 출산율을 보인다. 그러나 알바니아(합계출산율 1.4명)와 이란(합계출산율 1.7명)의 경우를 보면, 이슬람 인구가 많다고 해서 반드시 출산율이 높은 것만은 아니다. 즉, 종교적인 이유만으로 인도네시아가 저출산이라는 미래를 피할 수 있는 것은 아니라는 이야기다.

또한 인도네시아 여성 중 상당수가 아직도 외딴 지역에 거주하고 있으며 교육 수준이 낮고 피임에 대한 정보가 부족하다. 이는 현재의 출산율이 여성의 선택을 완전히 반영하지 못하고 있음을 시사한다.[13] 그러므로 여성들도 출산을 조절할 수 있게 되면 출산율은 더 떨어질 수 있다. 인도네시아의 골디락스는 이제 마감 초읽기에 들어갔는지도 모른다.

인도에 골디락스는 없다

• • •

2023년 초, 인도가 세계에서 가장 인구가 많은 국가로 기록되면서 공식적으로 중국을 추월했다. 인도의 인구가 정확히 언제 중국의 인구를 추월했는지는 알 수 없다. 이는 인구 추정치에 근거한 것으로, 히말라야 북쪽이나 남쪽에서 누가 언제 태어나고 언제 죽었는지 정확히 알 수 없기 때문이다. 인도와 중국 사이에 언제 인구 역전이 일어났는지는 오직 신만이 알 것이다. 두 나라 모두 국토 면적이 매우 넓고 인구 기록도 완벽하지 않다. 하지만 수천 년 만에 처음으로 중국이 세계 최대 인구국의 자리에서 내려왔다는 사실만은 확실하다. 만약 인도가 1947년에 분할되지 않고 지금의 파키스탄과 방글라데시 지역을 포함하고 있었다면 역전은 이미 오래전에 일어났을 것이다.

어떤 면에서 인도와 중국의 인구학적 관계는 인도네시아와 태국의 인구학적 관계와 유사하다. 중국과 태국은 경제적·산업적으로 더 빠르고 일찍 발전했으며, 출산율이 급격히 하락했고, 인구 보너스를 일찍 누렸으며, 현재는 인구 감소 또는 정체를 겪고 있다. 반면, 인도와 인도네시아는 더 느리게 발전했으며, 향후 출산율이 어떻게 되든 간에 인구 모멘텀이 내재해 있고 수년 또는 수십 년 동안 인구 보너스를 누릴 수 있다.

인도와 인도네시아의 현재 출산율은 2명을 조금 넘지만, 중요한 차이점이 있다. 인도네시아의 출산율은 상당히 오랜 기간 안정적으로 유지되어왔지만, 인도의 출산율은 계속해서 하락하고 있다. 여기서 핵심은 인도의 1인당 GDP는 인도네시아의 2분의 1 수준이며, 교육 수준과 도시화 비율 또한 훨씬 낮은데도 불구하고 이미 대체출산율에 도달했다는 점이다.[14] 이는 인도가 인도네시아보다 본질적으로 출산 선호도가 더 낮다는 것으로 해석할 수 있고, 아브라함계 종교가 출산율 급감을 지연시키는 경향이 있다는 점을 고려할 때, 출산 선호도 차이는 힌두교와 이슬람교의 차이라고 봐도 무방하다. 실제로, 인도 내 종교별 출산율 차이는 일부 힌두 민족주의자들이 주장하는 것만큼 두드러지지는 않지만, 이슬람교가 약 0.5명 더 많아, 아브라함계 종교와 출산율의 연관성을 뒷받침한다.[15] 일반적으로 사회가 발전할수록 출산율은 감소하는 경향이 있지만, 출산을 장려하는 종교적 가치관은 이러한 추세를 늦출 수 있다.

인도에서도 경제적으로 부유한 계층은 이전 세대만큼 출산을 강하게 종용하지는 않지만, 서구사회처럼 인구가 감소하고 있는 인도의 현실에 걱정이 깊은 듯 보인다.[16] 자식 세대에게 아이를 낳으라고 다그치는 이들도 있기는 하지만, 세대가 바뀌면서 출산에 대한 압박도 차츰 사라질 것이다. 한때 중국은 조상을 섬기는 유교 문화를 중심으로 한 대표적인 가족주의 사회였지만, 강압적인 한 자녀 정책이 완화된 이후로도 출산율 감소세는 여전하다.

인도에서 골디락스 시나리오가 실현되지 못할 것으로 예상되는 또 다른 이유는 인도의 많은 지역의 출산율이 이미 대체출산율 이하로 떨어졌기 때문이다. 인도네시아는 대부분의 지역이 대체출산율 수준에 있으며, (뉴기니의 서파푸아 등) 일부 지역은 그보다 훨씬 높다.[17] 인도도 (북동부의 메갈라야 같은) 일부 외곽 지역과 개발이 덜 된 지역은 출산율이 높지만, 이들 지역의 규모는 매우 작다.

아직도 다른 주에 비해 가난한 북부 힌디어 지역(우타르 프라데시주와 비하르주)은 대체출산율 이상의 높은 출산율을 기록하고 있지만, 지난 10년간 경제적으로 발전하여 부유한 주들의 출산율은 지속해서 하락했다. 서벵골주의 경우, 1990년대 초 이후 출산율이 절반으로 줄어 현재 일본 수준까지 낮아졌으며, 남부(케랄라주, 안드라

프라데시주, 카르나타카주, 타밀나두주)의 출산율은 현재 영국의 출산율과 비슷하다.[18] 일부 지역에서는 지역민 대부분이 글을 읽고 쓸 수 있게 되고 도시화도 한창이지만, 소득 수준이 선진국의 극히 일부에 불과한 지역에서도 출산율이 일본과 영국 수준으로 떨어진 것은 인도가 골디락스 구간에 오래 머무는 데 필요한 적절한 출산 장려 정책이 부족하다는 뜻이다.

인도는 대규모 이민을 유치할 만큼 부유하지 않다. 현재의 낮은 출산율이 국가 노동력 수급에 영향을 미치고 부양비에도 반영되기 시작할 때면 그 여력은 더 줄어들 것이다. 또한 인도는 세계에서 인구가 가장 많은 국가인 만큼 이민의 규모가 엄청나게 커야만 실질적인 효과를 볼 수 있을 것이다. 내부적으로도 전망은 그다지 좋지 않다. 농촌 인구가 도시로 꾸준히 빠져나가고 있는데, 주로 북부 저개발·고출산율 지역에서 남부 고개발·저출산율 지역으로 이주하고 있다. 남부에서 가장 큰 타밀나두주는 출산율이 1.4명에 불과하지만, 외부에서 유입된 인력이 약 350만 명이나 된다.[19] 유럽과 북미처럼 인도의 여러 주도 배후 지역에서 이민자를 유치할 수 있지만, 이민자 유치가 국내에서만 이루어지고 있고, 인도 북부의 출산율이 (비하르주에서는 15년 동안 1명, 우타르 프라데시주에서는 1.5명 감소하는 등) 급격히 떨어지고 있는 점을 고려하면, 영원히 누릴 수 있는 이점은 아니다.[20]

골디락스 후보국

• • •

안타깝게도, 앞으로 살펴볼 예외적인 한 국가를 제외하고, '개발된' 국가로 간주하는 모든 국가의 출산율이 대체출산율 아래다. 인도네시아와 인도는 출산율이 대체출산율 수준이거나 약간 높지만 매우 가난하고, 경제발전이 진행되면 이들 국가의 출산율도 (그 속도에 차이는 있겠지만) 대체출산율 이하로 떨어질 가능성이 높다. 사하라 사막 북부 지역이나 아프리카 남부 국가들은 출산율이 2~3명 수준이지만, 역시 선진국과 비교하면 가난한 나라들이다. 하지만 이들 국가 역시 현대화와 함께 나타나는 낮은 출산율이라는 유혹을 뿌리치지 못하고 있다. 경제적으로 어느 정도 발전하고, 도시화를 이루며, 교육 수준이 높아지면, 출산율이 대체 수준 이하로 떨어진다는 사실을 증명해냈을 뿐이다. 남아프리카공화국과 자메이카의 경제발전 수준은 비슷하지만, 합계출산율이 2.4명인 남아프리카공화국이 1.4명인 자메이카보다 인구통계학적으로 더 유리한 위치에 있다. 하지만 남아프리카공화국이 앞으로 더 발전하게 되면 이러한 우위를 지켜가리라는 보장은 없다.

인도네시아와 아프리카 북부 및 남부 끝자락 일부 지역을 제외하면, 경제 개발 초기 단계에 있는 대부분 국가는 출산율이 빠르게 대체출산율 이하로 떨어지면서, 골디락스 구간에 오래 머물지 못하는 게 일반적이다. 그렇지만 중앙아시아에서는 소련 해체 이후 맞이한 혼란 속에 출산율이 감소했지만, 다시 회복되어 3명 이상의 수준으로 반등한 국가들이 여러 곳 있다. 아르헨티나도 예외적으로 1990년대 초부터 최근까지 출산율을 2~3명 사이를 유지해왔다. 한때 성장 잠재력이 큰 국가로 여겨졌던 아르헨티나는 쿠바보다 교육 수준이 높고 도시화 비율 또한 높지만, 경제적으로나 정치적으로 실패했고 (국가 간 물가 수준을 고려해 실제 구매력을 평가하는) 구매력 평가지수 기준으로 1인당 소득이 쿠바보다 약간 높은 수준이다. 아르헨티나의 출산율은 이제 2명 미만으로 떨어지고 있으며, 일각에서는 코로나19 팬데믹 기간 중 1.5명까지 급감했다고 한다. 또한 세계 다른 지역처럼, 사회 고학력 엘리트층에서부터 낮은 출산율이 시작되어 점차 아래 계층으로 확산하는 양상이 나타나고 있다.[21] 하지만 출산율이 2~3명 사이를 유지한 기간이 길었던 덕분에 적어도 향후 수십 년간은 인구 구조 측면에서 상당히 유리한 위치에 있다.

아르헨티나는 인구의 약 90퍼센트가 가톨릭 신자이고, 출산 장려를 늘 강조해온 프란치스코 교황의 고향이다. 2022년 한 연설에서 교황은 "우리는 이기적으로 변해가고 있습니다"라고 말했다.

요즘 아이를 낳지 않겠다는 사람이 많아졌습니다. 어쩌다 한 명 낳기도 하지만, 고양이나 개를 가족처럼 키우는 사람들이 많습니다. 대수롭지 않게 생각하는 사람들도 있겠지만, 현실입니다. 이것은 부모됨을 부정하는 행동이고 우리 자신을 작고 초라하게 만들어 인간성을 빼앗는 행동입니다.[22]

최후의 인구론

교황은 자신이 겪었던 일에 대해서도 이야기했다. 한 여성이 아기 축복을 요청하며 찾아왔는데, 알고 보니 축복을 받으러 온 것은 아기가 아닌 강아지였다. 이에 교황은 참지 못하고 "이 세상에 굶고 있는 아이들이 얼마나 많은데, 개에게 축복을 내려달라고요?"라며 그 여성을 나무랐다고 한다.[23]

오늘날 아르헨티나인들 중 신앙생활을 열심히 하는 인구는 20퍼센트에 불과하다.[24] 심지어 앞서 살펴본 것처럼 스페인과 이탈리아 같은 전통적 가톨릭 국가들은 유럽은 물론 전 세계적으로도 출산율이 가장 낮은 축에 속한다. 아르헨티나 정부는 출산 장려 정책을 시행한 적이 없고, 2010년대에도 청소년 임신을 줄이려는 노력이 계속되었다.[25] 라틴 아메리카에서는 낙태를 합법화한 세 번째 국가로, 아르헨티나의 골디락스 기간은 교황의 출신국다운 실질적인 출산 장려 정책 때문이라기보다는 가톨릭교회가 인구 감소 흐름을 다소간 억제했던 결과로 보인다.

스리랑카도 골디락스 후보국 중 하나인데, 국민의 약 70퍼센트가 불교 인구임을 고려할 때 다소 놀라운 일이다. 스리랑카의 합계출산율은 1980년대 중반부터 2명에서 3명 사이였으며, 21세기에 들어서면서부터는 2명 정도 혹은 그 이상을 유지하고 있다. 다른 아시아 국가들처럼 스리랑카의 출산율도 이슬람교도, 힌두교도, 불교도 순으로 높다.[26] 합계출산율이 대체출산율 수준보다 높지는 않지만, 영아 사망률과 아동 사망률이 아주 낮아 2명 정도의 출산율로도 충분히 인구를 안정적으로 유지할 수 있다(스리랑카는 가난한 나라지만, 영아 사망률은 미국의 영아 사망률과 크게 차이가 없다). 하지만 피임약이 일반화되어 있음에도 불구하고, 출산율이 이미 2명에 매우 근접했던 2015년까지도, 피임을 원했으나 못 했던 사람들이 꽤 있던 것으로 판단된다.[27]

인도네시아와 아르헨티나는 한국, 쿠바 혹은 태국 같은 나라들처럼 출산율이 대체출산율 이하로 급격히 떨어지지 않도록 노력하는, 본질적으로 출산을 장려하는 국가라고 볼 수 있다(쿠바는 1970년대 중반에 겨우 4년 동안만 골디락스 구간에 머물렀고, 이후 1970년대 말부터 출산율이 감소해 현재까지 이어져 오고 있다). 하지만 이제까지 살펴본 대로, 골디락스 구간에 있는 많은 국가가 그 구간을 벗어나고 있다. 그나마 아브라함계 종교, 가족계획에 대한 제한적 접근성 그리고 상대적 빈곤 등의 요인으로 이탈 속도가 더뎠던 국가들은 상대적으로 건강한 출산율을 오랫동안 유지해왔지만, 다른 나라들이 직면한 심각한 인구 문제에서 완전히 자유롭지는 못하다. 사회가 세속화되고 경제가 발전하고, 전통적인 관습이 사라져 여성들이 임신을 완전히 통제할 수 있게 되면, 이들 국가도 저출산 지역이 될 위험이 있기 때문이다.

인류가 지속 가능한 수준의 출산율을 달성한 모델을 찾으려면, 도시화·교육·소득 수준이 높아졌는데도 출산율이 안정된 나라를 찾아야 한다. 또한 여성들이 스스로 임신을 결정할 수 있는데도 평균적으로 두세 명의 자녀를 낳는 나라여야 한다. 이런 조건을 충족하는 나라는 지구상에 단 하나뿐이다.

최후의 인구론

지구상에 단 하나뿐인 예외, 이스라엘

• • •

2023년 봄, 나는 텔아비브 외곽 작은 도시에 있는 한 종합병원 산부인과를 방문하게 되었다. 일반적인 선진국 산부인과와는 달리, 그곳은 활기가 넘쳤다. 러시아어를 하는 조산사들이 분만실을 분주히 드나들었고, 에티오피아에서 온 이주민들이 신생아 검사를 받기 위해 아기를 안고 대기하고 있었다. 이스라엘의 산부인과에서는 수염을 기르고 검은 모자를 쓴 남편들이 지켜보는 가운데, 가발을 쓴 유럽계 초정통파 유대교 임산부들이 히잡을 쓴 이슬람교도 여의사에게 진찰받는 풍경을 심심치 않게 볼 수 있다(초정통파 유대인들은 유대교 율법인 할라카에 따라 여성은 가발을 쓰고 남성은 수염을 기르고 모자를 쓴다. - 옮긴이 주). 아랍계로 보이는 가족들이 새로 태어난 아기를 따뜻하게 맞이하고 있는 가운데, 이라크, 예멘, 모로코 출신 유대인들이 아기를 안고 분주히 오간다. 이스라엘의 산부인과는 중동 지역에서는 찾아보기 힘든 민족적·종교적 다양성을 보여줄 뿐만 아니라, 선진국 중에서도 독보적으로 젊고 출산율이 높은 인구 구성을 자랑하는 이스라엘의 축소판이라고 할 수 있다.

지중해 남동쪽에 있는 이 작은 나라가 인구학자들의 관심을 끄는 이유는 단순히 출산율이 높기 때문만은 아니다. 출산율로 따지자면 이스라엘의 출산율은 여성 한 명당 3명으로 아프리카의 차드나 중앙아프리카공화국의 절반 수준이다. 이스라엘이 주목받는 이유는 역동적이며 경제적으로 성공한 근대화 국가로서 선진국 세계의 일원인데도 여성의 출산율이 대체 수준을 훨씬 넘어서기 때문이다. 심지어 유사한 경제 수준의 다른 국가와 비교해 여성들이 평균 한 명 더 많은 아이를 낳는다. 게다가 세계 여러 국가의 출산율은 급락하고 있는데, 이스라엘의 출산율은 오히려 2.5명에서 3명으로 증가했다. 최근 데이터에 따르면 출산율이 약간 감소한 듯 보이지만, 아주 미미한 수준이라 어떤 유의미한 결론을 내리긴 어렵다. 그렇더라도 이스라엘의 출산율은 여전히 매우 높은 수준이다.[28]

간단한 통계만 살펴봐도 알 수 있다. 이스라엘의 1인당 소득은 이탈리아, 독일, 영국보다 높으며,[29] 대졸자 비율은 약 50퍼센트로 OECD 평균과 거의 일치하며, 한국과 미국보다는 낮지만, 이탈리아와 오스트리아보다는 높다.[30] 인구 대비 특허 출원 건수에서도 아일랜드와 이탈리아보다 앞서 있다.[31] 도시화 정도는 네덜란드와 비슷하며, 덴마크보다 높다.[32] 설명하기 힘든 이스라엘의 높은 출산율은 제1차 인구 전환기를 아직 겪고 있기 때문이 아니라, 인구학적 불로장생의 비법을 발명했거나 발견했기 때문으로 보일 정도로 신기하다. 어쩌면 이스라엘은 선진국이면서도 인구 절벽에 빠지지 않는 방법을 찾아낸 건 아닐까.

이스라엘 여성들은 경제·교육 수준이나 도시화 정도 면에서 차이가 없는 한국 여성들에 비해 세 배에서 네 배나 많은 아이를 낳고, 태국이나 자메이카 같은 경제적으로 훨씬 뒤떨어진 국가들의 여성들보다 두 배 이상 많은 아기를 낳는다. 1980년대 중반까지만

최후의 인구론

해도 이란 여성들은 이스라엘 여성들보다 아이를 4명 가까이 더 낳았지만, 지금은 오히려 1명 이상 적게 낳고 있다. 일반적으로 출산율 감소 및 저출산이 소득·교육·도시화 수준과 연관된다는 점을 고려하면, 이스라엘은 인구 전환을 거치면서 다른 나라들처럼 출산율이 1명에서 2명 사이로 줄어들어야 한다. 그러나 이스라엘이 이 규칙에서 벗어났다는 것은 뭔가 흥미로운 일이 일어나고 있음을 뜻한다. 성큼 다가온 인구 겨울을 피하기 위해서는, 구약성서 신명기 30장 19절 중 "너와 네 자손이 살기 위하여 생명을 택하고"라는 구절을 진지하게 받아들이는 국가에서 한 수 배워야 할지도 모른다.

이스라엘의 출산율 이상 현상

● ● ○

지금의 이스라엘 지역에 (수천 년 동안 소수의 유대인들이 살고 있기는 했지만) 유대인 인구가 급격히 증가한 것은 19세기 말 테오도르 헤르츨Theodor Herzl이 시온주의Zionism (유대인의 옛 땅이었던 팔레스타인에 유대 국가를 재건하자는 민족주의 운동 ‒ 옮긴이 주)를 주창하면서 유대인들의 대규모 이민이 시작되었기 때문이다. 시온주의는 이스라엘 땅에 대한 종교적·이념적 애착도 작용했지만, 유대인들을 그들이 살던 곳에서 쫓아내고 결국 홀로코스트까지 치달은 유럽 내 심한 박해가 더욱 강력한 원동력이 되었다. UN의 전신이었던 국제연맹의 위임 통치에 명시된 조건에 따라 팔레스타인에 유대인을 위한 민족국가를 수립하는 데 동의하는 밸푸어 선언Balfour Declaration이 발표된 이후, 1920년대 초부터 유대인의 이주가 비교적 자유롭게 허용되기 시작했다. 하지만 유대인 이주에 대한 아랍권의 반대가 극심해지자, 아랍권과의 관계가 불편해지는 것을 바라지 않았던 영국은 유럽에 살고 있던 유대인들의 팔레스타인 이주를 금지했다. 공교롭게도 이 시기는 유대인들이 나치의 박해와 대학살을 피해 탈출해야만 하는 절박한 상황이었던 제2차 세계대전 직전이었다. 이와 같은 악조건에도 불구하고 1946년 이스라엘에는 60만 명이 넘는 유대인이 살고 있었고, 이는 전체 유대인 인구의 약 3분의 1에 해당했다.[33]

이스라엘 독립 이전 유대인 공동체인 '이슈브Yishuv'의 유대인 인구는 대체로 유럽 출신 유대인들로 구성되어 있었다. 여기에는 두 가지 이유가 있다. 첫째, 홀로코스트 이전에는 유럽계 또는 (중동부 유럽 유대인 후손인) 아슈케나지 유대인이 세계 유대인 사회의 주류를 이루었고, 19세기 유대인 인구 폭발 이후에는 전체 유대인의 약 90퍼센트를 차지했다.[34] 둘째, 근대 민족주의 운동인 시온주의는 중동과 북아프리카의 전통적이고 정체된 공동체보다는 근대화가 막 시작되던 지역에 거주하던 동유럽과 중유럽 유대인들에게 호소력이 더 컸다. 예루살렘과 이스라엘의 다른 도시에 오래 전부터 살고 있던 세파르디 공동체(스페인 및 포르투갈계 유대인 집단)는 상대적으로 규모가 작았으며, 수십 년간의 현지 박해를 피해 이주한 예멘 출신 유대인들도 마찬가지였다.

최후의 인구론

주로 아슈케나지 유대인이었던 세계 유대인 사회도 나름의 인구 전환기를 거쳤다. 19세기 러시아, 폴란드, 우크라이나에서 근대화가 시작되었고 높은 출생률과 낮아진 사망률로 유대인 인구가 폭발적으로 증가했지만, 20세기 중반에 들어 낮은 출산율이 자리 잡았다. 이 시기의 출산율 관련 데이터는 없지만, 위임 통치 팔레스타인 내 유대인 조출생률(1년간의 총출생아 수를 당해연도의 총인구로 나눈 수치를 1,000분율로 나타낸 수치)은 당시 유럽 수준과 비슷했고, 팔레스타인 내의 아랍인보다 훨씬 낮았던 것으로 보인다.[35] 이 시기 유대인 인구 증가에는 출산율보다는 이민이 더 크게 작용했다.

이스라엘은 1948년 독립 이후 5년 동안 약 70만 명의 이민자를 받아, 유대인 인구가 대략 두 배로 늘었다. 첫 번째로 대거 유입된 이들은 홀로코스트 생존자와 난민들로, 유럽에서 수용소에 갇혀 있던 유대인들이었다. 이들은 제2차 세계대전 동안 겪었던 박해와 학살에서 벗어나 유대인 국가로 이주하기를 원했다. 두 번째 대규모 유입은 독립 전쟁, 즉 제1차 중동 전쟁이 끝난 1949년부터 시작되었는데, 이집트, 이라크, 리비아 같은 이슬람 국가에서 억압과 수탈의 대상이었던 유대인들이었다. 이슬람교가 시작되기 수 세기 전부터 중동 지역에서 살아왔던 수만 또는 수십만의 유대인 공동체는 불과 수십 년 만에 극소수로 줄거나 완전히 사라져 버렸다. 중동에서 이주해온 이들은 인구 전환이 완전히 끝나지 않은 지역에서 왔기 때문에 아이를 많이 낳았다. 여성 한 명당 약 6~7명의 아이를 낳았으며, 당시 유럽에서 온 유대인들의 출산율은 2~2.5명 정도였다.[36] 하지만 이스라엘 유대인 인구의 절반을 차지하게 된 이들은 그 과정에서 급속한 현대화와 출산율의 동반 감소를 겪게 된다. 유럽 출신 유대인들과의 교류와 결혼이 늘면서, 중동과 북아프리카에서 온 유대인들의 출산율은 유럽에서 온 유대인의 출산율과 차츰 비슷해진 것이다.

한편 높은 출산율을 자랑했던 아랍계 유대인도 근대화 과정을 거치며 출산율이 내림세로 돌아섰다(오늘날 아랍계 유대인은 요르단강 서안지구와 가자지구를 제외한, 이스라엘 인구의 5분의 1에 해당한다). 약 4명이었던 합계출산율이 1990년에는 2.5명을 조금 넘는 수준으로 떨어졌고, 결국 나라 전체의 출산율에도 영향을 미쳤다.

유대인이 다수를 이루는 국가를 열망한 이스라엘 정부는 유대인의 출산을 장려했지만, 민주주의 국가로서 차별적 방식을 선택할 수는 없었다. 다만 이스라엘 초대 총리 다비드 벤구리온은 유대인 인구에 큰 관심을 보였으며, "당장 200만 명이 더 추가되어 총 유대인 인구가 450만 명이 된다면, 더 이상 이스라엘의 운명을 걱정하지 않아도 될 것입니다"라고 주장하기도 했다.[37] 차기 총리 레비 에슈콜도 "우선 우리 유대인이 있을 곳은 전 세계에서 여기뿐입니다. 최소한 여기서만은 더 이상 소수가 되어선 안 됩니다"라고 말한 바 있다. 당시 이스라엘 지도자들의 가장 큰 목표는 유대인 인구가 다수가 되는 것이었고, 이를 위해 '알리야aliya(유대인의 이스라엘 귀환을 뜻한다. - 옮긴이 주)'에 중점을 두었다. 초기에는 주로 이슬람 세계에서 이민해왔지만, 1970년대 이후 특히 1990년대에는 구소련 연방

국 출신 이민이 점점 더 증가했다.[38]

출산율 측면에서 보자면, 여기까지는 꽤 일반적인 과정이었다. 도시화·교육·소득 이 세 가지가 함께 상승하는 전형적인 근대화 과정을 거치며 선진국 수준의 경제적 번영을 누리게 되었고, 출산율은 전반적으로 대체출산율 수준으로 감소했다. 이스라엘의 경우에서 특이했던 점은 각 공동체마다 서로 다른 출발점을 가졌다는 것이었다. 그런데 1990년대 중반부터 이상한 조짐이 일기 시작했다. 근대화에 맞춰 출산율이 감소하지 않고, 서서히 그리고 꾸준히 상승하기 시작하여 2010년 무렵 출산율은 대략 3명에 도달했고 그 이후 유지되고 있다. 특히 놀라운 점은 이와 같은 출산율 증가 현상이 일어나기 시작한 시기다. 당시 이스라엘은 출산율이 낮은 구소련 연방국에서 대규모 유대인 유입을 추진하고 있었다. 이스라엘에 온 러시아계 유대인들의 출산율은 현지 수준만큼 급상승했고, 이는 러시아에 남아있는 유대인들의 출산율과 비교해 두 배 반 더 높은 수준이었다.[39]

이스라엘의 출산율 구조

● ● ●

이 같은 이스라엘의 출산율 증가 현상을 이해하려면 이스라엘 사회의 다양한 계층 간의 차이를 먼저 이해해야 한다.

첫 번째로 주목할 점은 이스라엘 인구의 5분의 4를 차지하는 유대인의 경우 출산율이 종교와 매우 높은 상관관계를 가지고 있다는 점이다. 특히 초정통파 유대인 여성들은 평균 6.4명의 아이를 낳는다. 아프리카의 니제르를 제외하고는 세계에서 가장 높은 출산율이다.[40] 최근 이들의 출산율이 감소하고 있다는 자료도 있지만, 감소 폭은 크지 않고 속도도 빠르지 않다. 참고로 20년 전에는 7명이었다. 이스라엘을 여행해본 적이 있는 사람이라면 놀랍게 느껴지지도 않을 것이다. 수염과 긴 구레나룻을 자랑하는 남자들이 검은 정장과 검은 모자를 갖추고 있고, 가발을 썼지만 수수하게 차려입은 여자들이 있으며, 무엇보다 사방에 아이들이 가득하다면 그곳은 초정통파 유대인들이 사는 지역이다. 이스라엘과 요르단강 서안지구의 경계에 있는 모디인 일릿이 좋은 예로, 2019년에는 14세 이하 인구가 거의 4만 4,000여 명에 달했고, 65세 이상의 인구는 700명도 안 되었다.[41] 노령 인구가 많고 빠르게 고령화하고 있는 독일은 15세 미만 어린이 한 명당 65세 이상 인구는 두 명으로 15세 미만 어린이보다 65세 이상 노인이 두 배 이상 더 많다. 반면 모디인 일릿에서는 65세 이상 노인 한 명당 15세 미만의 어린이가 60명 이상으로 아이들이 노인보다 60배 이상 더 많다.

하레디 유대인 인구가 빠르게 증가하고는 있지만, 아직 이스라엘 전체 인구의 13퍼센트에 불과해, 이들의 엄청난 출산율만으로 이스라엘 전체 출산율을 설명할 수는 없다. 이유는 하레디 공동체는 아니어도 '종교인'으로 분류되는 이스라엘 유대인들은 여성 한 명당 약 4명의 아이를 낳는 높은 출산율을 꾸준히 유지하고 있기 때문이다. 아프리카 최고 출산율 국가들에는 못 미치지만, 최소한 인도 같은 나라의 여성들보다 약 두 배 더 많은 아이를 낳는다.

텔아비브 근처의 기바트 슈무엘 지역이 대표적인 예다. '근대 정통파' 유대인 인구가 거주하는 곳으로, 모디인 일릿이나 인근 하레디 공동체 지역인 베니 브락만큼 아이들이 많지는 않지만, 이스라엘 인구에서 차지하는 비중은 상당하다. 연령 분포 또한 인상적이다. 기바트 슈무엘의 65세 이상 인구 한 명당 15세 미만 인구는 두 명으로 독일과는 정반대다.[42] 스스로 '전통파'라고 인정하는 사람들의 출산율은 약 3명이며, 이스라엘에서 가장 세속적인 지역도 출산율이 2명으로 대체출산율에 가까운 수준을 유지하고 있다.[43] 이스라엘의 초정통파 종교인, 아랍계 그리고 어느 정도 종교적 성향이 있는 사람들을 모두 제외하고도, 이스라엘의 출산율이 다른 어떤 선진국보다 높다는 점은 주목할 만하다.

이스라엘 인구의 5분의 1을 차지하는 비유대인의 경우는 어떨까? 1960년대까지만 해도 이스라엘 내 아랍-팔레스타인 공동체의 출산율은 여성 1인당 9명이라는 놀라운 수치를 기록했다.[44] 하지만 이들도 생활 수준과 교육 수준이 높아지고 도시화가 진행되면서 출산율이 감소해왔다. 현재 아랍계 이스라엘인들의 기대 수명과 유아 사망률이 미국 수준에 가까워진 만큼 이들의 출산율은 이제 그렇게 극단적으로 높진 않다.[45] 하지만 여기에서도 종교별 차이가 존재한다. 이스라엘의 이슬람교도는 평균 3명 정도의 아이를 낳아, 전체

유대인 출산율과 매우 비슷하지만, 기독교인과 드루즈교인은 2명 이하로 약간 낮다.[46]

이스라엘에서 종교 외에 출산율에 영향을 미치는 요인은 그다지 많지 않지만, 살펴볼 가치는 있다. 종교적 관습과 신앙의 깊이 같은 종교적 요소를 제외하고 조사를 진행한 결과, 이스라엘에서도 미국처럼 정치적 성향에 따른 출산율 차이가 나타난다는 증거가 발견됐다. 트럼프를 지지했던 사람들이 바이든 지지자들보다 더 많은 자녀를 둔 것처럼, 이스라엘 우익 민족주의자들의 자녀 수가 진보 성향 사람들의 자녀 수보다 약 35퍼센트 더 많게 나타난 것이다.[47] 1967년 제3차 중동 전쟁 이후 이스라엘 땅이 된 서안지구의 유대인 정착민 인구 구성은 독실한 종교적 민족주의자, 모디인 일릿 지역의 초정통파 유대인 그리고 비교적 싸고 편리한 거주지를 찾아온 사람들까지 다양하다. 하지만 대체로 보수적이고 민족주의적 성향을 띠고 있으며, 이 지역 출산율은 4.75명으로 매우 높은 편이다. 서안지구 주변 아랍계 인구의 출산율은 이보다 1.5명 더 낮다. 이스라엘에서 출산율이 가장 낮은 지역은 전통적으로 종교와 거리가 멀고 노동당의 정치적 영향력이 큰 하이파 지역으로 이스라엘에서 세 번째로 큰 도시를 이루고 있다.[48]

이스라엘에서도 고등학교를 졸업했지만, 대학이나 전문대학 학위가 없는 여성들이 학위를 가진 여성들보다 출산율이 더 높긴 하다. 하지만 그 차이는 0.5명 이하로, 미국 수치보다도 다소 낮은 편이다.[49] 25~34세 이스라엘 여성 중 58퍼센트가 대학을 나왔지만,

남성은 37퍼센트에 불과하다는 점을 고려하면 더 놀랍다.[50] 이스라엘에서는 고학력 여성과 저학력 남성의 결합 가능성이 세계 다른 지역보다 높아 출산율에 부정적 영향을 미치지 않는 것으로 해석될 수 있기 때문이다.

이스라엘에서 발견되는 또 다른 이상 현상은 출산율과 결혼과의 관계에서도 볼 수 있다. 대부분, 특히 선진국에서는 비혼 출산율이 낮을수록 전체 출산율도 낮아지는 경향이 나타난다. 전통적인 가치관이 여전히 강한 그리스에서는 비혼 출산이 10퍼센트도 채 안 되며, 합계출산율은 여성 1명당 1.34명에 불과하다. 반면, 프랑스에서는 출산 중 약 60퍼센트가 비혼 출산이고, 그리스보다 출산율이 0.5명 더 높다.[51] 이스라엘은 비혼 출산율이 7퍼센트 이하로 그리스보다도 낮지만, 출산율은 더 높아 3명이다.[52]

이스라엘의 인구 현상과 종교

· · ·

모든 근대화 지표에서 높은 점수를 기록하는(특히 기대 수명은 세계 최고 수준이다) 이스라엘의 출산율은 왜 독일이나 일본처럼 급락하지 않았을까? 앞서 언급했듯이 명백하게 드러난 이유 중 하나는 종교다. 이스라엘이 다른 나라와 구별되는 점은 대다수가 유대인으로 구성된 나라라는 점이다. 앞서 살펴본 바와 같이 아브라함계 종교들은 모두 출산을 장려하는 교리를 따르며, 그중에서도 이슬람교와 기독교는 인도네시아와 필리핀 등지에서 출산율이 중국과 태국처럼 대체 수준으로 떨어지는 것을 막거나 최소한 이를 지연시키는 효과를 내고 있다고 볼 수 있다.

하지만 완벽하고 만족스러운 설명은 아니다. 우선 유대교가 이슬람교나 기독교보다 본질적으로 출산을 더 장려하지 않을뿐더러, 이란이나 이탈리아처럼 전통적으로 이슬람교와 기독교를 믿어온 국가들의 출산율은 이스라엘보다 훨씬 낮다. 또한 유대교 교리를 엄격하게 지키는 신자들은 일반적으로 피임을 기피하지만, 적어도 가톨릭처럼 교리상 금지되는 것은 아니다. 유대교에서 결혼 후 이루어지는 성관계는 출산뿐만 아니라 부부간의 쾌락과 관계 증진을 위한 목적도 있기 때문이다. 심지어 피임 외에 낙태도 산모의 건강이 위험하다면 허용되며, 일부 해석에 따르면 이때 산모의 정신 건강도 고려 대상이 된다. 또한 상황에 따라 부부가 이미 자녀를 많이 두고 있다면, 랍비의 허락하에 피임할 수 있다.

이스라엘의 초정통파 유대인은 합계출산율에 압도적으로 기여하고 있어 종교와 출산율 사이의 밀접한 상관관계를 입증하고 있는 듯 보이지만, 이스라엘 비종교 유대인들의 출산율이 다른 OECD 국가들보다 높은 이유는 도대체 뭘까? 종교만으로 모든 것을 설명하기 힘든 이스라엘의 출산율 이상 현상에 대해 어떤 이들은 유대인들이 문화적 또는 역사적 이유로 출산을 장려한다는 이유를 든다. 특히 600만 명의 유대인이 학살당하고 무수한 공동체가 사라진 홀로코스트 이후 '잃어버린 이들을 대체하기 위해서'라는 것이다.

이는 어느 정도 그럴듯한 주장이다. 한 (초정통파 하레디 유대인의 한 부류인) 하시디즘 유대인은 남들이 자신에게 이미 자녀가 충분히 많지 않냐며 언제까지 아이를 낳을 거냐고 물으면, "600만 명이 될 때까지요"라고 답했다고 한다. 하지만 이런 일화만으로는 신뢰할 만한 데이터라고 할 수 없다. 만일 그렇다면 이스라엘 외에 전 세계 유대인 집단에서도 높은 출산율이 지속되고 있거나 지속되어왔을 것이기 때문이다. 이스라엘 국적이 아닌 초정통파 유대인들은 높은 출산율을 보이지만, '세속적' 유대인들의 출산율은 낮은 수준이다. 특히 미국에 거주하는 세속적인 유대인들은 그 어떤 종교나 민족 집단보다도 가장 낮은 출산율을 보인다. 종교가 아닌 민족성으로 자신을 정의하는 미국의 유대인들은 이스라엘의 '세속적' 유대인들과 비슷한 부류지만, 평균 자녀 수는 1명으로 이스라엘 내 세속적 유대인들의 절반 수준이다. 미국 개혁파 유대인(유대교 전통 율법이나 의식 중 많은 내용을 수정하거나 거부하고 현대적 생활방식에 맞는 신앙생활을 고집한다. - 옮긴이 주)의 출산율은 1.4명으로, 미국 전국 평균보다도 훨씬 낮다.[53]

정통파 유대인들의 높은 출산율과 비정통파, 특히 세속적 유대인들의 현저히 낮은 출산율을 보면, 이스라엘 외 지역의 유대인들도 전 세계 인구 변화 추세를 따르고 있다고 볼 수 있다. 단지 약간 더 극단적인 양상을 보일 뿐이다.[54] 미국 비정통파 유대인들의 낮은 출산율은 상대적으로 높은 교육 및 소득 수준 그리고 대도시 거주 성향 등 저출산과 관련된 요인들로 설명될 수 있다. 하지만 유대인 정체성이나 홀로코스트 참사 이후 유대인의 미래를 보장하려는 바람이 정말로 대가족을 이루는 동기로 작용했다면, 이스라엘에서처럼 미국에서도 이러한 요인이 다른 반대 요인들을 억누르는 현상으로 나타났을 것이다. 하지만 그런 흐름은 관찰되지 않는다. 따라서 종교나 20세기 중반 유대인들이 겪은 역사적 비극에 대한 반응만으로는 이스라엘에서 일어나고 있는 인구 이상 현상을 설명하기 힘들다. 간단히 말해, 이스라엘은 단순히 유대교 국가라는 이유만으로 높은 출산율과 경제발전을 동시에 이뤄낸 것이 아니라는 이야기다. 뭔가 다른 요인이 작용하고 있다.

이스라엘의 인구 현상과 지정학

• • •

이스라엘 건국 세대는 위임 통치 팔레스타인 지역 내 아랍계 주민들과의 내전 후 1948년 5월 독립을 선언했고, 건국 첫날부터 주변국들과 전쟁을 이어갔다.

이스라엘은 요르단과는 약 30년째, 이집트와는 40년 넘게 평화 조약을 유지하고 있다. 최근 몇 년 동안은 모로코부터 아랍에미리트까지 다른 아랍 국가들과도 평화 조약을 맺어, 이제는 과거처럼 주변국의 위협에 시달리지 않는다. 하지만 전 세계가 2023년

10월에 똑똑히 봤듯이, 이스라엘은 여전히 가자 지구의 하마스와 레바논의 헤즈볼라가 일삼는 미사일과 테러 공격 그리고 이란의 소위 '이스라엘 파괴용' 핵 프로그램 같은 더 심각한 존립 위협에 직면해 있다. 그렇다면 이런 지정학적 여건이 이스라엘의 높은 출산율의 근본적 원인일까?

사실 그럴 가능성은 희박하다는 것이 내 생각이다. 위협 속에 사는 사람들은 대부분 아이 낳기를 두려워한다. 물론 이스라엘은 막강한 군사력을 갖추고 있기 때문에 적들이 가하는 위협에 크게 동요되지 않는다. 특히 가자 지구의 이슬람 무장단체 하마스라면 더더욱 그렇다. 하지만 헤즈볼라의 대량 미사일 무기고와 이란의 핵 능력 보유 같은 국가 존립에 위협이 되는 그림자는 여전히 이스라엘에 드리워져 있다.[55] 만약 이스라엘의 출산율이 매우 낮다면, 그 그림자 때문이라고 말할 수도 있을 것이다.

하지만 이스라엘의 생존을 위한 노력을 인구통계학적 측면에서 본다면, 왜 이스라엘인들이 (대부분의 선진국 국민들보다) 기꺼이 아이를 한두 명 더 낳으려는지 이해할 수 있다. 앞서 말했듯이 이스라엘의 초대 정치인들은 인구 균형 문제에 남달리 관심이 많았다. 당시는 대다수의 유대인이 이스라엘 밖에서 살고 있었고, 그중 수백만 명이 박해와 차별을 당하고 있었기에 이민이 이스라엘의 유대인 인구를 늘릴 수 있는 최선의 방법이었다. 하지만 이스라엘의 유대인 인구가 세계 유대인 인구에서 차지하는 비율이 50퍼센트에 육박하고(건국 당시 5퍼센트) 이스라엘 밖 대다수 유대인이 경제적 풍요를 누리고 있는 오늘날, 유대인이 다수인 이스라엘을 이어가려면 출애 굽기보다는 창세기, 즉 이주보다는 생명을 창조해내는 출산에 중점을 두는 게 어찌 보면 당연하다.[56]

따라서 이스라엘 유대인들의 높은 출산율은 생존에 대한 강한 의지와 적들에게 포위당해 위협받고 있는 상황이 더해진 결과라고 볼 수도 있다. 북부 이스라엘 최대 도시 하이파에 있는 한 인구학자는 다음과 같은 말을 했다.

> 이념 문제입니다. 텔아비브에서는 무신론자조차도 유럽이나 미국의 동년배들보다 훨씬 아이를 많이 낳습니다. 아랍 인구 증가라는 위협을 경험한 결과, 아이를 많이 낳아야 한다는 정서가 어딘가에 자리 잡은 거죠. 만약 우리가 네덜란드와 벨기에 사이에 있었다면, 출산율은 훨씬 낮았을 겁니다.[57]

이스라엘뿐만 아니라 서안지구와 가자지구에 거주하고 있는 팔레스타인 인구는 인구 전환과 근대화를 거치며 나타나는 전반적 변화를 보여왔다. 예를 들어, 1967년 이스라엘이 점령했을 당시 서안지구와 가자지구의 유아 사망률은 1,000명당 약 100명이었지만[58] 현재는 그 당시의 5분의 1 이하로 감소했고, 평균 기대 수명은 20년 가까이 늘었다. 그다지 놀라운 변화는 아니다. TV에서 충돌과 폭력 사태가 자주 보도되고 끔찍한 사건들도 계속해서 일어나지만, 최근 수십 년 동안 무력 충돌의 실제 피해 규모는 아주 미미한 수준

이어서 인구 통계에 실질적 영향을 미치지 않았다. 하지만 TV에는 잘 보도되지 않는 병원과 공공 보건 서비스 질 개선은 꾸준히 이루어져 인구가 계속해서 늘어왔다. 이스라엘계 아랍인과 이스라엘계 팔레스타인인 그리고 서안 지구에 사는 팔레스타인인들의 출산율이 지금은 약 3명으로 급격히 감소했고, 가자 지구에서는 이보다 약간 높은 수준이지만, 이처럼 줄어든 출산율도 이들의 경제적 발전 정도를 고려하면 높은 수치다.

이스라엘 점령지 내 팔레스타인인들의 교육 수준과 생활 수준이 주변 국가보다 훨씬 높은데도, 이들의 출산율은 이집트, 요르단, 시리아, 레바논 등의 국가들보다 여전히 높은 것은 의외다. 이 또한 이스라엘과 교전 중인 팔레스타인인들이 자신들의 숫자를 늘리기 위한 의도적 노력 때문일 수 있다.[59] 팔레스타인 민족 운동의 오랜 지도자였던 야세르 아라파트는 한때 "우리의 성스러운 자궁이 축복받기를"이라고 천명하며, "지금의 출산율이라면 머지않아 다시 이곳에서 다수가 될 것입니다"라고 말했다.[60] 물론 이런 발언이 출산율에 어느 정도까지 영향을 미쳤는지는 정확히 알 수 없지만, 어느 정도 연관성은 있어 보인다.

이스라엘의 인구 현상과 정책·문화

• • •

이스라엘 정부가 출산을 장려하므로 부모, 특히 여성들에게 후한 혜택을 제공할 것이라고 예상할 수 있지만, 그렇지 않다. 한 직장에서 1년 이상 근무한 이스라엘 여성은 육아휴직 신청 시 15주의 유급 휴가와 11주의 무급 휴가를 사용할 수 있다. 거의 60주를 사용할 수 있는 불가리아와는 비교도 안 되고, 영국의 40주에도 못 미친다.[61] 이스라엘 정부가 계획 중인 유급 육아휴직 안은 여성들의 출산휴가권과 별개지만, 아직 초기 단계여서 현재까지의 출산율 상승에 기여했다고는 볼 수 없다.[62] 이스라엘은 자녀 수당이나 부모를 위한 세금 감면 측면에서 특별히 후하지 않고, 육아비 지원도 포르투갈, 한국, 이탈리아와 같이 출산율이 훨씬 낮은 국가들에 비해 매우 적은 편이다.[63] 오히려 2013년에는 자녀 수당이 삭감됐다.[64] 이스라엘 정부가 높은 평가를 받는 유일한 분야는 시험관아기 시술 지원이다. 이스라엘에서는 45세까지 첫 두 자녀에 대해 무료로 시험관아기 시술을 받을 수 있다.[65]

종교나 정책으로 이스라엘의 출산율을 설명할 수 없다면, 결국 지정학적 분쟁이 유일한 답일까? 하지만 이 또한 모호하다. 모든 민족적 또는 종교적 갈등이 높은 출산율로 이어지지는 않았는데 왜 꼭 이스라엘에만 이런 현상이 나타나는 걸까? 결국 인구 현상을 설명해주는 포괄적 기준인 문화에 기댈 수밖에 없다. 대중교통에서

아기에게 쏟아지는 사랑스러운 시선부터, 낯선 사람이 젊은 엄마에게 꺼내는 (때로는 짜증스러울 수도 있는) 이런저런 원치 않는 육아 조언까지, 출산을 장려하는 문화는 이스라엘 전역에서 찾아볼 수 있다. 한 정치학자는 조부모의 육아 지원이 이스라엘 사람들이 다른 나라들보다 더 많은 자녀를 갖는 주요 이유 중 하나라고 생각한다고 말했다. 이스라엘에서 자녀를 둔 25세에서 39세 사이의 여성 중 71퍼센트가 조부모에게서 정기적으로 육아 관련 도움을 받고 있으며, 이 비율은 이스라엘 태생일 경우 82퍼센트나 된다.[66] 조부모의 육아 참여율로 보면 단연 세계 최고 수준이다. 하지만 인구 증가에 대한 문화적 설명의 한계는 뭔가 모호해서 추가 설명이 필요하다. 이스라엘 조부모들의 육아 지원이 특별한 이유는 무엇일까?

이스라엘에서는 결혼을 일찍 해 아이를 많이 낳는 것과 사회적 지위를 연결 짓는 문화를 관찰할 수 있다. 한 전문가는 "IT 업계에서 성공한 사람들은 자녀가 많아야 비로소 성공한 것입니다. 네 명의 자녀를 경제적으로도 부양할 여유가 있다는 사실이 자랑거리인 셈이죠. 이스라엘에서 성공의 상징은 요트, 전용기, 고급 차 같은 것이 아닙니다. 자녀를 얼마나 많이 낳았느냐가 중요하죠"라고 말했다.[67]

만약 어떤 문화가 출산을 장려한다고 해도, 그것을 출산율이 높은 단 하나의 요인이라고 단정지을 수는 없다. 그러한 문화를 가장 잘 이해하려면, 반대로 출산의 압박을 느끼고 거부하는 사람들의 시각에서 바라볼 필요가 있다. 자유로운 독신의 삶을 살고 싶다고 말한 한 여성은 이런 충고 아닌 충고를 들었다고 한다.

"곧 성생활은 끝날 거고, 그러면 당신을 기다리는 건 아이의 미소가 아닌 컴퓨터일 거요. 잘 생각해보세요!"

어떤 이는 "자발적으로 모성을 포기하는 여성들은 공허하고 지루하며 고통스러운 삶을 자초하는 것이며, 후회로 가득 차고 의미와 본질이 없는 삶을 살게 될 것"이라고 말하기도 한다. 하지만 이와 같은 노골적 압박이나 주눅 들게 만드는 반응이 없더라도 (아이를 낳지 않거나 독신인) 여성들은 주변에 아이들이 많고 또 많아지는 그 자체만으로도 충분한 압박을 느낀다고 털어놨다.

"제 주변 사람들은 모두 아이를 낳았어요. 주변에는 젖을 먹이거나 유모차에 아기와 기저귀를 싣고 다니는 여성들뿐이죠. 아이를 갖는 것에 회의가 든다는 말을 할 분위기가 아닌 거죠."[68]

만약 다른 나라에서 이스라엘처럼 출산율을 높이려는 문화를 조성하려 한다면, 반대 의견이 분명히 나올 것이다. 하지만 그런 문화 없이는 현대 사회가 대체출산율 혹은 그 이상을 달성하기는 힘들다. 그리고 이제까지 살펴봤듯이, 대체출산율 혹은 그 이상을 달성하지 못한다면 현대 사회도 생존을 이어가기 힘들 것이다.

출산율을 높이는 문화를 조성하기 위한 제안으로 넘어가기 전에, 먼저 일반적으로 제기되는 반대 의견들을 살펴보자.

최후의 인구론

2부

/

출산 장려를 반대하는
사람들과 그 해결책

NO ONE LEFT

영국은 지난 50년간 합계출산율이 대체출산율을 밑돌았지만, 그간 집권해온 어떤 정부도 직간접적으로 출산율을 높여야 한다고 주장한 적이 없다. 하지만 다른 나라는 다르다. 대표적으로는 러시아와 헝가리가 출산 장려책을 펼치고 있고, 일본 총리는 현 상황이 지속되면 심각한 결과를 초래할 것이라고 경고하며 새로운 출산 장려 정책을 도입한 바 있다.[1]

한편, 프랑스는 1939년부터 가족법Code de la famille을 제정하여 출산을 장려했고, 정치인들은 여전히 거리낌 없이 대가족을 부르짖는다. 21세기 들어 첫 10년간 총리를 지낸 유명한 자유주의자이자 (인류 전체를 하나의 세계 시민으로 보는) 사해동포주의자인 도미니크 드 빌팽Dominique de Villepin은 전문직 종사자들이 셋째를 갖도록 장려하기 위해 "일과 삶의 균형을 도모"하는 추가 조치를 실시했다.[2] 당시 프랑스의 출산율은 1.9명으로 유럽에서 가장 높은 편에 속했고, 대체출산율 이하로 심각하게 떨어지지도 않았다. 최근 들어 프랑스의 출산율이 하락하면서 프랑스 정부는 더 노골적으로 반응했다. 중도 성향의 마크롱 대통령은 "출산율을 회복해야만 프랑스가 더 강해질 것"이라고 주장하며, 출산휴가를 연장하는 계획을 도입했다.[3]

비록 나치즘이라는 오명이 따라붙기는 하지만, 전후 독일의 출산 장려 정책은 시대와 정치 성향을 넘어 동독의 마르크스주의자들부터 서독의 기독교 민주주의자들까지 이어져 왔다. 동독의 공산주의 정부는 낮은 출생률뿐만 아니라 어떻게든 서독으로 탈출하려는 사람들 때문에 노동력 부족이 심각해지자, 1976년 노골적인 출산 장려 정책을 시행하면서 노동력 부족 문제를 해결하려는 의지를 드러냈다. 한 세대 후, 바이에른주의 반공주의 성향이 뚜렷한 기독교 사회연합(CSU) 지도자 에드문트 슈토이버도 같은 취지의 출산 장려 정책을 채택했다.[4] 유럽 외에 쿠바 좌파 정부도 출산을 장려하고 있다.[5] 중국 공산당도 늦은 감이 있지만, 출산을 제한했던 이전 정책을 완화하고 이 대열에 합류했다.[6] 이처럼 인구 문제를 인식하고 해결하려는 노력은 우익 성향이나 대중의 인기에 영합하려는 포퓰리스트 정치인만이 하는 일이 아니다.

9장에서 더 자세히 다루겠지만, 영어권 국가의 정부들도 명시적 출산 장려 수사나 정책을 채택하는 데 거부감이 없다. 예를 들어, 호주에서는 2004년부터 '베이비 보너스'라는 출산 장려금 정책이 도입되었다.

하지만 영국을 포함한 일부 지역에서는 정치인과 정부 장관들이 출산을 독려하고 출산율을 높이기 위한 정책을 시행하는 것을 놓고 격렬한 논쟁을 벌였다. 2023년에 영국 하원의원 미리엄 케이트는 출산과 관련해 국가적 '침체'를 언급하며 '붕괴하는 출산율'을 한탄했는데, 이에 대해 강한 질타를 받았다. 《가디언》은 케이트를 위험하고 분열을 조장하는 인물이라고 비난했다.[7] 그녀의 위키피디아 페이지에는 그녀가 한 적도 없는 반유대주의 이론을 주장했다고 실리기도 했다.[8] 당시 나는 BBC 라디오 쇼에 출연하여 출산 장려 정책에는 인종차별이 깔려 있다고 주장하는 이들에 맞서 케이트의 발언을 옹호해달라는 요청을 받기도 했다.

1년 전, 내가 《선데이 타임스》에 정부가 꾸준히 낮은 출산율 문제를 인식해야 한다고 기고했을 때도 격한 반대 의견이 있었다. 출산 장려를 반대하는 이들은 크게 세 가지 부류였는데, 첫 번째는 페미니스트 관점에서 출산 독려는 여성에 대한 일종의 모독이라는 주장이었다. 두 번째는 환경주의적 관점으로 더 많은 아이가 태어나는 것은 결국 지구 파괴로 이어질 뿐이며, 지구온난화로 망해가는 세상에 아이를 데려오고 싶어 할 사람이 누가 있겠느냐는 논리였다. 세 번째는 소수민족 관점에서 볼 때, 아이를 더 많이 낳으라고 촉구하는 것은 설령 전혀 인종적이나 민족적 편견이 없다고 해도 어쨌든, 인종차별적 색채가 다분하다는 주장이었다. 다음 세 장에서는 이 세 가지 반대 의견에 대해 하나하나 차례로 답해보려 한다. 그리고 결국 우리가 무엇을 해야 할지에 대해 살펴볼 것이다.

5장

/

페미니즘과 출산율
- 여성 모독

페미니스트들이 원하는 여성의 자유와
행복이 증진되기 위해서는 일단 여성 인구가
존재해야 한다. 새로운 페미니즘은 당연하게도
여성의 자율성과 결정권을 우선시하며, 출산결정권이
곧 출산 감소를 의미하지 않는다.

나는 2022년 7월 《선데이 타임스》에 영국도 다른 국가처럼 부모 차등 세율을 도입해야 한다는 글을 기고했다(영국에도 아동 세금 공제child tax credit 제도가 있긴 하지만, 혜택 면에서 볼 때 유럽에서 가장 인색한 편이다[1]). 만약 영국 재무부가 부모들에게 부과하는 세금을 줄일 정도의 재정적 여유가 없다면, 자녀가 없는 사람들을 대상으로 세금을 인상하는 것은 어떠냐는 의견도 덧붙였다. 내 제안에 대한 반응은 그리 좋지 않았다. (물론, 그 어떤 세금 인상안도 긍정적 반응을 받을 수는 없다.) 그중에서도 가장 날카로운 반응은 페미니즘적 관점에서 시작되었다. 나는 아이를 낳은 사람들과 그렇지 않은 사람들 간의 세금 차별화를 언급했을 뿐 남녀를 구분하지 않았는데도, 《허프포스트》는 마가렛 애트우드가 1985년에 발표한 유명한 소설 《시녀 이야기》에 묘사된 반페미니즘 디스토피아 국가를 빗대, "아이를 낳지 않는 여성에게 세금을 부과하는 계획? 길리아드에 오신 것을 환영합니다"라는 기사를 실었다.[2] 일주일 후, 《선데이 타임스》는 "남자는 육아 문제를 해결할 수 없다. 여자만이 할 수 있다"라는 제목으로 반박 기사를 게재했다. 그리고 《스타일리스트》라는 잡지에 실린 기사 제목은 이랬다. "폴 몰런드가 작성했고 현재 큰 논란이 되고 있는 《선데이 타임스》 기사는 여성들을 비난하는 것이 의미 있는 변화를 끌어내는 것보다 더 쉽다는 것을 보여준다." 다시 한번 말하지만, 내 글에는 '여성을 비난하는' 것으로 해석될 수 있는 내용이 전혀 없었다.

출산 장려 주장에 일부 페미니스트들이 반발하는 것은 이해할 만하다. 그들은 출산을 선택의 여지가 없던 어두운 과거와 연관 짓는다. 페미니스트들은 피임법 확산에 반대하는 사람과 여성들이 지난 수십 년간 얻은 권리를 빼앗으려는 (내가 믿기에는 소수에 불과하며 대체로 무시해도 좋은) 일부의 움직임을 경계하는 듯하다. 전 세계가 출산율 감소에 따른 재앙을 마주하고 있지만, 우리는 과거 여성들에게 출산 결정권이 없던 암울한 시대를 잊어서는 안 되며 (다행히도 그 수는 줄고 있지만) 스스로 출산을 결정할 수 없는 여성이 아직도 많다는 현실을 간과해서도 안 된다.

최근 조사에 따르면 전 세계적으로 1억 6,000만 명의 여성이 효과적인 피임법을 이용하지 못한다고 한다. 이를 바로잡기 위해 국제 사회가 현지 정부 및 관계자들과 협력하는 것은 당연히 의미 있는 일이며 더 나아가 칭찬받아 마땅한 일이다. 그 결과 세계적으로 괄목할 만한 진전이 이루어져, 코로나19 팬데믹 이전만 해도 전 세계적으로 피임 수요의 약 77퍼센트가 충족된 것으로 추정된다.[3] 예를 들어, 방글라데시에서는 1975~2014년 사이에 가임연령 여성의 피임 사용률이 8퍼센트에서 62퍼센트로 급증했고,[4] 더불어 여성들의 권리 신장도 함께 일어났다.

페미니스트들이 출산 장려에 거부감을 보이는 이유는 일부 국가에서는 서서히 사라지고 있지만 여전히 그 흔적이 남아 있는 강제 임신과 출산의 역사 때문이다. 따라서 1960년대 루마니아 공산주의 정권처럼 피임을 전면 제한하는 등의 방식을 사용하는 과거로 돌아가자는 극단적인 제안에 페미니스트들이 민감하게 반응하는 것은 어찌 보면 당연하다. 물론 선택할 권리가 없거나 자유가 제한되는 시대로 돌아가서는 안 되지만, 생명 창조를 도외시하지 않는 사람이 더 많은 시대로 나아가야 한다고 생각한다. 지금 우리에게 닥친 과제는 여성 대부분이 피임할 수 있고 국가 대부분이 대체 출산율 이하의 출산율을 보이는 변화된 세상에 우리를 맞추는 것이다. 그리고 페미니즘이 역사적으로 자녀 문제에 어떤 태도를 보여 왔든, 21세기의 페미니즘은 부모가 되는 것에 대해 좀 더 긍정적인 태도를 보일 것이라고 기대한다.

첫째, 가장 중요한 건 여성들이 정말 무엇을 원하는지에 귀를 기울이는 것이다. 영국과 미국의 여성들은 자신이 원하는 자녀 수보다 좀더 적은 수의 자녀를 낳는다(약 4분의 3 정도). 여성들이 원하는 만큼 아이를 못 낳는 것은 전 세계적인 현상이다. 2017년, 미국과 유럽 18개국에서 이루어진 조사에 따르면, 모든 국가에서 여성들은 자신들의 바람보다 적은 수의 자녀를 낳고 있었다. 모두 경제적으로 발전한 나라였고 평균적으로 원하는 자녀 수는 2~2.5명 사이였지만, 실제로 태어난 자녀 수는 더 적었다. 예를 들어, 스페인 여성은 원하는 자녀 수보다 거의 한 명 정도 적은 자녀를 낳았다.[5] 20대 초반에 아이를 갖고 싶지 않다고 말한 여성과 실제로 자녀를 갖지 않은 여성 사이의 격차는 대개 10~20퍼센트 사이였다. 이탈리아에서는 20대 초반 여성 중 약 2퍼센트가 자녀를 원하지 않는다고 말했지만, 실제로는 약 20퍼센트 이상이 가임연령이 끝날 무렵까지 아이를 갖지 않았다.[6] 이란에서는 모든 연령대의 여성들이 자신들이 바라는 출산 목표를 초과하기보다는 미달할 가능성이 더 높다는 연구결과가 발표된 바 있다.[7]

일부 지역에서는 젊은 세대의 희망 출산율이 감소하고 있지만, 실제 출산율도 감소하고 있어, 바람과 현실 사이의 격차는 여전하고 앞으로 지속될 가능성도 높다.[8] 다만 문제는 미국을 포함한 다른 지역에서는 희망 자녀 수는 그대로인데, 실제로 태어나는 자녀 수가 감소하고 있어, 격차가 더욱 벌어지고 있다는 점이다.[9] 어떤 이유에서든, 여성들의 출산에 대한 욕구가 실현되지 않고 있는 것이다. 한 여성은《가디언》지에 실린 인터뷰에서 이렇게 말했다.

"저는 49세 여성입니다. 열심히 일하고 제 명의로 된 집도 갖고 있으며 상당히 만족스러운 삶을 살고 있습니다. 문제는 아이를 낳지 못했다는 후회를 떨쳐버릴 수가 없다는 거예요. 제 인생이 이렇게 될 줄은 몰랐어요. 저는 어렸을 때부터 아이가 정말 갖고 싶었거든요."[10]

둘째, 가부장제는 대가족보다는 핵가족과 상관관계가 더 크다.

최후의 인구론

한국과 일본에서는 교육 수준이 높은 여성이라도 결혼해 아이를 낳게 되면 직장에서 승진할 기회가 줄어들기 때문에 아이 갖는 것을 꺼린다. 비슷한 맥락에서, 결혼과 출산에 대해 보수적이므로 혼외 출산을 사회적으로 금기시하여 개방적 사회보다 출산율이 낮다. 출산율을 높이려면 더욱 확대된 여성의 자기 결정권 보장과 함께, 모성과 경력을 병행할 수 있는 환경 조성이 필수다.

셋째, 사회적 규범은 직장뿐만 아니라 가정에도 똑같이 적용된다. 높은 출산율이 가부장제와 연관있다는 생각은 편견이다. 선진국에서는 오히려 그 반대다. 연구에 따르면, 남성이 가사 노동을 더 많이 할수록 출산율이 올라간다고 한다. 이 주제에 대해 한 연구에서는 다음과 같은 조사 결과를 내놓았다.

> 최근 여러 연구로 가정 내 성평등과 출산율 사이의 연관성이 입증됐다. 본 연구에서는 가사 노동 대부분을 여성이 담당하는 가정에서는 다자녀 출산의 사례가 아주 드물다는 사실이 발견됐다. 반면, 남편이 가사 노동을 공동 분담하는 평등한 가정에서는 출산율이 증가하는 경향이 나타났다.[11]

이 조사 결과에 따르면, 스칸디나비아와 북유럽처럼 남성의 가사 노동 비율이 높은 국가들이 이탈리아나 우리가 앞서 살펴본 한국과 같은 전통적 남성 역할이 우세한 국가보다 출산율이 높은 이유 중 하나는 성평등과 출산율 사이의 연관성이다. 물론 이 상관관

계가 빈약하다는 연구 결과도 있긴 하다.[12]

넷째, 페미니스트들이 원하는 여성의 자유와 행복이 증진되기 위해서는 일단 여성 인구가 존재해야 한다. 낙태가 허용되고 초음파 검사가 보편화되면, 남아 선호 사회에서는 선택적 낙태가 발생한다. 한국이 대표적인 사례로 한국에서는 특정 연령대의 남녀 비율에 큰 차이가 있다. 한국뿐만 아니라 남아시아 지역에서는 여아가 남아보다 매일 7,000명 더 적게 태어나는 것으로 추정된다. 이 같은 남아 선호 문화는 성평등과 윤리적 측면은 물론이고, 다양한 현실적인 문제들을 발생시킨다. 파키스탄 펀자브주에는 남성 1,000명당 여성이 900명에 불과하다.[13] 전 세계적으로 보면 선택적 낙태로 최대 2억 명의 여아가 덜 태어난 것으로 보인다.[14] 선택적 낙태는 서구의 남아시아 공동체에도 만연하다. 성별에 따른 선택적 낙태로 전 세계의 여성 인구는 줄어들고 있으며, 이를 역전시키는 방법은 더 많은 자녀를 낳는 것이다.

이처럼 다양하지만 이질적인 요소들을 종합해보면, 출산에 긍정적이고 출산결정권을 포함한 여성의 선택권을 지지하며, 미래 세대를 양육하는 여성들을 사회가 지원해야 한다고 주장하는 새로운 페미니즘의 윤곽이 드러난다. 새로운 페미니즘은 당연하게도 여성의 자율성과 결정권을 우선시하며, 출산결정권이 곧 출산 감소를 의미하지 않는다. 이것이 세상이 필요로 하는 페미니즘이며, 인류의 미래가 달려 있는 페미니즘이 아닐까?

내가 새로운 페미니즘 출현에 조금이나마 기여한 부분이 있다면, 최근 서울에서 받은 질문에 대한 답을 했을 때가 아닐까 한다. 기자 한 명이 "한국의 출산율을 높이려면 무엇을 해야 할까요? 모성motherhood을 더 강조해야 할까요?"라고 물었다. 내 아이들의 기저귀를 갈아줬고 지금은 손자들 기저귀도 갈아주고 있는 나는 "아니오, 우리는 부모성parenthood을 더 강조해야 합니다"라고 답했다.

6장

/

환경운동과 출산율

- 지구 파괴

지구는 산업화 이전보다 약 1도 정도 더워졌고,
앞으로도 계속 온도가 올라갈 것이다. 배출가스는
온난화 외에도 기후 변화를 촉발하여 폭염, 홍수,
허리케인 등의 극단적 날씨가 세계 곳곳에서 빈번하게
일어나고 있다. 이러한 현상들 때문에
정말 아이를 낳지 말아야 하는 걸까?

간혹 환경운동 내에서 반출생주의로 표현되는 인간 혐오가 드러날 때가 있다. 깨끗한 공기와 물 그리고 온화한 기후를 위협하는 환경문제에 대한 우려는 인류의 미래뿐만 아니라 자연 그 자체를 보호하고자 하는, 합리적이며 칭찬받아 마땅한 정서다. 다른 종의 안녕에 대한 염려는 철학자 피터 싱어Peter Singer가 말한 '확장되는 원 expanding circle'을 의미한다. 인간은 처음에는 자신과 가족을 걱정하고, 다음에는 더 넓은 친족 공동체와 가까운 지역사회를 걱정하고, 나아가 국가라고 부르는 개념 공동체를 걱정한다. 궁극적으로 우리의 이타적 관심은 인류 전체로 확산하고 그다음에는 모든 창조물로 확장된다.[1] 윤리적 진전 과정인 셈이다. 또한 어떤 사람도 혼자 살 수 없듯 어떤 종도 마찬가지라는 이해를 반영한다. 인간은 다른 종에 의존하며, 또한 우리 모두에게 삶의 터전을 제공하는 환경에 의존하고 있다.

그러므로 환경문제 해결책이 인류의 종말이나 적어도 전 세계 인구의 심각한 감소를 뜻한다면, 이는 그야말로 딜레마일 수밖에 없다. 전쟁이나 코로나19 대유행 같은 심각한 재난이 발생하지 않는 한, 인류는 출생률 하락을 통해서만 인구를 줄일 수 있고, 이는 고령화, 노동력 감소, 부양비 상승, 정부 부채 증가 등으로 사회가 극심한 압박을 받는 인구 구조로 재편된다는 의미다. 따라서 우리는 사회경제적 위기와 다른 한편으로는 환경적 재앙이라는 두 가지 불쾌한 운명 중 하나를 선택해야 할 수도 있다. 궁극적으로 후자는 어쨌든 전자로 이어질 것이다. 아무리 인구 구조가 안정적이라도, 환경이 오염되어 살 수 없다면 그 사회는 번영할 수 없기 때문이다. 이번 장의 목적은 이 딜레마의 모순을 밝히고, 환경 운동과 인구수 감소가 꼭 양자택일의 문제일 필요는 없다는 점을 보여주는 것이다.

하지만 그 전에 아이를 낳지 않는 사람들이 많이 하는 주장 중 하나를 먼저 다루고 넘어가자. 심각하게 오염되고 파괴된 지구에서 새 생명을 탄생시키는 일은 결국 아이들을 고통의 나락으로 몰아넣는 것이나 다름없다는 주장이 바로 그것이다.

재난 망상

● ● ○

이 책의 목적은 인류가 앞으로 직면할지도 모를 다양한 어려움을 어떻게든 축소 해석하자는 것이 아니다. 하지만 아이를 낳아 이렇게 끔찍한 세상을 대물림해서는 안 된다는 의견에는 강력히 반대한다. 이미 많은 사람들이 설득당해, 출산율에도 부정적인 영향을 주고 있지만 이는 결코 타당한 주장이 아니다.

환경문제에 관심이 많은 한 30대 미국인은 아이를 낳을지 말지를 고민하며 다음과 같이 말한다.

"아이를 갖고 싶기는 하지만, 지구의 현상황을 바라보면서 '앞으로도 이런 상황이 계속된다면 인류는 어떤 미래를 맞이하게 될까?'라는 생각이 들었습니다."

한 미국인 여성은 임신을 고민했던 이유를 이렇게 설명한다.

"장차 태어날 제 아이가 걱정돼서였어요. 자기 아이가 고통 받길 원하는 사람은 없잖아요? 고통 없는 삶은 물론 없겠지만, 그래도 제가 나름 살면서 느꼈던 기쁨, 친절 그리고 평화와 같은 좋은 것들을 제 아이도 20년, 30년, 40년 후에 느낄 수 있을까요?"

또 다른 여성은 "지금 세상이 너무 불확실해서 안전하다는 생각이 안 듭니다"라고 말한다.[2] 나날이 심각해지는 환경문제로 고민하던 그녀는 아이들을 '이런 곳'에 살게 할 수는 없다는 결정을 내렸다. 이후 출산에 대한 의견 차이로 남편과 이혼하고, 아이를 원하지 않는 남자와 재혼했다.

2021년, 미국에서 자녀를 원하지 않거나 출산 계획이 없는 사람들을 대상으로 한 설문조사에서, 응답자들은 환경문제가 자신들의 결정에 크지는 않지만, 무시할 수 없는 요인으로 작용했다고 답했다. 자녀를 원하지 않는 사람 중 약 6퍼센트가 환경이나 전반적인 사회 문제를 이유로 꼽았다.³ 선진국과 개발도상국의 16~25세를 대상으로 좀 더 광범위하게 이루어진 조사에 따르면, 기후 변화를 생각하면 아이를 낳기가 꺼려진다고 답한 응답자는 39퍼센트였으며, 조사 대상 국가 중 개발도상국인 브라질과 필리핀에서 그 수가 가장 높았다. 그러나 같은 조사에서 75퍼센트가 미래가 걱정된다고 답했고, 55퍼센트는 인류가 머지않아 멸망할 것이라고 답한 것에 비하면, 생각보다 높지 않은 수치다.⁴

그런데 이런 논리라면 나를 포함한 우리 세대도 태어나지 말아야 했다. 내가 태어나기 2년 전, 인류는 쿠바 미사일 위기로 자멸 일보 직전이었다. 내가 잉태되었을 즈음에 쿠바 위기는 이미 끝나 있었지만, 냉전으로 인한 핵전쟁과 인류 멸망의 위험은 소련 붕괴 전까지 늘 도사리고 있었다. 핵전쟁의 위험은 지금도 여전하고, 핵무기가 발명되기 전으로 돌아가지 않는 이상 아마도 영원히 사라지지 않을 것이다. 내 부모 그리고 내 부모의 부모와 또 그 조부모의 부모가 출산을 결정한 덕분에 지금의 내가 있다. 우리의 직계 조상들이 태어났던 세상은 지금 우리가 사는 세상만큼이나 암울했거나 어쩌면 더 암울했을 것이다. 내 아버지는 전쟁에 패해 분노가 가득하고 경제적으로도 초고물가에 시달리던 1922년의 독일에서 태어났다. 내 어머니는 11년 후 히틀러가 집권하고 유럽이 전쟁과 대학살의 길로 들어섰을 때 태어났다. 조부모님 세대는 더욱 힘든 시대에 태어났다. 그들은 19세기 후반 유럽 전역에 경제 대공황의 먹구름이 짙게 낀 가운데 태어나 제1차 세계대전을 겪었다. 하지만 내 부

최후의 인구론

모와 조부모는 그 와중에도 가치 있고 만족스러운 삶을 살았다. 그들 중 누구도 태어나지 않았으면 좋았겠다고 생각하지 않았을 것이고, 자신들의 부모가 세상이 너무 끔찍해서 아이를 낳으면 안 되겠다고 마음먹지 않은 사실에 기뻐할 것이라고 확신한다.

사실 역사적 데이터를 살펴봐도, 태어나기 더 좋았던 때는 한 번도 없었다. 이와 관련된 여러 가지 통계 자료를 살펴보면 출산을 고민하는 사람들이 부정적 생각을 조금이나마 더는 데 도움이 될 것이다. 내가 태어난 1960년대 중반 영국에서는 돌 전에 죽는 아이가 1,000명 중 21명이었지만, 이는 수십 년 전보다는 훨씬 줄어든 수치였다. 내가 처음으로 손자를 본 2020년대에 들어서면서 영국의 유아 사망률은 1,000명당 3명이 조금 넘는 수준까지 떨어졌다.[5] 내가 태어났을 때와 비교해 7분의 1 수준으로 줄어든 셈이다. 전 세계적으로는 같은 기간 동안 1,000명당 120명에서 30명 미만으로 감소했다.[6] 분만 중 여성이 사망할 확률 역시 2000년 이후 3분의 1 감소했다.[7]

한편 1960년대 중반 영국에서 태어난 사람의 기대수명은 70대 초반이었으나, 이후 기대수명은 10년 더 늘어나 70대 초반에서 80대 초반으로 상승했다. 당시 영국은 이미 부유하고 발전된 국가였고, 기대 수명 역시 당시 가난했던 나라들보다 더 빠르게 상승했다. 전 세계적으로 평균 기대 수명은 내가 태어났을 때보다 약 20년이 더 늘었다.[8] 기대 수명은 개발이 정체된 지역에서도 (역사적 기준으로 보면 놀라울 정도로) 증가했다.

물론 삶이 고통스러운 투쟁에 불과하다면 더 오래 살 확률이 높아진 건 그다지 반가운 일이 아닐 것이다. 하지만 데이터는 정반대의 증거들을 보여주고 있다. 제2차 세계대전 이후 세계 인구는 세 배 늘었으나, 전 세계적으로 1인당 음식 소비량은 하루 평균 2,000칼로리에서 약 3,000칼로리로 증가했다.[9] 불과 1950년까지만 해도 세계 인구의 약 3분의 2가 영양실조에 시달렸으나,[10] 21세기에 들어서면서 20년간 그 비율은 13퍼센트에서 8퍼센트까지 떨어졌다.[11] 과거 인류는 무수히 많은 사람들이 오랜 기간 먹거리가 부족해 굶주림에 시달렸다. 풍요로운 시대를 살아가는 우리는 과거 인류가 겪었던 기아와 그 고통의 깊이를 가늠할 수 없을 것이다.

단순히 먹을 것만 넉넉해진 게 아니다. 더 평화로운 세상이 되어가고 있다. 1945년 이후 전쟁으로 인한 사망자 수는 등락을 거듭해왔지만, 분명 하락하는 추세를 이어왔다.[12] 자연재해로 인한 사망자 수는 1900년부터 꾸준히 감소해, 세계 인구가 다섯 배 증가하는 동안 재해 사망자 수는 90퍼센트 이상 감소했다.[13] 앞서 언급한 젊고 비관적인 예비 부모들에게는 놀라운 데이터겠지만, 사실 이것은 놀랄 일도 아니다. 더 많은 교육을 받고, 더 나은 주택에 살고, 전반적으로 더 잘살게 된 인류는 과거보다 허리케인과 홍수를 예측하고 대비하고, 대응하고, 피하고, 벗어나는 능력 또한 훨씬 더 발전했기 때문이다.

순수하게 환경 측면에서만 봐도, 현재 지구는 환경단체 '저스트 스톱 오일Just Stop Oil' 대변인이 2023년에 "인류가 거대한 가스실에 갇혀 있다"라고 한 주장과는 거리가 멀다.[14] 2019년 전 세계적으로 대기오염으로 사망한 사람의 수는 약 670만 명으로 추산된다.[15] 이 중 약 절반가량이 오래된 가정용 난로에 등유, 장작, 동물 유기물 등을 태우면서 발생한 유해 가스로 사망했다. 하지만 선진국에서는 이러한 비극을 막을 수 있는 기술이 이미 개발되어 상용화되었다. 더 널리 보급되기만 한다면, 선진국에서만 누릴 수 있던 혜택이 전 세계적으로 확대될 것이다. 영국 맨체스터 지역은 한때 심각한 환경오염의 대명사였지만, 이번 세기에 들어서면서부터는 대기오염과 관련된 사망자가 단 한 명도 나오지 않았으며, 영국 전역을 통틀어서도 딱 한 명뿐이었다.[16] 영국에서 사망 원인이 대기오염 때문으로 확인되면, 뉴스에 대대적으로 보도될 것이다.[17] 그만큼 드물다는 뜻이다. 2000년에는 전 세계 인구의 약 40퍼센트가 깨끗한 식수를 이용할 수 없었지만, 20여 년이 지난 현재, 그 수치는 약 25퍼센트로 줄었다.[18] 심지어 지구상에서 가장 가난한 나라 중 하나로 손꼽히는 (전쟁과 가뭄으로 고통받는) 소말리아조차도 1980년대 중반 이후 유아 사망률이 3분의 1 이상 감소하고 평균 수명이 10년 이상 연장되었다.[19]

인간의 행복과 번영을 측정하는 다른 지표들도 가파르게 상승하고 있다. 인류 역사에서 대부분의 기간 동안, 대다수의 사람들은 교육을 제대로 못 받았고 문맹으로 살았다. 선진국에 산다면 글을 읽고 쓰는 능력은 당연하다고 생각할 것이며, 문맹으로 산다는 것이 얼마나 심각한 문제를 동반하는지 상상하기 힘들 것이다. 문화

활동이나 정치 참여는 물론, 잠재력을 실현하는 일은 꿈도 꾸지 못하게 된다. 다행스럽게도 1820년 이후 전 세계 문맹률은 87퍼센트에서 12퍼센트로 크게 줄었다.[20] 이러한 추세는 계속되어, 문맹률이 50퍼센트가 넘는(2015년 기준) 시에라리온도 오늘날 한국처럼 문맹을 먼 과거 일처럼 이야기하게 될 날이 곧 올 것이다. 한편 1970년 전 세계 대학 등록율은 약 10퍼센트에 불과했지만, 현재는 고등학교 졸업자 중 3분의 1 이상이 대학에 입학한다.[21] 글을 읽고 쓸 줄 알고 교육도 더 많이 받은 사람의 삶은 물질적으로나 문화적으로 당연히 더 풍요로워질 것이다.

나는 인류가 지상낙원에 도달했다고 주장하는 것도 아니고, 우리가 인간의 생존, 자유, 건강, 교육 같은 삶의 질을 향상하려는 노력 외에 다른 일을 해야 한다고 제안하는 것도 아니다. 오히려 불안정하고 불완전할 수는 있지만, 지난 수십 년 동안 이루어진 인류의 진보는 놀라웠으며 계속 놀라울 것이라는 점을 이야기하고 싶을 뿐이다. 장차 부모가 될 사람들이 (이제까지 언급한 데이터에 기반한) 정확한 사실을 더 많이 접할 수 있게 된다면, 과거보다 훨씬 나아진 현실에 놀라워할 것이며, 미래에 대한 두려움도 그만큼 줄어들 것이다. 모든 게 확연하게 좋아진 바로 지금, 많은 사람이 세상을 더 나쁘게 인식하고 있다는 것은 아이러니하다. 지금 같은 세상에 새로운 생명을 태어나게 하는 일이 무책임하거나 잔인한 행동이라면, 우리를 낳아준 부모, 나아가 조부모는 더 무책임했고 더 잔인했다고 볼 수밖에 없다. 오늘날 새 생명이 살아갈 세상은 과거보다 훨씬 더 나아진 것이 분명하기 때문이다. 자녀를 낳는 것이 경솔한 행동이라고 생각하는 대신, 우리의 조상들이 우리를 낳아준 것에 감사하며, 그들이 상상도 못했던 훨씬 더 밝고 풍요로운 세상으로 우리의 아이들을 초대할 수 있음에 안도해야 한다.

환경 오염의 주범, 인간

• • •

이상으로 내가 새로운 생명을 맞이하기에 세상이 그리 끔찍하지 않다는 점을 잘 보여주었길 바란다. 최소한 세상이 과거보다 그리고 심지어 아주 최근에 비해 훨씬 덜 끔찍해졌다는 것만이라도 전달되었으면 한다. 자, 이제 그렇다면 과연 새로운 생명이 세상에 미칠 영향이 그렇게 끔찍한가에 대해 이야기해보자.

가장 먼저 걱정되는 것은 인간이 만들어낸 지구 온난화다. 인간은 화석 연료에서 배출되는 가스를 통해 지구를 뜨겁게 데우고 있다. 지구는 이미 산업화 이전보다 약 1도 정도 더워졌고, 앞으로도 계속 온도가 올라가 인간은 물론 다른 생명체들도 심각한 영향을 받을 것으로 예상된다. 배출가스는 온난화 외에도 기후 변화를 촉발하여 폭염, 홍수, 허리케인 등의 극단적 날씨가 세계 곳곳에서 빈번하게 일어나고 있다.[22] 이러한 현상들 때문에 정말 아이를 낳지 말아야 하는 걸까?

우선, 지금까지는 이런 일들이 인류에게 큰 재앙을 가져오진 않았다. 앞에서 살펴본 대로, 현재는 그 어느 때보다 더 많은 사람이 더 나은 삶을 누리고 있다. 게다가 최근까지 지속되었던 경고들도 틀렸다는 것이 입증되었다. 2004년 발표된 학술 논문에는 기후 변화로 농작물 수확량이 줄어들 것이라는 경고가 담겨 있었다. 세계 인구가 계속 증가하고 있다는 점을 감안한다면, 농작물 수확량의 감소 폭이 크지 않더라도 심각한 문제를 초래할 수 있다는 주장이었다.[23] 2007년에 발표된 다른 논문에서도 "모든 정량적 평가 결과 기후 변화가 식량 안보에 부정적 영향을 미칠 것"이라는 결론이 포함됐다.[24] 하지만 실제로는 21세기에 들어서면서부터 지금까지 극단적인 기후 변화에도 불구하고 전 세계 식량 생산량은 약 50퍼센트 증가했다.[25] 이는 인구 성장률보다 훨씬 빠른 증가 속도이며, 인구 1인당 훨씬 더 많은 식량이 제공된다는 의미다. 헥타르당 곡물 수확량도 지난 20년 동안 빠르게 증가하여, 더 많은 곡물이 필요하게 되더라도 현재 남은 청정 지역을 침범할 필요는 없다.[26] 오늘날에는 1960년에 비해 30퍼센트도 안 되는 면적의 땅만으로 같은 양의 식량을 생산할 수 있다.[27] 생물학적 다양성이 풍부한 열대 우림 파괴는 심각한 문제지만, 이대로 발전해나간다면 (적어도 식량 생산을 위한) 더 이상의 자연 훼손은 없을 것이며, 심지어 일부 지역에서는 훼손된 자연을 예전으로 되돌릴 수도 있을 것이다.

기후 변화의 영향과 그 속도에 대한 예측은 일반적으로 생각하는 것보다 더 불확실하고, 예측이 빗나간 사례도 많다. 2012년 케임브리지 대학 연구진은 4년 안에 북극에 얼음 없는 여름이 올 것으로 예측했다.[28] 그러나 아직 그런 일은 일어나지 않았고, 해당 연구진은 그 시기를 2030년대로 수정했다.[29] 다른 출처에서는 2050년쯤에 그 시기가 올 '수도' 있다고 주장한다.[30] 이 책을 쓰는 시점인 2023년 7월 기준으로 올해의 해빙sea ice 면적은 최근 몇 년과 비교했을 때 상당히 높은 편에 속한다.[31] 한편 남극의 얼음(해빙)이 오히려 늘어나는 현상은 기후 변화와 지구 온난화를 일으킨 동일한 원인에서 비롯된 것으로 보인다.[32] 최근 이례적인 저온 현상 또한 마찬가지다.[33] 태평양 섬나라 키리바시 정부는 기후 변화로 해수면이 상승하여 국가가 소멸할 위기에 처하자, 국민 전체를 이주시키기 위해 2014년 피지에 있는 땅 일부를 사들였다.[34] 하지만 2023년 연구 결과, 키리바시를 비롯한 태평양의 수많은 섬의 크기가 실제로는 더 커지고 있다는 사실이 밝혀졌다.[35] 지구 온난화로 인한 폭염 등 극심한 더위로 사망하는 인구가 증가한다는 것은 반대로 추위로 인한 사망자는 감소하고 있다는 말이기도 하다. 전 세계적으로 볼 때, 추위로 죽는 사람들이 더위로 죽는 사람들보다 10배 가까이 많다. 따라서 지구 온난화로 기후 변화 관련 사망자의 총수는 줄어든 것으로 추정된다.[36]

내가 말하려는 요점은 기후 변화를 의심하자는 것이 아니라, 이 시급하고 중요한 문제에 대해 우리가 아직 알아야 할 것이 많고, 신문이나 방송에서 보도되는 내용이 실제 데이터보다 과장되어 있을 수 있다는 점이다. 탄소 배출 감축의 필요성은 과학적으로 명백

하지만, 인류가 멸종될 것이라는 주장은 과학적 근거가 부족하다. 기후 변화와 지구 온난화에 대한 데이터를 어떻게 해석하든, 반출생주의는 성립되지 않는다. 물론 인류가 멸종된다면 인간 활동으로 생겨나는 온실가스 배출 문제는 해결될 수 있겠지만, 인류를 없애는 방식으로 인류를 구한다는 논리는 어딘가 이상하게 들린다.

또한 인류는 그간 큰 진전을 이루어왔다. 영국의 연간 1인당 온실가스 배출량은 4.6톤으로, 미국의 3분의 1에 불과하다. 영국이 탄소 배출량을 줄일 수 있던 배경에는 제조업의 상당 부분을 해외로 이전한 덕이 크겠지만, 세계적인 제조업 강국 독일도 미국의 절반 정도의 낮은 배출량을 달성했다. 덴마크는 겨울이 춥기 때문에 난방을 많이 해야 하지만, 영국과 비슷한 수준의 1인당 온실가스 배출량을 보이며, 생활 수준은 영국보다 더 높다.[37] 생산이 아닌 소비를 기준으로 데이터를 다시 계산해보더라도, 영국의 1인당 온실가스 배출량은 2005~2020년 사이 15년 동안 무려 40퍼센트나 감소했으며, 다른 유럽 국가들도 비슷한 수준의 감축 효과를 거두었다.[38]

국가 내 비교는 국가 간 비교에 버금가는 시사점을 제공한다. 런던의 1인당 온실가스 배출량은 스코틀랜드의 1인당 배출량의 절반에 훨씬 못 미친다. 여기에는 몇 가지 이유가 있다. 런던은 전형적인 도시 지역으로, 사람들은 좁고 에너지 효율이 높은 주택에 살며 대중교통 의존도가 높다(런던은 기후가 따뜻해 난방 수요가 적다).[39] 따라서 온실가스 배출량을 줄이는 것이 반드시 생활 수준의 하락이나 인구 감소를 의미하지 않는다. 일반적으로 런던의 생활 수준이 스코틀랜드보다 더 높다. 덴마크 역시 미국과 비교해 1인당 국민 소득이 크게 뒤떨어지지 않고, 삶의 질은 오히려 더 높다고 보는 시각도 있다.

영국은 1850년부터 1985년까지 1인당 소득이 516퍼센트 증가했으며, 온실가스 배출량도 354퍼센트 증가했다. 하지만 1985년 이후 현재까지 1인당 GDP는 약 70퍼센트 상승했지만, 배출량은 약 40퍼센트 감소했다.[40] 이러한 변화는 풍력과 태양광 같은 재생 에너지 사용의 확대, 석탄 대신 천연가스 사용 증가, 자동차 엔진과 보일러, 건물 단열재의 에너지 효율성 개선 등 다양한 요인이 복합적으로 작용한 결과다. 최신 가정용 가스보일러는 구형 모델보다 효율이 거의 두 배 높고, 단열재를 추가하거나 히트 펌프를 설치하면 효율성은 더 올라간다.[41]

주요 온실가스 배출국인 미국이 그간 이뤄온 성과도 인상적이다. 미국의 온실가스 배출량은 20년 전 정점을 찍었다. 그 이후 경제는 꾸준히 성장해왔지만 배출량이 20년 전의 최고치를 넘어선 적은 없으며, 1인당 배출량은 같은 기간 동안 거의 3분의 1 감소했다.[42] 미국에서 차량의 연비는 1972~2017년 사이 69퍼센트 향상되었으며, 이는 심지어 전기차가 아직 대중화되기 전의 일이다.[43] 오늘날 전기차나 하이브리드가 아닌 차량 중 가장 연비가 좋은 차는 1970년대 초 평균 연비의 3배에 달한다.[44] 중국은 신재생 에너지 투자를 확대하며 탄소 배출량 감축에 적극적으로 나서고 있는데, 일각에서는 향후 몇 년 내 배출량이 최고조에 달한 후 21세기 중반까

지 80퍼센트 감축될 것으로 예측한다.[45]

　인류는 다양한 분야에서 더욱 발전하고 있으며, 이는 인구를 줄이지 않고도 온실가스 배출량을 줄일 수 있다는 이야기이기도 하다. 배출량을 획기적으로 줄이거나 아예 배출하지 않는 훨씬 더 효율적인 신기술들이 개발되어 출시되고 있으므로, 비교적 짧은 시간 안에 더욱 큰 성과를 거둘 수 있을 것으로 기대된다. 세계경제포럼은 2010년부터 2019년 사이에 태양광 발전 비용이 무려 80퍼센트나 감소했다고 분석했다.[46] 또한 핵에너지는 정치적·경제적 문제만 해결된다면 탄소 배출 없는 청정에너지가 될 큰 잠재력을 가지고 있다. 배터리 저장 기술 비용은 2014년에서 2020년 사이 70퍼센트 이상 급감한 것으로 추정된다.[47] 수소나 저온핵융합cold fusion 기술의 획기적 발전도 기대된다. 인간의 창의력은 놀랍다. 인류는 지구를 지키고 인구 증가에 대한 부담 없이 사람들이 풍요로운 삶을 이어가는 데 도움이 되는 많은 경이로운 과학 기술을 개발하고 발전시켜 왔다.

　세계 인구 증가율이 1960년대 후반 2퍼센트에서 현재 1퍼센트 미만으로 크게 감소했다는 사실을 기억할 필요가 있다. 게다가 앞으로도 필연적으로 줄어갈 것이다. 나는 전 세계 평균 출산율을 2~3명으로 유지해야 한다고 주장하며 인구 폭발을 부추기려는 것이 아니다. 온실가스 배출량을 지속해서 줄여나가면서 안정적 인구 증가를 이루자고 주장하는 것이다.

최후의 인구론

궁극의 자원, 인간

• • ◦

인구의 점진적 증가와 지구 환경보호라는 두 마리 토끼를 잡으려면 기술 혁신은 필수다. 하지만 혁신은 저절로 생겨나지 않는다. 기술 혁신을 끌어내는 과정, 시스템 그리고 문화는 매우 복잡하고 아직 완전히 밝혀지지 않았다. 사람들의 교육 수준을 높이고 아이디어를 귀하게 여기는 문화는 기술 발전에 큰 도움이 되며, 인터넷은 같은 목표를 가진 연구자들이 서로 협력하여 문제를 더 빠르게 해결할 수 있도록 돕는 강력한 도구다. 전 세계 각지의 연구자들이 전화나 우편으로 서로 연락하며 연구를 진행하던 시대는 이제 먼 옛이야기처럼 들리지만, 이러한 방식이 사라지기 시작한 건 불과 1990년대부터였다.

경제학자 줄리언 사이먼Julian Simon은 맬서스주의Malthusianism(기하급수적 인구 증가에 비해, 식량은 산술급수적으로 증가해, 결국 빈곤과 악덕이 불가피하다는 주장 – 옮긴이 주)를 지지했던 폴 에를리히Paul Ehrlich의 의견에 반박하면서 천연자원은 고갈되지 않을 것이며 인류는 자원 부족 문제를 해결할 새로운 방법을 찾을 것이라고 확신했다. 대표적 예가 석유다. 석유 가격이 저렴했던 1970년대 초까지 자동차는 그야말로 기름 먹는 하마였다. 하지만 잇따른 유가 폭등으로 (그리고 최근에는 화석 연료가 배출하는 배기가스에 대한 우려로) 자동차 연비 향상을 위한 투자가 이어졌다. 세계 경제 주기의 여러 시점에서 반복된 유가 상승은 석유 탐사 의지를 꾸준히 자극하여, 대량 소비에도 불구하고 오늘날 전 세계 (확인된) 석유 매장량은 30년 전보다 약 75퍼센트 증가했다.[48] 우리는 그 모든 석유를 태우고 싶지도 않고 태워서도 안 되지만, 핵심은 사이먼이 말했듯이 인간의 창의성이야말로 궁극적인 자원이라는 점이다. 석기 시대는 돌이 부족해서 끝난 것이 아니다. 석유 시대도 석유가 고갈되어 끝나지는 않을 것이다. 1860년대 영국의 저명한 경제학자 윌리엄 스탠리 제번스William Stanley Jevons는 영국의 석탄 자원이 고갈될까 걱정했다.[49] 그러나 오늘날 영국의 석탄 채굴 상황은 그의 예상과는 다르다. 영국 땅 밑에는 아직도 수백 년은 쓸 수 있는 석탄 자원이 매장되어 있지만, 석탄 채굴은 사실상 완전히 중단되었고, 앞으로 재개될 가능성 또한 희박하다.

그간의 눈부신 기술 발전 덕분에 과거 그 어느 때보다도 지금이 아이를 낳아 키우기 가장 좋은 시기가 된 것처럼, 우리는 인류가 인구를 줄이지 않고도 기후 변화 같은 인류의 생존을 위협하는 문제를 극복해나갈 수 있다는 자신감을 가져야 한다. 기술 발전의 원동력은 시장 경제, 도전정신 및 기업가 정신을 장려하는 경제 구조다. 서구의 기업들은 소련의 공산주의 정부와 달리 1970년대 유가 상승을 연료 효율이 높은 자동차 생산을 통해 이익을 창출할 기회로 여겼다. 기름값이 폭등하자, 연비가 개선된 자동차 생산이 늘었고 사람들도 유지비가 덜 드는 자동차를 선호하게 됐다. 이것이 바로 시장 경제가 작동하는 방식이다. 하지만 기술이 발전하려면 젊

최후의 인구론

고 혁신적인 아이디어와 위험을 감수할 줄 아는 투자도 필요하다. 그런데 사회가 고령화되면 혁신 능력과 투자 의지에 부정적 영향이 미칠 수 있다. 우선, 생각하고 창조하고 발명을 해낼 젊은 사람들이 부족해질 것이다. 이런 일은 언제나 젊은이들의 몫이었다.[50] 한 사회에서 은퇴자 한 명당 생산가능인구가 네 명 이하로 줄어들면 혁신이 둔화하는 경향을 보이는데, 대부분의 선진국이 이미 그 기준점을 넘어섰다.[51] 다음으로, 노인 인구 지원에 할당된 자본은 벤처기업 같은 새로운 아이디어보다 정부 채권 같은 저위험 자산에 투자된다. 장기적으로 높은 수익을 기대할 수 있지만, 손실 위험이 큰 투자는 멀리 보고 큰 연금액을 노리는 젊은 사람들에게 적합하기 때문이다. 이들은 시장의 변동성을 감당할 수 있지만 곧 퇴직하여 모아둔 돈으로 생활해야 하거나 이미 그러고 있는 사람들은 자산 손실을 감당하기 어렵기 때문에, 안정적 투자를 하는 편이 더 합리적일 수밖에 없다.

일본처럼 고령화가 심각한 나라에서는 이미 예전부터 이와 같은 현상이 나타나고 있다. 제2차 세계대전 직후 수십 년 동안 일본은 창의적 아이디어를 발전시켜 상업화하는 데 두각을 보이며 세계적 혁신의 대명사로 떠올랐다. 일본이 보여준 창의성은 아주 독창적인 것이든 (상대적으로 과소평가되기도 하는) 응용된 기술이든, 일본인들의 근면함 및 조직력과 맞물리면서 국가 경쟁력을 높이는 데 중요한 역할을 했다. 한때 일본은 미국에 버금가는 세계 경제 대국으로 도약하기도 했다.[52] 그러나 1990년대에 들어서면서 인구 구조 변화로 경제 침체가 시작되었고 이후 10년 동안 일본의 민간 부문 연구개발비 지출은 과거 미국의 3분의 2 수준에서 5분의 2로 크게 줄어들었다. 특허 출원 수 역시 미국의 두 배에서 3분의 1로 뚝 떨어졌다.[53] 이후 2018년까지 20년 동안, 일본 대학에서 과학 및 수학 관련 전공을 선택한 학생 수는 17퍼센트 감소했으며,[54] 절대적 학생 수가 계속 줄고 있어 과학 및 수학 전공자 감소 추세는 계속될 전망이다.

인구 고령화라는 시대적 과제를 안고 있는 일본은 '간호 로봇'부터 근무자가 부족한 야간 시간대 돌봄 센서와 경보기까지 노인 돌봄 분야에서 끊임없는 혁신을 거듭하고 있다.[55] 하지만 이 분야에서도 (일본은 젊은 인재가 점점 줄어들고 있어) 경쟁력을 잃어갈 것으로 예상된다. 고령화가 낳는 혁신 둔화는 인구 구조를 뜯어고치지 못하는 다른 나라에서도 반복될 것이다. 즉, 인구가 감소하고 특히 젊은 인구가 급격히 줄어들면, 혁신 결핍으로 전 세계적 탈탄소화 노력도 실패할 수 있다는 뜻이다.

어떤 혁신이 세상을 바꿀지는 예측하기 어렵다. 탄소 포집이나 새로운 에너지원이 될 수도 있고 아직 상상조차 못 해본 기술이 될 수도 있다. 하지만 해결책이 나온다면, 그 해결책은 분명 젊은 세대의 창의력과 협력에서 비롯될 것이다. 이 미래의 주역들은 지금 태어나고 있을 수도 있고, (전 세계 출산율이 급격히 떨어지는 것을 보면) 좀 더 기다려야 할 수도 있다. 사이먼은 사람들을 미래의 소비자로만 보아서는 안 된다고 강조했다. 즉, 나날이 줄어드는 한정된 자원을 차지하기 위해 서로 밀치며 경쟁하는 존재가 아닌, 미래의 생산자이자 사상가로 봐야 한다는 것이다. 이들은 인간의 필요를 충족시키고 인류의 번영을 촉진하며 공동의 파이를 키우는 새로운 방법을 찾아내는 존재다. 인구 증가는 단순히 입이 늘어나는 것이 아니라 노동력과 지혜가 더해지는 것이다.

인구 이동

• • •

환경문제 때문에 아이를 낳지 않기로 한 사람들도 여전히 경제체제 안에서 소비라는 활동을 한다. 기관사가 운전하는 기차를 타고, 누군가 수거해야 하는 쓰레기를 버리고, 의사와 간호사가 필요한 병원에 가고, 작가가 쓴 책을 읽는다. 환경보호를 위해 비행기를 타지 않는다고 해도, 어딘가로 이동하기 위해 기차를 타야 할 수도 있다. 그러면 기차를 만들고 철도를 운영하고 관리하는 사람들의 도움이 필요하다. 육류 소비를 질색하더라도 식물성 음식은 먹을 것이고, 그중 일부는 가공식품일 것이며, 가공식품에는 생산과 유통에 따른 노동력이 투입된다. 마치 농사를 싫어해서 직접 농사는 짓지 않지만, 농산물은 먹는 사람들과 다를 바 없다. 누군가는 이들을 대신해 농사를 지어야 한다. 환경을 위해 소비 습관을 바꾸는 사람들을 비난하려는 것이 아니다. 환경을 의식해 소비 습관을 바꾼다 해도 여전히 인간의 노동력을 필요로 한다는 점을 잊어서는 안 된다는 것이다.

결국, 노동력이 필요하지만 노동력이 부족한 선진국은 이민에 의존하게 된다. 상품은 수입할 수 있지만, 대부분의 서비스는 그 서비스를 제공하는 사람들이 현장에 있어야 하기 때문이다. 노동력 수급을 (주로 가난한 국가에서) 이민을 유치하는 방법으로 해결하는 선진국은 저탄소 배출국의 인력을 고탄소 배출국으로 이동시키는 셈이다. 다시 말해, (이민자들의 전반적 삶의 질 향상과 함께) 개인의 탄소 배출도 늘어나게 된다. 시리아 난민이 독일에 정착하여 일반 독일인 수준의 생활 수준에 도달하게 되면 탄소 배출량이 6배 증가한다. 가나에서 영국으로 이주한 이민자의 경우 7.5배 늘어나고, 미국에 정착한 과테말라 이민자의 탄소 배출량은 무려 13배 증가한다.[56] 저출산으로 부족해진 인력을 외국인 노동자로 메우는 것은 온실가스 배출을 줄이는 근본적 해결책이 아니라 인력 교체 수준에 불과하다. 인구 문제에 대한 해결책으로서의 이민은 이 외에도 여러 가지 한계가 있다. 다음 장에서 그 한계들을 구체적으로 살펴보자.

7장

/

인종차별과 출산율

- 이민 유치

이민을 통한 노동력 유치는 다른 나라의
국민을 데려와 우리를 대신해 출산하고 자녀를
양육하며 교육받게 하여, 그 결과로 형성된 노동력을
차지하는 것이다. 이것이 과연 도덕적으로
맞는 행동일까?

출산 장려론자들을 향한 막무가내식 비난 중, 인종차별이라는 비난은 그 의도가 의심스러운 정도로 이상하고 악의적이다. 최근 《옵저버》에 "보수주의자들이 여성들에게 더 많은 아이를 낳으라고 요구하는 데는 사악한 의도가 숨겨져 있다"라는 기사가 실렸다. 이어서 기자는 영국 출산 장려론자들에 대해 "여성들이 더 많은 아이를 낳기를 간절히 바라지만, 이들에게는 누가 아이를 낳느냐도 중요하다. 이들의 출산 장려 정책안에는 이민에 대한 두려움이 서려 있다"라고 적었다.[1]

　나는 영국 사람들이 아이를 더 많이 낳아야 한다는 글을 썼을 때, 다인종·다문화인 영국 사회에서 특정 집단의 출산율만 높이자는 뜻이 아니라는 점을 분명히 밝혔다. 앞서 여러 차례 언급한 것처럼, 영국을 포함한 여러 선진국 내 소수민족은 전체 인구와 같은 낮은 출산율을 보이거나, 심지어 그보다 더 낮은 출산율을 기록하고 있다. 한 예로, 2011년과 2021년 진행된 인구조사 결과를 분석해보면, 저출산과 타민족과의 결혼이 복합적으로 작용해 아프리카계 카리브해 소수민족의 인구수는 감소했다.[2] 영국 시크교도와 힌두교도의 출산율은 대체출산율에 훨씬 못 미치고, 백인 영국인과 비슷한 수준으로 보인다. 영국 이슬람교의 출산율은 상대적으로 높지만, 이역시 감소하고 있다.[3]

차별적 출산 장려 사례는 과거에도 있었고, 물론 지금도 있다. 보도에 따르면, 중국 정부는 현재 한족에게 더 많은 자녀를 낳도록 권장하고 있지만, 위구르족과 다른 소수민족 여성들에게는 피임용 자궁 내 장치(IUD)를 강제하고 있다고 한다.[4] 레바논의 팔레스타인계 사람들은 레바논에서 수세대를 걸쳐 살아왔지만, 레바논 정부는 이들의 자녀에게 사회보장 혜택 자격을 부여하지 않는다.[5] 소련 정권 말기, 전국적으로 지급될 예정이었던 아동 지원금은 러시아 민족이 주로 거주하는 지역에 우선적으로 지급되었고, 우즈베키스탄 같은 소수민족이 많이 사는 지역에는 결국 그 혜택이 닿지 않았다.[6] 독재자 니콜라에 차우셰스쿠 대통령이 통치하던 시절 루마니아는 루마니아계 사람들에게는 출산 장려 정책을 강요하면서도 헝가리계 사람들이 많이 사는 지역에서는 낙태와 피임약 사용을 눈감아주었다고 한다.[7]

하지만 일부에서 출산 장려 정책을 인종 혹은 민족을 차별하여 시행해왔다는 이유만으로 출산 장려 주장 자체가 본질적으로 차별적이라고 단정 지어서는 안 된다. 일부 연금 제도에 여성 차별 요소가 있다는 비판이 있지만, 그렇다고 연금 제도 자체를 부정할 수는 없는 것처럼 말이다.[8] 이는 과거 미국 일부 지역에서 버스 탑승에 관련하여 인종차별이 있었다는 사실을 근거로 전국의 모든 버스 서비스를 중단해야 한다는 주장과 다를 바 없는 억지다.

게다가 대부분의 출산 장려론자들은 피임이나 가족계획 같은 수단이 있는데도 불구하고 유럽이나 동아시아, 북미의 여성들처럼 자녀 수를 줄이지 않고, 평균 두세 명의 아이를 낳는 아프리카 여성들을 모범 사례로 강조한다.

출산 장려론자들을 인종차별주의자로 몰아가는 논리는 아마도 낮은 출산율이 주로 백인들만의 문제로 여겨졌던 시기에 시작된 것으로 보인다. (사망률이 급락하고 인구가 증가하는) 인구 전환기를 가장 먼저 경험한 사람들은 유럽인들이었고, (출산율이 떨어지고 인구가 안정되면서) 가장 먼저 그 시기를 벗어난 사람들도 유럽인들이었다. 한때 일부 백인 인종차별주의자들은 백인은 출산율이 줄어드는데, 다른 모든 인종의 출산율은 여전히 높다며 걱정하곤 했다. 피임 방법이 아직 저소득층에는 잘 알려지지 않았는데 상류층에선 벌써 피임하기 시작했다고 걱정했던 사람들과 비슷하다.[9]

하지만 이제까지 여러 국가의 사례에서 본 것처럼 그러한 시대는 이미 끝난 지 오래다. 일본인들은 초저출산 시대의 선봉이었고 그 결과를 톡톡히 겪고 있다. 현재 전 세계적으로 자녀 낳기를 꺼리는 데는 한국인을 따라올 사람들이 없다. 게다가 출산율 저하 현상은 한때 전혀 예상하지 못했던 지역은 물론, '비백인계' 지역들로까지 확산했다. 예를 들어, 카리브해 섬나라 세인트루시아의 출산율은 이제 일본과 비슷해져 여성 1인당 약 1.3명 수준이다. 푸에르토리

코의 라틴계 여성은 미국 내 백인 주류 지역인 사우스다코타주 여성보다 아이를 0.5명 덜 낳으며, 인도 서벵갈의 출산율은 프랑스보다 낮다.[10]

출산 장려론이 인종차별이라는 오명을 쓰게 된 이유는 그동안 우익 정권들이 장려해왔고, 일반적으로 보수 성향과 연관되었기 때문이다. 하지만 스탈린에서 마오쩌둥, 피델 카스트로에 이르는 좌익 독재자들도 출산율을 높이는 데 전념했다는 사실을 간과해서는 안 된다. 최근 헝가리와 폴란드의 우파 정권은 다자녀 가정을 장려해왔고, 중국 정부도 (정책을 180도 바꿔) 출산 장려에 힘쓰고 있다. 많은 EU 회원국도 마찬가지다. 우익 포퓰리즘 성향의 국가들을 포함, 핀란드와 스페인 같은 중도 정당이 집권하고 있는 국가들도 저출산 문제 해결에 적극적으로 나서고 있다.[11]

출산율을 높여야 한다고 주장하는 사람들이 노동력 부족 문제 해결에 대한 답을 무한 이민에서 찾아서는 안 된다고 주장하기 때문에, 영국과 같은 서구 국가에서는 출산 장려론자들이 인종차별주의자라는 비난을 받기도 한다. 하지만 출산 장려론자들의 주장은 인종차별과는 무관하며, 인구 구조 변화라는 근본적 문제를 근거로 한다는 점을 강조하고 싶다.

이민의 한계

• • •

사회의 노동력 공급은 생산가능인구 수에, 노동력에 대한 수요는 전체 인구수에 달렸다. 두 가지 사이의 관계가 바로 노년부양비, 즉 생산가능인구 대비 은퇴 인구 비율이다.

청소년기를 거쳐 노동 시장으로 진입하는 인구는 감소하고 은퇴자 수가 계속해서 증가하면, 경제 성장을 위한 인력 수요는 여전한데 전체 노동력은 줄어들고 만다. 예를 들어, 영국은 제2차 세계대전 이후 노동력 수요가 급증했다. 전쟁 중 폭격으로 파괴된 인프라 및 도시 재건이 절실했을 뿐만 아니라, 인명 피해로 인구 손실이 컸다. 이에 영국은 전쟁 후에도 병역 제도를 통해 많은 잠재 노동력을 모아 활용했다. 17~21세의 젊은 남성들은 최대 2년 동안 군복무를 해야 했고, 이 징집제는 1963년에서야 폐지됐다.[12] 전쟁 외에도, 전간기의 출산율이 최저 수준으로 떨어져 1939년에는 출산율이 2명 정도에 불과했던 점도 노동력 감소의 한 요인으로 작용했다. 전후 베이비붐 세대가 1970년대와 1980년대에 대규모로 노동 시장에 유입되면서 노동력 부족 문제는 해소됐지만, 역사적으로는 높은 실업률로 이어지기도 했다. 하지만 베이비붐 세대가 은퇴하기 시작하고 최근 몇십 년간 출산율이 감소하면서, 노동 시장으로의 노동력 순유입이 30년 전의 10분의 1로 줄어들어, 노동력 부족 현상이 부메랑처럼 다시 돌아왔다.[13] 이는 미국을 포함한 많은 선진국에서

반복되고 있는 현상이다.[14]

노동력 부족 현상을 완화하기 위해 은퇴 연령을 높이는 방법이 있지만, 임시방편일 뿐만 아니라 만만치 않은 사회적 저항을 불러일으키기도 한다. 또 다른 방법으로는 이민이 있다. 영국은 1940년대 후반부터 이민 유치를 시작했고 현재는 대규모로 이루어지고 있다. 하지만 이민자들도 나이가 들고 은퇴한다. 예를 들어, (제2차 세계대전 직후 영국의 구인 광고를 보고 서인도 제도를 떠나 영국으로 건너왔던) 최초의 윈드러시Windrush 세대는 이미 오래전에 은퇴했고 이제 많은 의료 지원과 사회 복지 서비스를 필요로 하는 나이가 되었다.

과거 서인도 제도에서는 여성 한 명당 평균 5명 이상의 많은 자녀를 낳는 것이 일반적이었지만, 영국으로 이주한 윈드러시 세대의 출산율은 앞서 설명한 것처럼 영국 사회에 적응하며 현지인들과 비슷한 수준으로 낮아졌다(현재 서인도 제도 섬들의 출산율도 과거에 비해 감소했다). 다시 말해, 인류는 출산율 감소 문제에 대한 근본적 해결책을 아직 못 찾았다. 그렇다고 고향을 떠나 일자리를 찾아 선진국으로 이주하여 노동력을 제공함으로써 사회에 기여한 사람들에게 감사할 필요가 없다는 의미가 아니다. 이민 유치로 노년부양비가 줄어드는 걸 막아내기 위해서는 나날이 증가하는 고령층 인구만큼 이민 유치 규모 또한 나날이 확대될 수밖에 없다는 뜻이다. 이에 비해 대체출산율 이상으로 출산율을 증가시키면 은퇴자들을 대체할 수 있는 젊은 노동자를 충분히 확보할 수 있고, 건강한 인구 피라미드도 구성할 수 있다.

최후의 인구론

국가의 부와 이민 유치

· · ·

영국의 출산율은 전간기에는 낮았지만, 전후에 시작된 베이비붐에 힘입어 1960년대까지 회복세를 이어갔다. 하지만 1970년대 초로 넘어오면서 출산율이 대체출산율 이하로 떨어졌고 영국은 1990년 대부터 인력난에 허덕이기 시작했다. 계속되는 탈산업화와 중국으로의 공장 이전으로 일자리는 줄어들었지만, 이전 수십 년간 가장 큰 경제적 문제였던 실업률은 지속해서 떨어졌다. 경기 침체기였던 1990년대 초의 실업률은 역시 경기 침체기였던 1980년대 초만큼 심각하지 않았고, 경기 침체 기간도 비교적 길지 않았다. 마찬가지로, 2017년에 닥친 세계적인 금융 위기로 실업률이 다시 올라갔지만, 이전 경기 침체 때보다는 그 폭이 높지 않았고 금융 위기가 지나가자, 실업률은 역대 최저점을 기록했다(인적 자원 낭비와 고통의 근원인 실업률이 안정적이라는 점은 분명 환영할 일이다. 하지만 영국이 마주한 새로운 문제는 정치인들이 외쳐대는 일자리 부족이 아니라 나날이 심각해지는 노동력 부족이다).[15] 이민이 시작되어 기록적 수준에 도달했던 것도 1990년대 후반이었다.[16] 이때의 이민자들은 대개 1990년대 후반부터 공산주의에서 해방되기 시작한 동유럽 국가 출신들이었다. 이들은 비교적 교육 수준이 높았고 이민에 대한 제약이 적었으며 영국이 EU처럼 유럽 내 이동 자유의 원칙을 채택한 덕분에 2004년부터 영국에서 일할 수 있었다.[17]

이런 최근의 경험으로 영국은 안일함에 빠져들었다. 그러나 베를린 장벽 붕괴 이후 교육 수준이 높고 저렴한 노동력이 영국으로 대거 유입된 것은 역사에서 반복되기 힘든 '비정상적'인 현상이다. 영국에는 제2차 세계대전 이후부터 지금까지 상당수의 폴란드 출신 이주민들이 거주해왔고, 이는 새로 영국에 이민온 폴란드인들이 빠르게 적응하고 정착하는 데 큰 도움이 되었다. 폴란드인들에게 영국은 낯선 나라가 아니었고 영어는 충분히 배울 가치가 있는 매력있는 언어였다. 하지만 당시 영국의 가장 큰 매력은 고향 폴란드보다 높은 소득이었다.

그런데 폴란드가 사회주의의 제약에서 벗어나 EU 시장에 진입하게 되면서 부유해지기 시작했다. 2000년에 폴란드의 임금은 영국의 약 7분의 1 수준이었지만, 2019년이 되자 그 차이는 4분의 1에서 3분의 1 수준으로 좁혀졌다.[18] 물가를 감안한 폴란드의 1인당 GDP는 2002년부터 현재까지 영국의 약 3분의 1에서 5분의 4로 상승했다.[19] 폴란드보다 영국에서 일하며 받는 보수가 아직은 높지만, 그 격차는 줄어들었고 앞으로도 계속 줄어들 것이다. 고국을 떠나 새로운 국가로 이주하려면 그만한 동기가 있어야 한다. 정치적으로 안정되고 인권 보장도 어느 정도 이루어지는 국가를 떠날 때는 경제적 이유가 가장 큰 동기가 된다. 그러므로 경제적 매력이 떨어진다면 그만큼 이주하는 사람들도 줄어들게 된다. 영국 내 폴란드 인구는 현재 70만 명 정도다.[20] 하지만 앞으로 친이민 정책을 편다 해도 폴란드인들이 계속 늘어날 거라고 기대하기 힘들다.

우리는 앞서 선진국들이 낮아진 유아 사망률과 길어진 기대 수명 등 삶의 질 지표에서 개발도상국과의 격차가 줄어들고 있음을 확인했다. 실제로 가난한 나라들이 선진국을 따라잡는 추세가 나타나고 있다. 아직은 부유한 나라들이 가난한 나라의 사람들을 계속해서 끌어들이고 있지만, 국가 간 소득 격차가 줄어들면 이러한 끌림도 그 힘이 약해질 것이다. 예를 들어, 오랫동안 영국 본토의 높은 임금은 아일랜드인들에게 큰 매력으로 다가왔다. 하지만 이제 아일랜드의 임금 수준이 영국보다 더 높아져, 영국 이민의 경제적 매력도 크게 식었다. 최근 몇 년 동안 영국에서 아일랜드로의 이민이 아일랜드에서 영국으로의 이민보다 더 많았다.[21] 19세기 중반부터 20세기 말까지, 영국 노동력의 주축은 아일랜드 이민자들이었지만, 더 이상은 아니다.

유럽의 다른 국가들에서도 비슷한 현상이 감지된다. 전간기에 스페인과 이탈리아에서 프랑스로 대규모 이민이 발생했고, 1930년대 초 프랑스에는 거의 40만 명의 스페인인과 거의 100만 명의 이탈리아인이 거주하게 되었다.[22] 하지만 최근 남유럽 국가들이 경제적으로 발전하여 프랑스와의 경제적 격차가 줄어들자, 프랑스 이민의 매력도 한풀 꺾였다. 제2차 세계대전 직후, 수많은 포르투갈인이 더 나은 삶을 찾아 룩셈부르크 같은 북유럽 국가들로 이민했고 현재 룩셈부르크 인구의 약 15퍼센트가 포르투갈계다.[23] 하지만 포르투갈의 생활 수준이 크게 향상되면서 이민하려는 동기 역시 약해졌다. 남·동유럽에 비해 부유했던 북·서유럽 국가들의 경제적 우위 또한 이제 옛이야기가 되었다. 유럽 내 선진국들이 이탈리아나 스페인, 포르투갈 또는 기타 유럽 저개발국에서 영원히 이민자를 유치할 수 있다고 생각한다면 큰 오산이다. 유럽 내 선진국들이 유럽 외 다른 지역 국가들보다 계속해서 더 높은 생활 수준을 유지할 수 있다는 생각도 더 이상 유효하지 않다. 물가와 생활비를 감안했을 때, EU 회원국의 세계 경제 점유율은 1980년대 약 30퍼센트에서 현재 15퍼센트 남짓으로 절반 가까이 줄었다.[24] 유럽 외 국가들의 경제가 성장하고 전망이 밝아지면서 해당 국가의 사람들이 이민을 선택할 동기도 사라지게 될 것이다. 이는 단지 경제적 격차의 수렴 문제만이 아니며, 인구통계학적 수렴의 문제이기도 하다.

줄어드는 고국의 출산율

● ● ●

앞서 우리는 이민자 집단의 출산율이 그들이 정착한 사회의 출산율과 비슷해지는 현상을 살펴봤다. 어릴 적 멕시코에서 캘리포니아로 온 1세대 이민 여성은 이렇게 말한다.

"왜 아이를 낳고 한 남자한테 평생 얽매여 살아야 하죠? 엄마가 오빠와 저를 키우기 위해 온갖 일을 마다하지 않는 모습을 보고 아이를 낳는 것이 엄청난 경제적 부담으로 다가올 수 있다는 사실을 깨달았습니다."

최후의 인구론

브라질에서 캐나다로 이주한 한 여성은 다음과 같이 말했다.

"어릴 때부터 항상 혼자 있는 시간을 좋아했고, 여행도 좋아합니다. 여러 가지 취미 생활도 즐기고 있죠. 하고 싶은 일이 이렇게 많은데 어떻게 아이를 낳겠어요?"[25]

고출산국에서 저출산국으로 이주해 저출산국 사람들처럼 아이를 덜 낳게 되는 전형적 사례다. 앞서 언급했듯이 이들이 떠나온 고국의 출산율도 점차 낮아져, 오늘날 서인도 제도의 출산율은 영국 출산율보다 현저히 낮다. 과거 아이를 많이 낳아 선진국에 인력을 공급하던 나라들이 이제 저출산으로 돌아선 것이다.

인구가 약 3,800만 명인 폴란드의 경우, 2004년부터 출입국이 자유로워지면서 많은 폴란드인이 선진국으로 이주했고, 이는 영국 같은 나라에 큰 힘이 됐다. 당시 폴란드에는 새로운 삶을 위해 이민을 꿈꿀 만한 혈기 왕성한 20대가 650만여 명에 달했다. 하지만 이 숫자는 꾸준히 줄어들어 2020년에는 450만 명 미만까지 내려갔다. 이번 세기말이면, 또 반이 줄어들 것으로 예상된다. 지난 15년 동안 폴란드의 노년부양비는 20퍼센트에서 30퍼센트로 상승했으며, UN은 2050년이면 60퍼센트가 조금 넘을 것이라고 예상한다.[26] 폴란드인들에게 영국은 더 이상 경제적 매력이 없을 뿐만 아니라, 청년 인구 감소로 이민을 떠날 사람도 적어졌다. 게다가 조국 폴란드가 이들을 더 필요로 한다. 1990년대 후반 이후 출산율이 1.5명 이하로 줄어든 폴란드는 앞으로 노동력 부족이 더 심각해질 것이다.

루마니아에서도 비슷한 인구 변화가 일어나고 있다. 2007년,

루마니아인들이 유럽연합이 정한 국경 개방 시기보다 앞서 EU의 다른 국가로 자유롭게 여행할 수 있게 되면서부터 루마니아의 20대 인구는 3분의 1 감소했다. 이번 세기 중반에 이르면 25퍼센트 더 감소할 것이다. 다시 한번 강조하자면, 근본적 원인은 출산율이다. 루마니아인들이 1960년대 차우셰스쿠 독재 정권이 시행한 강압적 인구 증가 정책을 피하는 (피임 같은) 방법을 찾은 이후, 출산율이 많이 감소했고 수십 년째 대체출산율 이하를 유지하고 있다. 우크라이나에서는 전쟁으로 많은 이들이 서유럽으로 대거 빠져나갔지만, 전쟁이 끝나면 그중 상당수가 다시 고향으로 돌아갈 가능성이 높다. 그렇지 않다면, 전쟁 이후 국가 재건에 많은 인력이 필요한 우크라이나는 큰 어려움을 겪게 될 것이다.

국가 간 경제력 차이가 줄어드는 현상이 먼저 유럽에 나타나고 전 세계로 확대된 것처럼, 인구 격차 축소도 마찬가지다. 1970년대 초반, 인도 여성은 영국 여성보다 약 4명 더 많은 아이를 낳았으며, 총출산율은 약 6명으로 영국의 약 2명과 차이가 컸다. 오늘날 이 격차는 약 3분의 1명에 불과하며, 영국의 출산율이 계속해서 하락하고 있지만, 인도의 출산율은 더 빠르게 감소하고 있다. 프랑스와 알제리 혹은 독일과 튀르키예 사이에서도 비슷한 자료를 찾아볼 수 있다. 미국과 멕시코도 마찬가지다. 1970년대 초, 멕시코 여성들은 미국과 멕시코 국경을 따라 흐르는 리오그란데강 북쪽의 미국 여성들보다 4명 더 많은 아이를 낳았다. 그 격차는 현재 3분의 1명 미만으로 줄어들었고, 최근 몇 년간 멕시코는 멕시코로 돌아오는 인구가 외부로 나가는 인구보다 더 많았다.[27] 오늘날 미국 라틴계 이민자들 대부분은 출산율이 미국보다 높은 중앙아메리카 지역 출신들이다. 그런데 이들 국가에서도 출산율이 감소하고 있다. 엘살바도르의 출산율은 미국과 비슷해졌고, 과테말라의 출산율은 아직 미국보다 높기는 하지만, 1990년 중반 이후 반이나 줄었다. 머지않아 경제력 면에서도 미국과의 차이를 좁힐 것으로 예상된다.

아프리카에서 끝도 없이 젊은 인구가 태어나리라 생각하는 것 또한 헛된 희망이다. 전문가들은 이에 대해 이렇게 진단한다.

"케냐가 아프리카의 미래를 단적으로 보여주는 사례라면, 아프리카의 부모들이 전 세계 다른 지역의 부모들이 낳지 않는 아이를 낳아줄 것이라는 기대는 더 이상 하지 않는 것이 좋습니다."[28]

인구 부족 규모

● ● ●

1970년대에 들어서면서 대부분의 선진국에서는 출산율이 대체출산율 이하로 떨어졌다. 그렇게 감소한 노동력은 대개 이민 유치를 통해 보충해왔다. 하지만 지금까지의 낮은 출산율과 과거 인구 증가의 양상을 생각해볼 때, 앞으로 필요한 이민 인구는 과거보다 훨씬 더 증가하게 될 것이다. 영국 베이비붐 세대 중 가장 큰 규모를 차지하는 1964년 출생자들은 곧 60세가 되면서 몇 년 이내에 대거 은퇴하게 된다. 이들이 일터에서 빠져나가게 되면 급격하고 거대한 노동력 손실이 일어난다. (이미 은퇴하고 있는) 그보다 약간 앞선 세대들도 그 규모가 상당하며, 그 파장은 이미 감지되고 있다. 보통 장기적인 경제 성장 둔화와 대규모 이민이 이어진다면 대규모 실업을 예상할 수 있지만, 현실은 그 반대다. 오히려 인력이 부족한 상황이 오고 있는 것이다. 출산율이 지금보다 더 떨어진다면 미래도 그만큼 더 암울해질 것이다.

한국의 출산율이 대체출산율 이하로 떨어진 시점은 영국보다 15년 정도 늦었다. 그러나 그럼에도 불구하고 한국의 출산율은 그 이후로 가파르게 떨어져, 현재는 영국의 절반 수준이다. 따라서 한국이 부양비를 지켜내려면 전례 없는 수준의 이민이 필요하다. 21세기 말이면 한국의 생산가능인구는 약 1,300만 명으로 예상된다. 현재의 부양비를 유지하려면, 은퇴자 수가 늘지 않는다는 전제 하에 생산가능인구를 추가로 3,400만 명 늘려야 한다.[29] 많은 나라들이 한국의 급격한 출산율 감소 경로를 따르고 있으며, 이는 저출산율 국가들에서 이민자에 대한 수요가 끊임없이 증가할 것임을 의미한다. 그러나 전 세계적으로 여성이 아이를 많이 낳는 국가가 점점 줄어들고 있어 잠재적인 이민자 공급 또한 줄어들 것이다.

인구 부족 문제를 이민으로 해결하려고 하면 또 다른 문제가 발생할 수 있다. 2004년부터 영국으로 건너온 폴란드 출신 근로자들은 비교적 높은 교육 수준과 기술을 갖춘 인력들이었다. 따라서 그들은 선진국 경제 체제에 효과적으로 적응할 수 있었다. 하지만

최후의 인구론

현재 출산율이 높고 선진국에 이민자를 제공할 잠재력이 있는 국가들은 과거보다 더 가난한 나라들이고 대체로 교육 수준도 낮다. 오늘날 세계에서 가장 높은 출산율을 보이는 나라는 니제르로, 여성 한 명당 약 7명의 자녀를 낳는다. 하지만 국가의 생산성을 평가하는 1인당 소득은 미국과 비교해 100분의 1도 안 된다.[30] 니제르에서 미국으로 이주한 근로자에게 미국 시민 수준의 생활 및 교육 지원을 제공하면 (교육으로 인한 효과를 보기에는 너무 늦지 않았다는 전제하에) 생산성은 크게 향상될 것이다. 그러나 이는 긴 시간과 큰 비용을 필요로 하며, 과거 선진국들이 중간 소득 국가에서 비교적 교육 수준이 높은 이민자를 받던 때와는 달리 쉽지 않은 과정이 될 것이다.

문화 충돌

· · ·

식민지 시대 강대국들과 미국에서 빚어진 인종 갈등과 그 역사는 간과할 수 없는 중요한 문제이지만 이 책에서 다루기에는 너무 거대한 주제다. 그럼에도 저소득 및 중간 소득 국가에서의 대규모 이민이 특정 시기에 특정한 장소에서 반발을 불러일으킨 것 또한 분명한 사실이다. 2016년, 영국의 EU 탈퇴를 결정지은 브렉시트 투표는 이민에 대한 반작용으로 일어난 대표적인 사례다.[31] 같은 해 미국 공화당 대선 후보였던 도널드 트럼프가 멕시코 국경에 장벽을 세우겠다고 약속하여 보수주의자들의 공감을 샀고, 이어 대통령으로까지 당선된 것도 같은 맥락으로 볼 수 있다.

스웨덴에서 이탈리아에 이르기까지 유럽 대륙 전역의 극우 정당 중 일부 또는 대부분은 이민 축소 공약으로 집권하거나 집권 직전까지 갔다. 프랑스의 정치인 마린 르 펜은 2022년 대선 결선에서 자신의 아버지 장 마리 르 펜(프랑스 극우 정치의 아버지로 불린다. - 편집자 주)이 20년 전 받은 투표수의 두 배를 얻어냈다. 민족 구성이 빠르게 변화하는 유럽 대륙에서 우익 포퓰리즘의 물결이 밀려오고 있다는 증거다.[32] 폴란드와 헝가리 정부는 오랫동안 EU의 이민자 수용 압박에 저항해왔고 그 결과 대중의 지지를 얻어 선거에서 승리를 거두었다.[33] 최근 네덜란드에서도 헤이르트 빌더르스가 이끄는 네덜란드 최대 정당 자유당이 반이민 정책을 공약으로 내세웠다.

하지만 이런 인종·민족 간 갈등이 전통적으로 개발도상국에서 이민을 받아온 선진국들만의 문제는 아니다. 2023년 내가 한국에서 인터뷰를 진행하던 중 이민이 한국의 인구 문제에 부분적 해결책이 될 수 있다고 제안하자, 한 기자는 "민족적·문화적 동질성을 보존하기 위한 노력은 지속되어야 하지 않을까요?"라며 반박했다. 한 설문조사에 따르면, "오랫동안 인종적으로 동질적 국가를 유지해온 것에 자부심을 느낀다"라는 문장에 많은 한국인이 동의한다고 답했다.[34] 2023년 기준, 한국 내 외국인 비율은 약 4.4퍼센트였다.[35] 남아시아와 아프리카 출신 이민자들 사이에서 동아시아 국가들이 쉽게 선택할 수 있는 이민 후보지는 아니다. 이주를 막는 장벽은 문화와 언어만이 아니라 이민을 유치하는 나라에 존재하는 이민에 대한 반감도 해당되기 때문이다.

2023년 2월, 튀니지 대통령 카이스 사이에드Kais Saied는 "사하라 이남 아프리카에서 온 불법 이주민 무리"가 튀니지에서 "폭력, 범죄 그리고 용납할 수 없는 행위"를 일삼는다고 불평했다. 그는 이어서 "정상이 아니다"라고 덧붙이며, "튀니지의 인구 구성을 바꾸고, 튀니지를 아랍 및 이슬람 국가에 속하지 않는 또 다른 아프리카 국가로 전락시키려는" 범죄 계획의 일환이라고 주장했다.[36] 국제 사회의 거센 비난에도, 사이에드 대통령은 몇 달 후에 다시 비슷한 의견을 피력했다.[37]

이런 정서는 아프리카 대륙 곳곳에서 흔히 볼 수 있다. 우간다는 1972년에 수만 명의 아시아인을 추방했고,[38] 나이지리아는 1983년에 200만 명의 서아프리카 이주민을 임의로 추방했는데, 이중 절반은 가나 출신이었다. 당시 나이지리아 대통령은 "만약 그들이 떠나지 않는다면, 체포해 법정에 세운 후 본국으로 송환해야 합니다. 불법 이민자에게는 어떤 통보도 할 필요가 없습니다"라고 주장했다.[39] 2015년에는 수백 명의 짐바브웨인들이 남아프리카공화국에서 일어난 외국인 혐오 폭동을 피해 도망쳤다. 자유주의자들이 세계주의를 목 놓아 외치고 이민자를 받아들이지 않는 사회를 비판하지만, 이는 국내외를 막론하고 보편적 정서는 아니다. 이민이 생산가능인구 부족 문제를 해결할 수 있는 방법이라고 믿는 것은 비현실적인 착각일 뿐이다.

생물학적 제국주의

• • •

이미 노동력 부족을 겪고 있거나 곧 겪게 될 모든 국가에 생산적 잠재 이민자가 무한히 제공된다고 하더라도, 한 국가가 그런 인력 수급 방식에 전적으로 의존하는 것이 도덕적으로 타당한지 역시 따져봐야 한다.

오늘날 우리는 19세기에 아프리카를 마음대로 나눠 식민 지배한 유럽인들의 오만을 비판하면서도, 역사적으로 똑같이 평가받을 수도 있는 (극히 해로운 결과를 낳을 수 있는) 비슷한 행위에 가담하고 있다. 캐나다, 미국, 호주 그리고 유럽의 선진국 국민들은 자국의 낮은 출생률로 빚어진 노동력 구멍을 가난한 국가에서 사람들을 들여옴으로써 메울 수 있다고 생각한다. 실제로 이들은 해외 이민자 노동력에 의존해왔고, 저출산이 노동시장에 미치는 영향이 더 커짐에 따라 그 의존도는 더욱 더 높아질 것이다.

중앙아메리카 니카라과에서 미국 네바다로든, 아프리카 말리에서 프랑스 마르세유로든, 이민자들이 자발적으로 이주하는 것은 사실이다. 더 나은 삶을 위해 목숨을 걸고 이민에 나서는 이들도 있다. 이민자들은 개발도상국에서 선진국으로 이주해 엄청난 혜택을 얻을 수 있고, 그들이 가족에게 송금하는 돈이 가족과 고향 지역 경제에 도움이 되기도 하지만, 이들의 이주는 결국 그들이 등지고 떠나온 조국의 인적 자원 손실을 뜻한다. 게다가 이민자들은 대개 젊고 활기차며 진취적인 사람들이다. 이들 중에는 교육 수준도 높고 화려한 자격을 보유한 사람도 많다. 우리는 그들의 고국에서 그들의 재능과 기술을 훔쳐오고 있는 것이다.

예를 들어, 영국은 의사와 기타 의료 종사자 부족 문제를 해결하기 위해 해외에서 인력을 모집하는 캠페인을 벌여왔다. 이는 의사가 절실한 개발도상국에서 의사들을 빼내오는 행위나 마찬가지다.[40] 한 자료를 살펴보면, 영국에서 일하는 가나계 의료 종사자 수가 가나의 의료 종사자 수보다 더 많다.[41] 가나는 최근 몇십 년 동안 의학이 많이 발전했지만, 기대 수명은 영국보다 15년 이상 짧고 유아 사망률은 거의 10배에 달한다. 영국은 가나보다 인구 1인당 의사도 10배 이상 많다. 따라서 훈련된 의사들을 가나에서 영국으로 이주시키는 것은 매우 퇴행적이고 불공정한 인적 자원 분배다. 이러한 불공정 관행은 부유한 세계의 사람들이 그 어떤 이유로든 미래의 노동력을 생산하지 않으면서도 노동력이 필요한 다양한 서비스를 유지하려고 할 때 발생하는 문제를 보여주는 단면일 뿐이다.

인구 돌려막기

• • •

과거에는 인구 고령화의 충격을 완화하기 위해 이민이 부유하고 상대적으로 인구가 적은 국가의 해결책이 될 수 있었다. 하지만 이제는 단기적으로 보더라도, 특히 중국과 같은 사회에는 적용하기 힘든 해법이 되었다. 중국은 아직도 비교적 빈곤한 나라에 해당하여 이민자들이 선호하는 나라가 아니며, 설령 이민을 유치한다고 해도 효과를 보기 위해서는 규모가 엄청나야 할 것이다. 출산율이 높은 사하라 이남 아프리카 국가의 사람들은 영어 또는 프랑스어를 구사하므로 유럽으로의 이주를 꿈꾸기도 하지만, 중국어를 하지 못할뿐더러 중국을 이주할 만한 국가로 여기고 이민 고려 대상지에 올려놓지는 않을 것이다. 중국 사람들이 대체출산율의 절반도 안 되는 출산율을 고집할 경우, 지구상에 있는 잠재적 이민자의 수로는 중국의 부양비를 안정적으로 유지하기에 턱없이 부족하다.

물론 이민으로 일시적인 효과를 볼 수는 있다. 그러나 이 경우도 특정 국가와 특정 상황에서만 가능하다. 첫째, 이민 수용국은 다수의 이민자를 수용할 수 있을 만큼 충분히 부유해야 한다. 둘째, 이민을 내보낼 수 있을 정도로 전 세계적으로 출산율이 높은 지역이 충분해야 한다. 예를 들어, 제2차 세계대전 이후 서인도 제도에서 영국으로의 대규모 이민이 있었는데, 이 정도 규모의 이민이 지금 발생했다면 서인도 제도의 인구는 붕괴되었을 것이다. 셋째, 사회적 통합과 조화를 보장하고 오늘날 유럽의 많은 지역에서 나타나는 우익 포퓰리즘의 반발을 방지하기 위해 이민의 속도가 너무 빨라서는 안 된다. 넷째, 이민 수용국은 출산율이 높은 나라의 사람들을 끌어들일 수 있는 문화적 매력을 갖추고 있어야 하며, 이민에 개방적인 국민 정서도 중요하다. 예를 들어, 인구 절벽이 임박한 일본은 아직도 매우 제한적으로만 이민을 허락하고 있다. 최근 몇십 년 사이, 이러한 기준을 충족해 이민으로 노동력 부족 문제를 해결할 수 있는 국가는 소수에 불과하다.

하지만 이민이 오랜 기간 이어진 저출산과 출산율 감소, 부양비 증가로 인한 부정적 영향을 완화할 수 있다고 해도, 선진국이 지금처럼 이민에 의존해서는 안 되는 몇 가지 이유가 있다. 선진국이 고숙련 노동자들을 쉽게 유치할 수 있었던 이유는 다시는 반복되기 힘든 특수한 역사적 상황 때문이었다. 앞으로 수십 년 동안은 개발도상국에서 가난한 이민자를 계속해서 모집할 수 있을지 모르지만, 그 이민자들은 대개 노동 생산성이 낮은 국가 출신일 가능성이 크다. 이민이 현재 규모로 계속된다면, 이민자 교육과 훈련에 필요한 자원을 투입하느라 정작 자국 내 젊은 부부들이 자녀를 낳아 기르는 데 필요한 자원이 부족해질 수도 있다. 어떤 이들은 정부가 이민자들을 위해 주택을 제공하기 때문에 자국민들이 살 주택이 부족하고 그래서 아이를 낳지 않는 것이라고 주장할 것이다. 게다가 이민으로 인한 국가 내 민족 구성의 급격한 변화는 우익 포퓰리즘을 부채질하여, 차후 이민에 대해 극단적 반응을 유발할 수 있다. 마지막으로 이민이 인구 감소의 해결책이 되어서는 안 되는 가장 중요한 이유는 (이민이 자발적으로 이루어졌다고 해도) 다른 나라의 국민을 데려와 우리를 대신해 출산하고 자녀를 양육하며 교육받게 하여, 그 결과로 형성된 노동력을 차지하고 있다는 것이다. 이것이 과연 도덕적으로 맞는 행동일까? 우리는 결국 다른 나라에서 투자한 인적자본을 빼앗아오고, 정작 그들에게 절실히 필요한 자원을 약탈하는 것은 아닐까?

저출산의 그림자가 전 세계적으로 전염병처럼 퍼져 나가고 있다. 한때는 가장 잘살고 가장 발전된 국가들에서만 나타났던 낮은 출산율이 이제는 상대적으로 가난한 국가들에서도 나타난다. 곧 인류 전체의 출산율이 대체출산율 이하를 기록할 지경이다. 사람들을 이주시켜 저출산을 해결하는 것은 부유하고 특권을 가진 국가의 입맛에나 맞는 해결책이다. 출산율 급락이 전 세계로 확산되고 있는 지금, 이민이 인류 전체를 위한 것인지, 과연 공정한 방법인지 고민해봐야 할 때다.

8장

/

기술의 힘

- 기술이 할 수 있는 일

인간 뇌의 역동적이고 극도로 복잡한 작동 방식을
알고리즘화하여 장착한 인공지능이 인간을 대체할 수
있을지에 대한 논의가 한창이다. 하지만 인공지능이
그런 능력을 갖추게 된다 해도 내 책상 밑에 놓인
쓰레기통을 비워주지는 못할 것이다.

1811년, 영국 노팅엄셔주에서 양모와 면직물 산업 노동자들이 기계 파괴 운동을 시작했고, 이 움직임은 곧 북쪽 요크셔주까지 확산되었다. 지금은 우리 모두에게 익숙한 이 산업들은 증기력을 기계와 운송에 적용하여 전 세계 사람들의 삶을 변화시키기 시작했고, 그 변화는 산업혁명의 출발점으로 이어졌다. 당시만 해도 산업혁명의 파장이 이렇게 클 줄은 아무도 예측하지 못했고, 특히 한창 호황을 누리던 영국의 섬유 산업에서 일하던 노동자들은 더욱 그랬다. 그들에게 중요한 것은 보이지 않는 역사의 거대한 흐름이 아니라 새로운 기술이 자신들의 일자리를 빼앗아갈 것이라는, 눈앞에 놓인 현실뿐이었다. 기계 파괴 운동의 배후에는 네드 러드^{Ned Ludd}라는 신화적인 인물이 있는데, 그는 마치 수백 년 전 셔우드 숲에서 활동했던 로빈 후드처럼 저항을 이어갔다. 기계 파괴 운동에 참여한 이들은 정부에 의해 무자비하게 진압되었고, 1813년에는 대규모 기소로 수많은 이들이 처형되거나 추방되었다. 그때부터 생계 수단을 잃을까 봐 두려워 새로운 기술 도입에 반대하는 사람들을 '러다이

트^{Luddites}'라고 부르게 되었다.[1]

새로운 기술과 기법에 거부감을 나타내며 저항하는 사람들은 언제나 있다. 이는 전통 사회에서 변화에 대한 저항으로 드러나는 일종의 보수성으로, 새로운 것을 시도할 때 수반되는 위험을 계산한 결과다. 무모한 결정이나 오판이 가혹한 생활이나 극심한 고난, 심지어는 생사를 좌우할 수 있는 세상에서 보수적인 태도는 일견 타당한 것이다. 그러나 산업혁명 이후 생산 수단의 변화는 역사적으로 매우 빠르게 진행되었고, 사람들은 결국 이에 익숙해졌다. 1840년대에 칼 마르크스와 프리드리히 엥겔스는 공동으로 집필하고 발표한 《공산당 선언》 1부 '부르주아와 프롤레타리아'에서 다음과 같이 주장했다.

생산의 끊임없는 혁신, 모든 사회적 조건의 끊임없는 혼란, 끝없는 불확실성과 동요는 부르주아 시대를 이전의 모든 시대와 구별 짓는 특징이다. 모든 고정되고 굳어진 관계는 그에 수반되는 오래된 편견 그리고 의견과 함께 사라지고, 새로 형성된 관계들은 골격을 갖추기도 전에 낡은 것이 되어버린다. 고정된 것은 공기 중으로 날아가 버리고, 모든 신성한 것은 더럽혀지며, 마침내 인간은 냉정을 되찾고 자신의 실제 생활 조건, 자신과 인류의 관계를 직시할 수밖에 없게 된다.[2]

과거와 현재의 러다이트들을 조롱하는 이들도 있겠지만, 19세기 초반 섬유산업에 종사하던 노동자들은 자신들의 생계를 위협하

최후의 인구론

던 기술이 결국 후손들에게 상상할 수 없을 만큼 높은 소득과 생활 수준을 안겨줄 것이라고는 도저히 상상할 수 없었을 것이다. 그리고 설령 그들이 미래를 내다볼 수 있었더라도, 신기술 도입에 대한 반대는 여전했을 것이다. 일부 분석에 따르면, 영국 노동자층의 생활 수준은 1880년대에 이르러서야 실질적으로 개선되기 시작했다. 1810년대에 새로운 기술의 도입으로 실직 위기에 처한 사람들에게는 오늘 당장 저녁을 굶고, 내일 집에서 쫓겨나는 것이 반세기도 더 지난 후에나 이루어질 증손자들의 임금 인상보다 절박했을 것이 당연하다.

그렇지만 지금에 와서 돌이켜보면 러다이트의 주장처럼 기계가 인간을 완전히 대체하는 일은 불가능하다. 산업혁명 이후로 무수한 혁신이 이루어졌고 새로운 기술이 계속해서 도입되었지만, 혁신과 신기술은 늘 새로운 일자리와 노동력 수요를 창출해왔다. 네드 러드가 러다이트 운동을 이끌던 시대에는 절대로 알 수 없던 미래였다. 그들은 이렇게 생각했을 것이다. '기계가 인간이 하는 일을 더 빠르고 효율적으로 할 수 있는데 누가 인간을 고용하려 할까?' 하지만 실제로는 공장이 늘어나면서 수많은 일자리가 새롭게 생겨났고, 생산성이 향상되면서 의류 같은 생활용품이 훨씬 더 저렴해졌다. 산업혁명 초창기에 발달한 도시들은 음산하고 지저분했고 공장일은 위험했으며 고용 안정성도 취약했지만, 도시 생활과 안정적 수입이라는 장점이 있었다.

섬유산업 현장에서 일어난 혁신은 경제 전반으로 옮겨갔다. 한 예로, 자동차가 발명되면서 말의 시대는 끝이 났고, 말 사육과 매매, 사료 재배 및 판매, 안장과 고삐 제조와 판매, 말굽 제작 및 장착 같은 거대한 규모의 관련 산업도 사양길로 접어들었다. 1900년 런던의 말 숫자는 30만 마리였지만, 현재는 200마리도 안 된다.[3] 수많은 말들을 돌보기 위해 지어진 마구간은 폐허가 되는 대신 고급 주택으로 개조되었고, 말 사료를 재배하던 밭은 용도가 변경되어 주택이나 학교가 지어졌다. 말과 관련된 직종에 종사하던 사람들도 (물론 이미 오래전에 세상을 떠났겠지만) 활기 넘치고 역동적이었던 그 시대 경제에서 분명히 다른 직업을 찾았을 것이다. 말 산업은 이제 틈새시장이 되었다. 이것이 바로 마르크스와 엥겔스가 묘사했던 근대 자본주의 사회의 본질이며, 그 본질은 그들이《공산당 선언》을 발표했던 때보다 오히려 현재에 더 잘 들어맞는다.

이 모든 것은 출산 장려론이 타당하다는 근거가 될 수 있다. 사회가 고령화되면 신규 노동력 유입이 줄어든다. 노인 인구가 필요로 하는 서비스는 계속 늘어가는데 일할 사람을 구하기가 힘들어진다. 이제까지 살펴봤듯이 많은 나라가 이미 이 단계에 와있다.

하지만 만약 기술 발전으로 어떤 식으로든 기계가 모든 일을 대신하게 되어 사람을 고용할 필요가 없는 미래가 펼쳐진다면 어떨까? 러다이트들은 기술이 노동을 대체하는 것에 반대했다. 하지만 인류가 출산에 관심을 잃어버린 지금, 기술 발전이 인류를 구원할 수 있는 희망이 될 수 있다면 어떨까? 사람들은 앞으로도 바람보다 적은 수의 자녀를 낳을 테고 부모로서 느끼는 풍요로운 경험을 놓치게 될 것이다. 새 생명 창조가 본질적으로 선하다고 보는 종교나 철학의 교리나 사상도 못 들은 체할 것이다. 하지만 기술의 힘 덕분에 최소한 일손 부족 문제는 해결될 수 있다. 우리 자녀들이 사회가 필요로 하는 모든 일을 떠맡는 대신, 기계가 그 일을 맡게 될 것이기 때문이다. 하지만 나는 이러한 기술 낙관주의가 (정말 낙관적일 수 있을지도 의문이다.) 잘못되었다고 믿는다.

다시 처음부터 다른 관점으로

● ● ●

앞서 살펴본 바와 같이, 러다이트들이 초기 산업혁명과 자신들의 이해관계가 상충할 것이라고 생각한 점은 맞았지만, 인간의 노동력이 더 이상 필요하지 않을 것이라고 믿은 점은 틀렸다. 오늘날 영국에는 3,000만 명이 넘는 사람들이 일하고 있고, 이는 러다이트 운동 당시 영국 인구의 거의 세 배에 해당한다.[4] 그 이후로도 사람들은 노동의 종말, 혹은 적어도 노동 수요의 급격한 감소를 예측해왔다. 경제학자 존 메이너드 케인스는 1930년 〈우리 손자 손녀들이 누릴 경제적 가능성Economic Possibilities for our Grandchildren〉이라는 에세이에서 생산성 향상이 계속된다면 몇 세대 후 사람들은 아주 짧은 시간만 일하게 될 것이라고 내다봤다.[5] 그로부터 한 세기가 지난 오늘날 대부분의 선진국에서 노동 시간은 확실히 줄어들었지만, 그가 예상한 만큼은 아니다. 예를 들어, 미국의 경우 1938년의 노동 시간과 2017년의 노동 시간은 거의 비슷하다. 반면 독일에서는 같은 기간 거의 40퍼센트 감소했다. 그외 다른 나라들의 노동 시간은 대부분 미국과 독일 중간 정도다. 하지만 어느 나라에서도 케인스가 예상했던 만큼 노동 시간이 줄어들지는 않았다.[6]

케인스가 에세이를 발표하고 거의 20년이 지난 1950년대, 미국의 수학자 노버트 위너Norbert Wiener는 "현재 우리가 어떤 일을 명확하고 이해하기 쉬운 방식으로 처리할 수 있다면, 그 일은 기계로도 할 수 있다"라고 경고했다. 위너는 기계가 최소한 공장 노동자의 경우 "굳이 월급을 주면서까지 고용할 필요는 없다"라는 수준까지 발전할 것이라고 예측했다.[7] 하지만 위너의 예상과는 달리 그 시기는 미국 산업 노동자들에게 높은 고용율과 두둑한 임금이 보장되던 황금기의 시작이었다.

장차 인간 노동자는 기계로 대체될 것이고 결국 인간이 할 일이 크게 줄어들 수도 있다는 예측에 대응하는 태도는 다양하다. 일부는 러다이트들처럼 일자리를 잃을까 봐 두려워한다. 케인스처럼 생계를 위해 매일 힘들게 일하지 않아도 되고 대신 예술·문화 활동 등을 통해 교양을 쌓을 수 있을 것이라며 기대하는 사람들도 있다. 그런데 그러한 시대가 온다 해도 사람들이 어떻게 살아가고 있을지, 그 생활방식이 인류에게 좋을지 나쁠지는 명확하지 않다. 분명한 건 경제적 자원과 부가 어떻게 분배되는지에 많은 것이 좌지우지될 것이다. (만약 모든 경제적 보상이 기술을 소유한 자들에게만 돌아간다면 대부분 사람은 어떤 물건이나 서비스도 구매할 수 없게 되어, 마르크스주의자들이 말하는 과잉 생산 위기나 케인스주의자들이 말하는 유효 수요 부족 현상이 발생할지도 모른다. 그렇다면 최소 보장 소득이 도입될 수도 있다.) 또한 일이 없는 세상에서 인간의 심리가 어떻게 반응할 것인지, 우리가 자존감과 정신 건강을 지켜갈 수 있을 것인지에도 달려 있다. 실업이 초래하는 심리적 피해는 좋은 징조가 아니다.[8] 그러나 어쩌면 모두가 같은 처지에 있고, 일하지 않는 것에 대한 사회적 낙인도 없고 물질적으로도 빈곤하지 않다면 이야기는 달라질 것이다.

하지만 기술의 발달로 모두가 여가생활을 즐기며 사는 날이 곧 올 것이라는 지극히 낙관적인 예상은 결코 실현된 적 없다. 농업에 종사하는 인력이 예전보다 현저히 줄어든 것은 사실이다. 프랑스만 해도 1800년대에는 노동력의 60퍼센트 이상이 농업에 종사했지만, 현재 그 비율은 3퍼센트 미만이다.[9] 하지만 프랑스의 농업 생산량은 현저히 증가했고 프랑스인들도 과거보다 더 잘 먹고 있으며, 프랑스는 예나 지금이나 농산물 수출국이다.[10] 노동력은 감소했지만 트랙터부터 농약 등 기계와 기술의 발전으로 식량 생산량이 크게 늘었기 때문이다. 제조업에서도 기계화가 진행되면서 노동력 수요가 크게 감소했다. 독일의 인구는 전 세계 인구의 1퍼센트를 차지하고 있지만, 전 세계 제조 상품의 5퍼센트 이상을 생산하는 명실상부한 제조업 강국이다. 이런 가운데, 독일 제조업 노동자 비율은 1970년 이후 절반 이상 줄어들었다.[11]

이처럼 농업 및 산업 분야의 노동 수요가 줄어들어온 것은 사실이지만, 여전히 사람은 필요하다. 또한 줄어든 일자리를 대체할 만한 더욱 매력적이고 다양한 일자리들이 새롭게 생겨나고 있다. 자카르타에서 만났던 한 택시 운전사는 인도네시아 수도의 혼잡한 교통 속에서 택시를 운전하는 일이 자신의 아버지와 할아버지처럼 자바섬의 논밭에서 몇 시간씩 뙤약볕에 앉아 일하는 것보다 훨씬 더 쾌적하고 즐겁다고 말했다. 그리고 아들은 에어컨이 있는 사무실에서 일한다며 자랑하기도 했다.[12] 이와 비슷한 이야기는 전 세계 어디서나 들을 수 있다. 과거 농업은 육체적으로 힘든 일이었고, 허리가 꺾일 정도로 힘든 일을 하는 농부들은 대개 노화가 빨리 왔다. 광산업 같은 산업 현장 노동도 마찬가지다. 공장일은 매우 위험하여 현장에서 일하다가 다치거나 죽는 사람들이 많았다. 물론 오늘날의 공장일도 재밌고 유쾌한 일은 아니겠지만, 과거보다는 훨씬 더 깨끗하고 쾌적한 환경에서 이루어지며 부상이나 사망의 위험도 많이 줄어들었다.

농업과 산업에서의 노동력 감축은 한때 우려했던 대규모 실업을 초래하지는 않았다. 40~50년 전에는 상상할 수 없었던 서비스 수요의 놀라운 증가 덕분이다. 새로 생겨난 서비스 중 일부는 새로운 기술이 사용되진 않지만, 그 새로운 기술 덕분에 생겨난 서비스다. 예를 들어, 승차 공유 서비스 우버 같은 앱들이 나오면서 택시 이용객 수가 증가했고, 택시 서비스를 제공하는 사람들의 수도 함께 증가했다. 2022년 영국 내 택시 기사와 개인 차량으로 승차 공유 서비스를 제공하는 운전사는 2005년보다 9만 명 이상 늘었다.[13] 숙박 공유 서비스 에어비앤비가 출시되면서 호텔업계는 타격을 입었을 수도 있지만, 전반적으로는 숙박 시장에 자극제가 되어 더 많은 사람이 여행하고 집을 떠나서 지내며, 더 많은 사람이 호스팅 서비스를 제공하여 돈을 벌게 되었다.

새롭게 등장한 기술은 대개 육체노동보다는 지적 노동을 더 많이 필요로 하며, 생각보다 더 많은 노동력을 요구한다. 2017~2023년에 미국의 기술 분야 종사자 수는 약 19퍼센트 증가했고 그 수는 대략 150만 명에 달한다.[14] 이들이 하는 일은 불과 얼마 전까지만 해도 존재하지 않았던 완전히 새로운 일이다. 내가 처음으로 취업을 했던 1980년대에는 이메일이 존재하지 않았고, 아이를 낳아 부모가 되었던 1990년대에는 스마트폰과 앱이라는 것이 존재하지 않았다. 이런 새로운 기술이 만들어지고 유지되는 데 수많은 시간과 노동력이 투입되었으며, 지금도 계속해서 많은 인력이 필요하다. 회계법인 프라이스워터하우스쿠퍼스(PwC)는 2030년대 중반이 되면 현재의 일자리 중 30퍼센트가 사라질 수도 있다고 전망한다. 하지만 사라질 수백만 개의 일자리만큼 또 새로운 일자리가 생겨날 것이다.[15]

노동시장이 워낙 빠르고 급격히 변해서 부모 특히 조부모 세대라면 젊은 세대가 하는 일을 이해하지 못할 때가 많을 것이다. 일부는 이름만 바뀐 것도 있겠지만 ('인사'가 '인적 자원'으로 대체된 것처럼), 대개는 경제학자 애덤 스미스가 핀 제조 공장에서 목격한 것과 유사한 전문화나 완전히 새로운 분야가 탄생한 결과다. 내 아내는 경영 구조와 임금 분야의 전문 컨설턴트로 일해왔다. 고위 임원들의 급여나 상여금에 주주와 특히 감독기관의 감시가 강화되면서 점점 더 중요해진 분야다. 내 친구의 아들은 '효과적 이타주의 연구소 Center for Effective Altruism'라는 조직에서 프로젝트 매니저로 일하고 있다. 우리의 부모 세대가 그 직책과 기관의 이름을 들었다면 분명 당황했을 것이다. 내 사위 중 한 명은 세계 최대 글로벌 비즈니스 인맥 사이트인 링크드인 계정에 자신을 '데이터 인프라에 자동화된 테스트를 제공하는 QA 자동화 엔지니어'라고 소개한다. 사위에게 그게 무슨 뜻인지 설명해달라고 해봤지만, 아직도 정확히는 이해하지 못했다. 이처럼 새롭고 더 복잡하고 정교한 노동을 요구하는 사회·경제 시스템의 변화는 끝나지 않을 것 같다.

노동 공급은 그 자체로 수요를 창출한다. 따라서 인구통계학적 변화나 다른 이유로 노동 공급이 중단된다면 수요도 함께 끊길 테니 큰일은 일어나지 않을 것이라고 생각할 수도 있다. 노동 비용이 너무 증가하면 사라져 버릴 일이 많긴 하다. 하지만 새롭게 생겨난 일이 단지 생겨난 지 얼마 안 됐다거나 그 일이 본질적으로 어떤 일인지를 이해 못 한다고 해서 가볍게 보거나 불필요하다고 단정하는 것은 경계해야 한다. 러다이트들은 미래에 광범위하게 사용하게 될 철도와 관련된 일을 전혀 이해할 수 없었을 것이다. 갑자기 와이파이가 끊기면 꽤 답답하겠지만, 몇십 년 전만 해도 인터넷이라는 개념조차 없었다. 우리의 할아버지, 할머니는 쓰레기 수거 서비스조차 없던 시절을 살아냈고, 그들의 조상은 제대로 된 하수도 시설도 없었지만, 막상 지금 이런 서비스들이 노동력 부족으로 중단된다면 누구라도 문명이 붕괴하고 있다고 걱정할 것이다.

생산성 둔화

• • •

만약 기술이 노동을 대대적으로 대체할 시대를 목전에 두고 있다면, 두 가지 시나리오를 예상해볼 수 있다. 정체된 노동력으로도 훨씬 더 큰 가치를 창출하는 경제 구조가 나타나거나, 경제 규모를 유지하면서 노동력 수요가 대폭 줄어들 수 있다. 빠른 경제 성장으로 근무 시간이 짧아지고 노동력 수요도 줄어들 것이므로, 두 가지 시나리오가 결합한 미래가 올 수도 있다. 어떤 방향이든 인류가 인간의 노동을 완전히 대체할 수 있는 기술 혁신의 문턱에 있다면, 우리는 시간당 생산량 또는 노동 생산성이 기하급수적으로 증가하는 미래를 맞이하게 될 것이다.

하지만 예상과 달리 최첨단 기술을 적극 활용하고 있는 선진국을 살펴보면 정반대의 현상이 일어나고 있다. 한때 매년 증가하던 노동 생산성이 지금은 확연히 둔화하고 있으며, 특히 영국이 대표적이다. 영국은 제2차 세계대전 이후 30년 동안 생산성이 연평균 3.7퍼센트 상승했다. 1977년 이후 2007년까지 30년 동안은 다소 낮아져 2.4퍼센트 성장률을 지켜오다가, 그 이후 15년 동안은 10분의 1도 안 되는 수준을 이어왔다.[16] 독일 같은 다른 선진국도 마찬가지다. 영국보다는 생산성이 조금 더 높긴 하지만, 성장률 내림세는 공통된 현상이다.[17] 미국의 경우, 이번 세기에 들어서면서 10년간은 생산성이 약 33퍼센트 증가했으나, 이후 10년 동안은 증가 폭이 10퍼센트로 내려갔다.[18] 물론 노동 생산성이 100퍼센트 신뢰할 만한 지표는 아니며, 생산성 정체의 원인 역시 다양하고 복잡하다. 하지만 최근 몇십 년간 이루어진 놀라운 기술 발전에도 선진국들의 시간당 노동 가치 상승 폭은 꽤 더디다. 1980년대에 미국의 노벨 경제학상 수상자 로버트 솔로Robert Solow는 이런 유명한 말을 남겼다.

"이제 어디를 가나 컴퓨터를 볼 수 있는 시대지만, 생산성 통계에서는 (그 실질적 효과를) 볼 수 없다."[19]

솔로 교수의 말은 여전히 유효하다.

1980년대 개인용 컴퓨터 시대가 도래하면서 모두가 생산성 향상을 기대했고, 실제로 1990년대 들어 노동력 수요가 사라지지는 않았지만, 어느 정도 줄어드는 효과가 나타났다. 최근에는 로봇 기술에 거는 기대가 크다. 대략 10년 전, 미국의 미래학자 마틴 포드Martin Ford는 《로봇의 부상The Rise of the Robots: Technology and the Threat of Mass Unemployment》이라는 책으로 세간의 이목을 끌었다.[20] 포드는 그동안 기술 발전으로 대량 실업이 올 것이라고 예측됐지만, 그 예측은 언제나 틀렸다고 지적했다. 하지만 마이크로칩 성능이 18~24개월마다 두 배로 증가한다는 무어의 법칙대로라면 이번에는 정말로 예상이 현실이 될지도 모른다고 주장한다.[21] 기술 혁신으로 단순히 일자

최후의 인구론

리가 대체되는 데 그치지 않고, 점점 더 많은 일자리가 저임금 지역으로 외주화될 것이고, 결국 잘사는 나라의 국민들이 특히 더 강하게 일자리 감소의 영향을 느끼게 될 것이란 의견이다. 포드의 주장에 따르면 일자리의 50퍼센트가 기계로 인해 사라진다는 것이다.[22]

그러나 이제까지 살펴봤듯이, 포드가 우려했던 대로 선진국에서 대량 실업은 일어나지 않았다. 오히려 정반대다. 미국을 비롯한 여러 선진국의 노동시장은 역사적으로 유례없는 구인난을 겪고 있다. 심각한 경기 침체에도 실업이 유발되지 않을 것이라는 의미가 아니라, 경제가 다소 부진해도 대규모 실업의 조짐은 거의 보이지 않는다는 의미다. 복잡한 시장의 움직임을 정확히 읽어내어 판단할 수는 없지만, 인간의 노동력 대체로 인한 수요 변화가 과거보다 더 빠르게 진행되는 것 같지는 않다. 다만 인구 구조의 변화로 중국에서 체코에 이르기까지 세계 여러 나라에서 노동력이 부족해지고 있으며, 이는 노동 시장을 긴장 상태로 몰아가고 있다.

적어도 아직까지는 로봇이 인간의 일자리를 완전히 빼앗거나 우리를 잉여 인력으로 만들지는 못했다. 그 이유 중 하나는 비교적 단순한 일에서도 기계가 인간이 수행하는 모든 작업을 처리할 수 없기 때문이다. 미래학자 포드는 일본에서 노인 돌봄에 로봇이 활용되는 사례를 언급하며, 아직 로봇이 할 수 있는 일이 많지는 않지만, 일본의 기술 발전을 기대한다고 언급했다.[23] 하지만 일본 요양원 내 기술 사용에 대한 최근 MIT 연구팀 보고서에는 사뭇 상반된 내용이 담겨 있다.

간단히 말해, 기계로 노동을 절약하는 데는 한계가 분명하다. 돌봄 로봇 자체도 돌봄이 필요했다. 옮겨놔야 하고, 유지 보수와 청소가 필요하고, 전원을 켜주고, 작동시키고, 입주민들에게 반복적으로 로봇 사용법을 설명해야 하고, 사용 중에는 계속 지켜봐야 하며, 사용 후에는 보관해둬야 했다. 실제로 연구가 진행되면서 로봇이 돌봄 서비스 종사자들에게 오히려 더 많은 일거리를 만들어낸다는 사실을 확인할 수 있었다.

보고서에는 일본 요양원의 약 90퍼센트 정도는 로봇이 설치되지 않았다는 기록도 있었다.[24] 내가 최근 영국의 한 요양원에 자주 방문하면서 직접 관찰한 내용과도 일치한다. 나는 직원들이 수십 년 전에는 없었던 기술을 활용하는 모습을 거의 보지 못했다. 개선된 모니터링 장비 덕분에 돌봄 인원이 줄고, 따라서 직원 대 환자 비율이 다소 낮아졌을 수는 있다. 하지만 모니터링 장비가 개선되어 인력이 대체되었다기보다 기존 직원들이 더 나은 서비스를 제공하는 데 도움을 받았다고 해석해야 맞다.

비슷한 일화로, 몇 년 전 나는 한 업체의 도움을 받아 집 지붕을 교체했다. 약속한 시각에 맞춰 나타난 작업자들은 이미 수십 년 전부터 존재했던 자동차를 타고 왔고, 이미 100년 이상 인간이 누려온 전기를 사용해 작업을 시작했다. 물론 지붕 교체를 위해 필요한 재료들은 과거와 달리 발전된 자동화 시설을 이용해 만들었을 것이므로 예전보다는 노동력을 덜 필요로 했을 수 있다. 하지만 지

최후의 인구론

붕 교체 작업 과정이나 동원된 인력은 1970년대와 달라진 것이 없어 보였다. 지붕 교체 작업은 물론이고 로봇이 쓰레기를 수거할 날도 아직 먼 듯하다. 농업과 산업에 종사하는 인구가 점점 줄어들면서, 해당 분야에서 기술의 힘으로 이루어낸 노동 절약이 전체 노동 수요에 미치는 영향은 점점 줄어들 것이다. 경제의 전반으로 범위를 넓혀봐도 기술로 부족한 인력을 메꿀 수 있을지는 미지수다.

물론 자동화 기계로 일부 틀에 박힌 작업을 빠르게 처리할 수는 있겠지만, 아직은 실망스러운 수준이다. 10년 전 마틴 포드는 자율주행 차량이 상용화되려면 먼저 여러 가지 법적·기술적 문제들을 해결해야 한다는 점을 알고 있었으면서도, 구글 자율주행 차량이 수십만 마일을 무사고로 주행했던 실험을 굳이 언급했다.[25] 만약 상용화에 성공한다면 전 세계적으로 수백만 명의 운전기사가 일자리를 잃게 될 것이고, 그들의 노동력은 경제의 다른 분야에서 활용될 것이라는 주장이다. 하지만 아직 그런 일은 일어나지 않았다. 2021년까지 자율주행차 산업에 약 1,000억 달러 규모의 사모펀드 자금이 투입되었지만, 일각에서는 자율주행 기술 상용화에 회의적이다.[26] 운전이 일부 자동화될 수는 있겠지만, 여전히 누군가는 운전대를 잡고 있어야 할지도 모른다는 것이다.[27] 2023년 9월, 영국의 주간지 《이코노미스트》는 '로보택시robotaxi 혁명의 도래'를 언급했다. 하지만 이어지는 기사에서 로보택시 서비스 상용화는 아직 장담할 수 없으며, 어쨌든 모든 로보택시마다 "한 명 이상의 고액 연봉을 받는 엔지니어가 원격으로 배치될 것이다"라고 덧붙였다.[28] 자율주행 트럭도 마찬가지로, 현실화하려면 막대한 시간과 노력이 필요하다.[29] 그리고 택시나 트럭 기사가 더 이상 필요하지 않게 되었다고 꼭 대규모 실업 사태로 이어진다는 보장도 없다. 말을 자동차가 대체한 것과 마찬가지인 변화일 뿐이다.

요약하자면, 기술 발전 덕분에 일부 분야에서는 노동력에 대한 수요가 분명히 줄어들겠지만, (과거처럼 미래에도) 기술이 새로운 수요를 창출하는 속도보다 노동력 수요를 더 빠르게 없앨 것인지는 불확실하다는 이야기다.

인간을 대체할 AI?

• • •

내가 대학을 졸업할 즈음인 1980년대 중반, 똑똑한 친구 하나가 인공지능 석사 과정을 고려하고 있었다. 당시 나에게는 생소한 분야였다. 다행스럽게도 친구는 대학원에 들어가지 않고 제약과 금융 분야에서 경력을 쌓는 데 집중하기로 가닥을 잡았다. 내가 다행스럽다고 한 이유는 그 후 수십 년 동안 AI 산업이 이렇다 할 진전을 이루지 못했기 때문이다. 그 친구가 아무리 똑똑하더라도 혼자 뭘 어쩌지는 못했을 것이다.

그런데 갑작스럽게 비약적인 진전이 이루어졌다. 마틴 포드는 최근 저서에서 인공지능이 모든 것을 변화시킬 것이라고 장담했다.[30] 전 세계는 챗GPT에 열광했고 나 역시 직접 사용해보았다. 내가 프랑스 음악에 교향악이 제한된 형태로 발전한 이유를 묻자 상당히 일관성 있는 답변을 매우 신속하게 내놨고, 사랑을 주제로 한 괜찮은 오행시도 지어주었다. 하지만 혹시나 하는 마음과 기대감에 나에 관해 물어봤더니, 내가 들어본 적도 없고 일한 적도 없는 기관에서 일하고 있다고 답했다. 물리학, 수학, 컴퓨터공학 및 심리학 지식을 바탕으로, 인간 뇌의 역동적이고 극도로 복잡한 작동 방식을 알고리즘화하여 장착한 인공지능이 인간을 대체할 수 있을지에 대한 논의가 한창이다.[31] 하지만 인공지능이 그런 능력을 갖추게 된다 해도 내 책상 밑에 놓인 쓰레기통을 비워주지는 못할 것이다.

출산율 하락과 인구 감소 추세를 크게 우려하는 일론 머스크도 인공지능이 인간을 대체할 것이라고 주장하지만, 그 시기를 특정하지는 못한다.[32] 하지만 출산율과 기대 수명을 기준으로 몇 가지 기본적 계산을 해보면 인구가 급격히 줄어드는 시점은 충분히 추정할 수 있다.

물론, 인공지능이 인간의 노동력을 대체할 가능성은 상당히 높아지고 있다. 하지만 로봇처럼 인공지능에도 한계가 있다. 첫째, 인공지능이 기대에 못 미칠 수도 있다. 둘째, 노동 생산성이 체감할 수 있을 정도로 획기적으로 향상되지 않는 한, 인공지능이 정말로 노동을 대체하고 있는지에 대해서는 늘 회의적일 수밖에 없다. 셋째, 네드 러드 시대처럼 AI 시대의 노동이 새로운 노동 수요가 창출되는 속도보다 더 빠르게 대체되고 있는지를 확인해야 한다. 최소한 아직은 최신 기술 혁명의 격렬한 변화 속에서도 자녀를 낳는 실질적 이유, 즉 미래의 노동력을 생산하는 (출산) 활동이 사라져도 될 만한 이유를 발견하지는 못했다.

9장

/

정부의 힘
- 정부가 할 수 있는 일

정부가 출산율을 높이려고 막대한 비용을
지출했는데도 그 결과가 미미하다면, 분명 실망스러울
수밖에 없다. 그렇다면 이렇게 생각해보자. 전폭적인
출산 장려 정책마저 없을 때, 출산율은 어디까지
낮아질 수 있을까?

우리는 사회에 어떤 문제가 발생하면 정부가 그 문제를 해결하기 위해 뭔가 해야 하며, 당연히 할 것이라고 생각하는 시대에 살고 있다. 최근에 나와 TV 토론을 함께했던 여성은 이렇게 말했다. "제가 아이를 낳으면 어떤 혜택을 받을 수 있나요?"

제1차 세계대전 직전, 영국 정부는 국가 소득의 약 10분의 1을 세금으로 충당했다.[1] 21세기 초 그 비율은 네 배 증가하여 약 40퍼센트에 달했으며, 그 이후로도 계속 증가하고 있다. 이는 선진국의 전형적인 모습이다.[2] 게다가 이제까지 살펴본 바와 같이, 인구 고령화로 세금은 계속해서 상승할 가능성이 더 높다. 오늘날 인구 통계나 대중들이 정부에 거는 기대치를 고려하면 정부 역할이 축소될 가능성도 그다지 높아 보이진 않는다.

하지만 대부분의 저출산 국가에서 정부가 출산율 감소에 대응하기 위해 뭔가 조치를 취해야 한다고 요구하는 목소리는 아직 들리지 않는다. 출산율이 감소하고 있는 국가들 사이에 인구 문제의 심각성에 대한 공통된 위기의식이 없기 때문이다. 영국은 인구와 관련된 어떤 대책도 없고 그간 현직 장관 중 누구도 출산율 감소가 문제라고 지적한 적도 없다. 한 EU 인구 관련 부서의 위원은 출산 장려 운동에 대한 어떠한 조치나 발언을 하지 않겠다며, 다음과 같이 분명히 밝혔다.

"아이를 낳는 일은 개인적인 문제로 EU는 개입하지 않을 것이며, 어떤 정부도 개입해서는 안 되는 개인의 선택사항입니다."[3]

미국에서 대가족을 장려하는 명시적 발언이 언제 있었는지 찾아보려면 무려 20세기 초 시어도어 루스벨트 대통령 시절까지 거슬러 올라가야 한다.[4] 1960년대 후반 전국적으로 가족 구성원 수가 줄어들기 시작할 무렵, 닉슨 대통령은 도리어 인구 과잉을 염려하는 맬서스주의에 사로잡혀 있었다.[5] 이후 50년 동안 미국 정부는 사실상 이 주제에 침묵으로 일관해왔다.

하지만 아이를 충분히 낳지 않고 있다는 사회적 공감대가 형성된다면, 정부의 개입을 촉구하는 목소리가 여기저기서 터져 나올 것이다. 실제로 일부 국가에서는 이미 정부 차원에서 출산율을 오랫동안 장려해왔고, 정부 개입도 점점 더 일반화되고 있다. 보다 많은 이들이 출산율 감소를 심각한 위기라고 인정한다면 정부가 이 문제를 해결하는 데 어떤 역할을 할 수 있을지, 어떻게 해야 할지 그리고 지금까지의 역사를 통해 국가가 이 문제를 해결할 수 있을 거라는 희망이 있는지 검토해야 한다.

출산 장려 정책

• • •

최근 프랑스 정부는 출산 장려 정책을 적극적으로 펼치고 있는데, 이는 오랜 역사를 이어온 활동이다. 루이 14세에서 나폴레옹 시기까지(약 1643~1815년), 유럽에서 프랑스가 지배적인 위치를 점할 수 있었던 이유 중 하나는 인구 규모였다. 그러나 19세기에 들어서면서 프랑스는 러시아, 통일 독일 그리고 영국에도 밀리게 된다.[6] 이후 1870~1871년 프로이센과의 전쟁에서 패배하면서, 프랑스의 쇠퇴 원인이 인구 감소 때문이라는 인식이 확산되었고, 프랑스는 인구 문제를 심각하게 받아들이기 시작했다. 1916년에는 출산율 및 가족 보호 위원회Groupe parlementaire pour la protection de la natalité et de la famille가 의회 내 가장 큰 파벌로 성장하여 정치 성향과 상관없이 많은 의원이 참여했으며, 의회 외부에도 대규모 압력 단체들이 활동했다. 출산율 감소와 제1차 세계대전으로 인한 인구 손실로 인구 열세에 대한 우려가 커지자, 1930년대 여러 가지 법안이 제정되기에 이르렀다. 특히 1938~1939년 제정된 가족법Code de la famille은 다자녀 가정을 위한 각종 지원과 세금 감면을 포함했고, 낙태에 대한 법적 규제를 강화하는 내용도 담고 있었다.[7]

친출생주의는 프랑스에 잘 자리 잡았고 제3공화국 민주주의 틀과도 맞았지만, 제1·2차 세계대전 사이 독재자들이 적극적으로 수용하면서 부정적 이미지를 얻게 되었다. 히틀러를 비롯해 무솔리니와 스탈린 모두 아기들에 대한 열정, 특히 '우수한' 민족의 아기에 대한 열정이 강했다.[8] 셋 모두 출산을 장려하기 위해 금전적 보상과 장려책, 메달과 표창을 내걸었고 낙태를 금지했다(소련은 1917년 러시아 혁명 이후 시행된 낙태 합법화와 여성 인권 강화 등을 핵심으로 하는 자유화 정책에서 180도 전환한 사례였다). 파시즘보다는 공산주의 성향이 더 강했던 전후 독재자들도 비슷한 정책 기조를 보였다. 1950년대에서 1960년대 초까지 중국 공산당은 "마오는 아이들을 사랑합니다"라고 적힌 포스터를 전국적으로 배포했다(한 자녀 정책은 마오쩌둥 사망 후 시행됐다). 새로운 세대가 인종, 계급, 혹은 이념적 기준을 충족할 것이라며 그 기준을 충족하지 못하는 수많은 구세대를 학살한 이들이 새 생명 사랑을 외쳐댄 것이다.

그렇다고 해서 전후 민주주의 국가들이 출산 장려 정책을 아예 시행하지 않았던 것은 아니며, 주로 정치적 좌파가 추진했던 정책이었다는 점을 눈여겨볼 필요가 있다. 예를 들어, 프랑스는 1980년대 중반 프랑수아 미테랑 대통령이 이끄는 사회당 정부에서 출산 촉진을 목표로 하는 복지 개혁을 단행했다.[9] 영국에서는 1946년 클레멘트 애틀리 노동당 정부가 처음으로 가족 수당을 도입했다(아동 수당의 전신이지만 출산 장려보다는 복지적 의도가 더 강했다).[10] 오늘날, EU는 출산율을 늘리는 데 적극적이지 않지만, 라트비아와 같은 일부 EU 회원국들은 출산율 증가에 관심이 많다. 라트비아 정부는 2014~2020년 국가 개발 계획에서 "출산율을 높여야 라트비아가 존립할 수 있다"고 강조하기도 했다.[11]

최후의 인구론

2019년 유엔 연구 자료에 따르면, 유엔 회원국의 28퍼센트에 해당하는 55개국이 출산 장려 정책을 시행하고 있다. 이것은 1970년대 중반과 비교해 세 배 이상 증가한 비율로, 포르투갈, 룩셈부르크, 핀란드 같은 자유민주주의 국가들뿐만 아니라, 쿠바 같은 공산주의 독재 국가도 포함되어 있다. 1970년대에는 출산율을 낮추려는 나라가 높이려는 나라보다 세 배 더 많았다면 현재는 약 25퍼센트 정도 더 많다.[12] 전 세계적으로 출산율이 계속해서 떨어지면서, 인구 감소가 현실로 다가오자 각국 정부도 인구 성장을 억제하던 기존 정책에서 인구 증가를 장려하는 방향으로 전환할 수밖에 없어졌다.

출산율을 높이기 위해 여러 가지 다양한 정책이 시도되었는데, 그중에서 헝가리와 호주 그리고 중국의 사례를 살펴볼 것이다. 각기 다른 대륙에 위치하고 정치 시스템도 달라서 다양한 출산 장려 정책을 이해하는 데 큰 도움이 될 것이다.

헝가리 – 강한 가족이 없으면 강한 국가도 없다

• • •

현재 헝가리 정부는 출산율을 끌어올려야 한다는 단호한 입장을 고수하고 있다. 총리 빅토르 오르반은 자신을 '비자유주의적 민주주의자'라고 부르며,[13] 출산율을 끌어올리겠다는 강력한 의지를 이민 반대 그리고 문화적 동질성 수호 의지와 노골적으로 연결 짓는다. 2022년 오르반은 이렇게 말했다.

"저는 EU에서 반이민 정책을 공개적으로 지지하는 유일한 정치인입니다. 헝가리인들에게 이민은 인종 문제가 아니라 문화 문제입니다."[14]

결국 헝가리는 서유럽 및 다른 지역의 진보주의자들 사이에서 폐쇄적이고 보수적인 국가로 통하게 되었고, 출산 장려 정책에 대한 부정적인 편견을 만들어내기도 했다. 하지만 전 세계적인 인구 문제에만 초점을 맞춘다면, (오르반 행정부에 대한 개인적 정치적 견해는 접어두고) 헝가리를 사례로 삼아 어떤 시도가 이루어졌고 그 결과가 어떠했는지를 살펴볼 가치는 충분하다.

현 헝가리 정부는 확실히 인기가 많다. 선거마다 승리를 거듭하고 있으며, 특히 출산과 이민 정책이 그 인기에 한몫하는 것으로 보인다. 부다페스트에서 헝가리 정부의 인구 정책에 관해 묻던 기자는 "여기서는 (이민을 포함해) 거의 이 주제에 대해서만 이야기합니다"라는 답을 들었다.[15] 부다페스트 공항에 도착하면, 방문객들은 '가족적인 헝가리family-friendly Hungary'라는 문구가 적힌 광고판을 지나게 된다.

헝가리 정부는 우익 포퓰리즘 성향을 띠고 있으며, 제2차 세계대전 후부터 1980년대 말까지 집권했던 공산당과는 성격이 매우 다르다. 하지만 출산 장려 정책에 있어서만큼은 과거 공산당 정

최후의 인구론

부의 전통을 따르고 있다.[16] 1950년대 초반 헝가리 정부는 낙태와 피임을 철저히 단속했지만, 시민들의 반발로 단속은 중단됐다.[17] 1967년, 헝가리 여성들은 자녀가 3세가 될 때까지 소정의 급여를 보장받으며 유급 출산휴가를 누릴 수 있는 권리를 보장받았다.[18] 그런데도 1960년대 후반 헝가리의 출산율은 여성 한 명당 2명 이하로 떨어졌다. 1970년대 당시 공산당 정권이 도입한 출산 및 가족 수당 덕분에 다소 회복되는 듯했지만, 1980년대에는 다시 대체출산율 이하로 떨어졌고 이후 그 수준을 유지했다. 1990년대에는 합계출산율이 겨우 1명을 넘는 수준으로 급락하여 출산율이 낮은 국가 대열에 합류했다. 인구는 약 40년 동안 서서히 감소해왔고, 현재는 1980년대 초반의 인구 최고치보다 약 10퍼센트 줄어든 상태다. 헝가리는 인종적으로 꽤 동질적인 나라다. 2011년에 실시된 조사에 따르면 헝가리에서 가장 큰 소수민족은 (출산율이 늘 높았던) 로마인으로 전체 인구의 약 3퍼센트를 차지하고 있었지만,[19] 최근 조사에서는 로마인 비율이 7퍼센트로 증가했다고 한다.[20] 나머지 대다수는 헝가리계 민족인 마자르인이 주류를 차지하고 있다.

현 정부는 2011년에 집권했는데, 당시 가족부 장관이었던 커털린 노박은 "강한 가족이 없으면 강한 국가도 없다"라는 입장을 분명히 밝혔다(2022년 노박은 대통령으로 선출되었다).[21] 정부는 자녀가 있는 가족을 대상으로 대폭적 세금 감면 혜택을 도입했다.[22] 이 혜택은 2018년에 더욱 확대되어, 현재는 네 명 이상의 자녀를 둔 여성은 평생 소득세가 면제된다. 다자녀 가족의 자녀들은 어린이집에 우선하여 입학할 수 있는 혜택을 받는다. 무료 시험관아기 시술이 도입되고 있고, 2020년 헝가리 정부는 대기 시간을 없애겠다고 약속하며 불임 클리닉을 국유화했다. 2015년부터는 세 명 이상의 자녀가 있거나 그만큼의 자녀를 계획 중인 부부는 주택 구입을 위해 3만 유로 이상의 대출을 지원받을 수 있다(첫째와 둘째 자녀가 태어나면 부채 일부가 탕감되고 셋째까지 태어나면 전액 면제된다).[23] 2023년에는 대출액이 증액되었다.[24] 보조교사로 일하며 경찰관과 결혼해 아이 하나를 낳은 한 여성은 이러한 재정적 지원을 환영했다.

"최고예요. 이런 지원이 없었다면 부모님 댁에 얹혀살거나 아주 열악한 환경에서 살아야 했을 겁니다."

하지만 (아이를 낳아야 부채 일부가 탕감되는) 대출 조건 때문에 스트레스를 받는 경우도 발생한다. 아이 하나를 두고 있는 한 여성은 둘째를 가지려고 노력하고 있지만, 아무래도 대출 상환 날짜가 신경 쓰인다고 밝혔다.[25] 헝가리 정부는 출산 장려 정책에 GDP의 약 5퍼센트를 지출하는 것으로 추정되는데,[26] 이는 방위비 지출의 세 배가 넘는 액수다.[27]

헝가리 정부는 2030년까지 출산율을 2.1명까지 끌어올리겠다는 의지를 밝혔다.[28] 출산율이 지난 10년간 약 1.25명에서 1.5명까지 회복되었지만, 여전히 목표치에는 미치지 못하고 있다. 게다가 정책적 지원이 출산율 회복에 미친 영향은 그다지 크지 않다는 데이터도 발견된다. 지원금의 상당 부분이 셋째 자녀 출산에 집중되어 있지만, 실제로 셋째 출산까지 이어져 합계출산율에 영향을 미

최후의 인구론

치는 비율은 높지 않다.[29]

2022년 데이터를 보면, 헝가리 인구는 계속해서 감소하고 있고 출산율도 약간씩 떨어지고 있다.[30] 하지만 헝가리 내에 전통적인 가치관이 확산하고 있는 것은 확실하다. 현재 헝가리의 혼인율은 유럽에서 가장 높고 유럽 대륙 대부분 국가와는 달리 혼인 중에 태어난 자녀 비율도 소폭이지만 꾸준히 증가하고 있다.[31] 하지만 이러한 긍정적 데이터에도 불구하고 정부의 의지와 지원이 아직은 기대한 만큼의 실질적 결과로 이어지고 있는 것 같지는 않다.[32] 새로운 정책이 소개되면 출산율이 상승하지만 일시적이라는 점이 연구로도 입증됐다.[33]

정부가 출산율을 높이려고 (국민 대다수의 지지를 받으며) GDP의 5퍼센트에 달하는 막대한 비용을 지출했는데도 그 결과가 미미하다면, 분명 실망스러울 수밖에 없다. 헝가리 정부의 대체출산율에 대한 열망과 실제 달성된 출산율 사이의 격차는 약 0.5명 정도이고 헝가리 여성은 평균적으로 이스라엘 여성보다 자녀를 0.5명 덜 낳는다. 그렇다면 이처럼 전폭적인 출산 장려 정책이 없을 때 출산율은 어디까지 낮아질 수 있을까? 한국은 더는 낮아질 수 없을 것 같았던 출산율 최저치를 꾸준히 갈아치우고 있다. 다행히 헝가리 여성들은 이제 한국 여성들보다 거의 두 배 많은 자녀를 낳고 있으며, 이제는 20년 전처럼 세계적으로 낮은 출산율을 기록하는 나라도 아니다.

하지만 적극적인 출산 장려 정책을 도입해 출산율을 끌어올렸

음에도 불구하고 이웃 국가인 슬로바키아나 루마니아의 출산율과 큰 차이를 만들어내지는 못했다.

호주 - 엄마를 위해 하나,
아빠를 위해 하나, 국가를 위해 하나

• • •

약 6만 년 전에 아프리카를 떠난 인류는 약 5만 년 전 호주에 도달한 것으로 추정된다.[34] 유럽인이 호주에 처음 도착한 것은 17세기 초였다. 그로부터 수백 년 후 유럽인들이 본격적으로 이주할 당시, (러시아를 제외한) 유럽보다 훨씬 넓은 호주는 약 30만에서 100만 명의 원주민이 살았던 것으로 추정된다.[35] 이후 호주의 인구는 영국 제도에서 온 이민자들로 증가했으며, 점차 유럽의 다른 지역으로부터 그리고 (백인 이외의 인종을 배척하는 '백호주의White Australia' 정책이 폐기된) 1970년대 중반부터는 아시아에서도 이민자들이 유입되면서 더욱 늘어났다.

호주는 아시아의 개발도상국뿐만 아니라 다른 선진국들 사이에서도 이민하고 싶은 국가로 여겨졌다. 게다가 제2차 세계대전 후 영어권 국가들에서 흔히 나타났던 베이비붐 현상을 경험했으며, 1960년대 초반에는 합계출산율이 여성 1인당 3.5명을 넘어 최고치를 기록했다. 하지만 문화적으로 유사한 다른 영어권 국가들처럼 출산율은 감소하기 시작했고 1970년대 중반 이후로 2명을 넘어서지 못하고 있다. 지난 50년 동안 호주 인구가 거의 두 배 증가한 것은 결국 이민 덕분이다.

호주 정부는 1912년부터 아이가 태어날 때마다 비숙련 노동자의 2주치 임금에 해당하는 금액을 지급했고, 이후 다른 가족 지원 복지 혜택들도 추가로 제공했다. 1980년대에는 소득 연계 지원을 도입해 1990년대부터는 더 확대해나갔고, 그 이후 10년 사이에는 자녀 양육 비용에 대한 세금 공제 제도를 시행했다. 법정 유급 육아 휴직은 2009년에 도입되어 이후 계속 확대되었고, 최근에는 다양한 가족 친화적 정책들이 시행되면서 여성들의 경제활동 참여율이 높아졌을 뿐만 아니라, 어린 자녀를 둔 여성들을 위한 시간제 일자리 기회도 대폭 확대되었다.[36] 이러한 호주 정부의 노력은 다른 국가들이 시행했던 유사한 지원책들과 마찬가지로 출산 장려를 목표로 한 것이 아니라, 국가가 사회 복지, 특히 아동 복지에 일정한 책임을 진다는 정치적 인식이 확산했기 때문이었고, 또한 높은 교육 수준을 갖춘 여성들이 경제활동에 쉽게 참여할 수 있도록 지원하여 경제 성장을 촉진하려는 목적도 있었다.

하지만 호주 역시 이민으로 인구가 증가하고 가족에 대한 지원이 이어지고 있는데도 여전히 출산율이 낮아 고민이 깊다. 호주 정부는 출산율이 1.75명 이하로 떨어진 2002년에 발표한 '세대 간 보고서Intergenerational Report'에서 낮은 출산율이 노동력 부족과 고령화 사회를 초래할 수 있다는 우려를 제기했다.[37] 2004년 당시 재무장관 피터 코스텔로는 아기 한 명당 3,000호주달러(AUD)를 지급하겠다고 발표하면서, "엄마를 위해 하나, 아빠를 위해 하나 그리고 국가를 위해 하나one for Mum, one for Dad and one for the country"라는 인상적인 말과 함께 국민에게 아이를 낳을 것을 호소했다.[38] 저출산 문제를 공론화하는 데 성공한 코스텔로 장관은 몇 년 후 이렇게 말했다.

"우리 사회는 이 점을 꼭 이해해야 합니다. 우리는 더 오래 살게 되었고, 아이는 더 적게 낳고 있습니다. 장차 병원과 노인 요양 시설에서 우리 모두를 돌볼 사람이 충분할까요!"[39]

지원금은 소득에 상관없이 자녀를 둔 모든 여성에게 지급되었고, 차츰 이런저런 제한 조건이 붙기는 했지만, 5,000호주달러까지 인상되었다. 하지만 정부 지출이 필요한 분야가 늘어나며, 부유층에게도 출산 지원금을 지급하는 것은 공공 자금 낭비라는 의식이 확대되었다. 후임 재무장관은 "이제부터 중간 소득층에 지원을 집중할 것입니다"라며 소득 기준 심사의 도입을 선언했으며,[40] 2013년 출산 지원금은 결국 폐지되었다.[41]

어떤 정책이 어떤 변화를 유발했는지를 정확히 판단하기는 힘들다. 호주의 출산율은 2002년 1.75명에서 4년 후 2명 정도로 늘었지만 이후 다시 꾸준히 감소하는 추세다. 그럼에도 불구하고 통계 자료를 정밀하게 분석한 결과, 출산 지원금 정책이 호주의 출산율에 '작지만, 긍정적이고 유의미한 영향'을 미친 것으로 나타났다. 즉, 일시적이거나 출산을 앞당긴 '압축'된 효과가 아닌 장기적으로 출산율에 긍정적 영향을 미쳤다는 의미다.[42] 게다가 자녀 양육에 드는 총비용에 비해 지급된 금액이 상당히 적었는데도 불구하고 긍정적인 효과가 나타났다. 호주인 대부분도 코스텔로가 도입한 지원금 정책과 출산율 상승 간에 연결고리가 있다고 생각하는 듯하다. 2017년 호주의 출산율이 기록적 저점을 찍기 전, 한 신문 기사에는 출산 지원금 정책을 그리워하는 듯한 기사가 실리기도 했다.

> 출산 지원금을 받고 자란 세대가 곧 성인이 되면서 앞으로 10년간 사상 최대로 많은 젊은이가 사회로 쏟아져 나오게 된다는 소식을 코스텔로가 접한다면 분명 크게 기뻐할 것이다. 컨설팅 기업 딜로이트 액세스 이코노믹스는 2030년까지 매년 18세가 되는 호주인이 36만 명에 달할 것으로 예상한다. 현재의 30만 명에서 무려 20퍼센트 증가한 수치다.

하지만 해당 기사에는 이 연관성이 대부분의 사람이 생각하는 것만큼 그렇게 분명하지 않을 수도 있다는 신중한 지적도 있었다.[43] 현재 호주의 출산율 감소 문제를 해결하기 위해 출산 지원금을 재도입하자는 목소리가 있지만, 노동당 정부는 시종일관 거부해왔다. 2023년 8월, 재무장관 짐 찰머스는 내셔널 프레스 클럽에서 열린 간담회에서 "정부는 출산율 증가라는 목표를 달성할 수 있는 더 나은 방법을 찾았습니다. 바로 유급 육아휴직 연장입니다. 그러면 어린이집이나 유치원 교육비 부담이 줄어들고 부모 중 특히 여성들이 원한다면 일을 해 더 많은 수입을 올릴 수 있습니다"라고 말했다.[44]

안정된 경제와 높은 생활 수준 그리고 상대적으로 적은 인구와 세계적으로 인구 밀도가 높은 지역들과의 근접성을 고려하면, 호주는 출산율을 높이기 위한 효과적 대안이 없으면 이민을 해결책으로 선택할 수 있을 정도로 여유가 있는 나라다. 하지만 다른 국가들이 경험해온 것처럼 이민 정책에도 한계가 있고, 이민자들의 출산율은 호주인들보다 더 낮다.[45]

중국 - 한 자녀에서 세 자녀로

• • •

1980년대 초반부터 집중적으로 실시되었으나, 10년 전부터 점진적으로 완화된 중국의 한 자녀 정책은 그간 많은 논의가 이루어진 인구 억제 정책의 대명사다.[46] 그러나 이 정책이 시행되기 전부터 중국은 출산율이 감소하고 있었고, 정책 도입 이후에도 정책의 적용을 받지 않은 중국인들 사이에서 출산율이 계속해서 감소했기 때문에 불필요하고 비윤리적 정책이었을 뿐만 아니라, 현재 중국의 인구 문제에서 잘 드러나듯 제 살을 깎아 먹는 결과를 초래한 정책이었다고 생각한다.

중국 당국이 정책 전환을 최초로 시도했던 때는 2013년으로, 부모 중 한 명이 외동일 경우 둘째를 허용하는 방식으로 정책을 약간 완화했다. 2015년에는 두 자녀를 허용하는 더 폭넓은 완화 조치가 시행되었고, 이후에는 세 자녀까지 허용하는 방향으로 추가 조정이 이루어졌다. 심한 경우 강제 낙태까지 이어졌던 과거의 극단적 개입 체제는 사라졌다. 단기적으로 자녀를 더 가지려는 잠재적 수요가 반영되면서, 첫 번째 규제 완화 직후 출산율이 소폭 증가해, 세계은행 데이터에 따르면 여성 1인당 출산율이 1.67명에서 1.81명으로 상승했다.[47] 하지만 코로나19 팬데믹 전 2019년 기준 출산율은 역대 최저인 1.28명으로 떨어졌다. 빠른 도시화와 산업화, 소수의 기독교와 이슬람교를 제외하고는 거의 찾아볼 수 없는 아브라함계 종교, 높은 여성 교육 수준과 여전히 남성 중심적 사회 분위기의 공존 등, 중국은 저출산과 높은 상관관계를 가지는 특성을 보유하고 있는 나라다. 이는 동아시아 전역에서 공통적으로 발견할 수 있는 특징이기도 하다.

중국의 생산가능인구는 이미 감소하기 시작했고 전체 인구도 최근 1년 동안 200만 명가량 줄어들어, 인도에 세계 최대 인구국의 자리를 내주었다.[48] 앞으로 몇십 년간 노동력 감소는 다소 완만하겠지만, 과거 젊은 인구가 농업에서 산업으로 대거 이동하면서 경제가 활발하게 성장했던 중국 경제에 제동이 걸릴 것이다. 또한 사회적 안전망 부족으로 자녀가 없는 사람은 노후 대비 저축을 늘리기 위해 소비를 줄일 수밖에 없고, 결국 중국 경제는 심각한 타격을 받게 될 전망이다.

중국 정부는 이러한 충격을 완화하기 위해 단순히 한 자녀 정책을 폐지하는 것을 넘어선 다양한 조치를 시행하고 있다. 아직 시험관아기 시술은 결혼한 부부만 이용할 수 있지만, 그래도 널리 보급되고 있다. 자녀가 있는 가구에는 각종 지원금과 세금 공제 혜택이 제공되며, 출산휴가도 더 길어졌다. 정부는 출산 전후 서비스를 개선하겠다고 약속했으며, 의료적으로 불필요하다고 판단되는 낙태를 단속하겠다는 의사도 밝혔다.[49] 중국은 매년 출생이 1,000만 건인데 비해 낙태는 약 1,300만 건에 달하기 때문에 중국 정부가 더 엄격한 낙태 규제에 나설 가능성이 높다.[50] 이처럼 공산주의 국가가 낙태를 금지하는 정책을 시행했던 전례는 1936년 소련을 시작으로 많이 찾아볼 수 있다.

출산 장려 정책과 관련하여 주목할 만한 억제 조치로는 중국 정부의 사교육 억제를 들 수 있다. 한국의 사례에서 볼 수 있듯이 사교육 시장이 과열되면 부모들은 자녀들이 경쟁에서 이길 수 있도록 자녀 수를 줄여 교육 투자를 늘인다는 판단에서다.[51] 또한 캠페인을 이용해 출산을 독려하는 방법도 사용되고 있다. 예를 들어, 후베이 지역에서는 지역 여성들이 고용되어 냄비와 북을 두드리며 "인생에서 출산은 중요합니다!"나 "세 자녀 정책은 좋은 정책입니다!"와 같은 출산 장려 구호를 외치고 다닌다.[52]

시행된 지 얼마 되지 않았고, 특히 코로나19 기간(2020~2023년)의 인구 자료가 정상적 추세를 반영하지 못한다는 점을 고려하면 최근 정책들이 어떤 효과를 냈는지 평가하기에는 아직 이른 감이 있다(만약 정책 시행 후 데이터에서 출산율이 상승했더라도, 코로나19 이후의 인구 회복 효과일 수도 있기 때문이다). 따라서 명확한 윤곽이 드러나려면 시간이 좀 필요하다. 하지만 역대 최저 수준의 출산율을 보이는 현재 데이터만 놓고 볼 때 그다지 희망적이지 않다. 전 세계, 특히 동아시아를 중심으로 확산하고 있는 출산에 대한 무관심 또는 반감이 중국에서도 나타나고 있을지도 모른다. 한 중국인은 트위터 댓글에 "결혼하고 아이를 낳는 건 개인의 발전을 막고 삶의 질을 낮출 뿐이에요"라고 썼다.[53]

정부가 해결할 수 있는 문제인가

● ● ●

저출산 원인이 국가별로 다양하듯 해결책도 각기 다를 수밖에 없으므로, 개별 국가의 사례 연구만으로는 저출산 문제 해결에 정부가 어떤 역할을 할 수 있을지에 대한 답을 얻는 데 한계가 있다.

정부 정책의 영향을 측정하기란 쉽지 않은 이유는 다음과 같다. 첫째, 정책은 너무 자주 그리고 빨리 바뀐다. 둘째, 정책의 영향은 사회적 태도 변화나 경기 변동 같은 다른 요인들과 복합적으로 작용하기 때문에 따로 떼어내 분석할 수 없다. 셋째, 사실과 반대되는 '가상의counterfactual' 상황을 확신할 수 없다. 헝가리의 출산율은 막대한 노력이 투입된 것에 비해 실망스러울 수 있지만, 그러한 노력이 없었다면 출산율이 얼마나 낮았을지는 알 길이 없다. 넷째, 선택된 지표에 왜곡이 발생할 수 있다. 예를 들어, 특정 정책의 도입으로 어차피 일어났을 출산을 조금 앞당기는 효과를 낳을 수 있으며, 이는 총출산율 수치에는 반영되지만 특정 연령 코호트의 총출생 수에는 반영되지 않을 수 있다. 다섯째, 다른 문제를 해결하기 위해 도입된 정책이 출산율에 영향을 미치기도 한다. 예를 들어, 영국의 경우 1945년에 도입된 가족 수당(이후 아동 수당으로 변경)은 아동 빈곤을 완화하려는 목적이었지만, 베이비붐에 앞서 도입되면서 베이비붐을 앞당겼을 가능성이 있다.

이러한 한계에도 불구하고, 보육 지원이 출산율을 높일 수 있으며, 특히 효과적이라는 강력한 증거가 있다. 노르웨이의 여러 지역을 연구한 결과, 보육 시설 유무에 따라 여성이 평생 낳는 자녀 수에 큰 차이가 있는 것으로 나타났다. 보육 서비스가 전혀 없는 지역에서는 출산율이 1.51명이었지만, 보육 서비스 보급률이 60퍼센트 이상인 지역에서는 2.18명까지 상승했다. 즉, 보육 서비스와 출산율은 긍정적 상관관계를 보였다. 조사 집단은 1950년대 후반과 1960년대 초에 태어나 교육 기회가 많았고 직업과 가정을 병행하려는 여성들이었다. 캐나다 퀘벡주도 풍부한 보육 센터와 기타 가족 친화적 정책으로 21세기 초 출산율이 높아진 것으로 보이며, 정책 도입 전에는 캐나다 전국 평균보다 훨씬 낮았지만, 이후에는 꾸준히 전국 평균보다 약간 높은 수준을 유지하고 있다.[54] 일본의 경우, 보육 서비스가 출산율 증가에 큰 영향을 미치지 않은 것으로 보이지만, 한국 같은 최악의 상황은 막았을 수도 있다.

보육 서비스는 여성이 직장에서 동등한 기회를 누리고 남성의 가사 분담이 활발한 사회에서 가장 효과적으로 작동한다. 반면, 육아휴직 기간 연장이나 탄력성 확대의 효과는 아직 논쟁의 여지가 있다. 현금 지원의 경우 출산율이 증가하기는 하지만, 출산 시기를 앞당기는 단기적 효과를 내는 것으로 분석된다.[55]

정부의 노력과 출산율 간의 상관관계는 복잡하고 혼란스러운 측면이 많고, 앞으로도 그럴 가능성이 높지만, 몇 가지 교훈은 얻을 수 있다. 첫째, 이스라엘 같은 매우 특별한 문화 규범이 없는 한, 정부가 적어도 저출산 문제를 인정하고 이에 대해 무언가를 하려고 하기 전에는 출산율이 대체출산율 수준에 가까워질 가능성은 거의 없다. 둘째, 정부가 시행 가능한 정책은 다양하며, 어떤 정책이 효과가 있는지 알아내기 위해 지속적인 실험을 이어가야 한다. 효과적인 정책을 찾았더라도 사회가 변하면 그 효과 역시 변화할 것이기 때문이다. 셋째, 현실적인 지원뿐만 아니라 인식 변화도 중요하다. 아동 양육 비용의 일부만 지원하더라도 출산 지원금 정책은 출산율에 긍정적 영향을 미칠 수 있다. 넷째, 여성들이 아이를 낳은 후에도 교육과 직장에서 동등한 기회를 누릴 수 있도록 하려면, 부모의 역할과 경력을 병행할 수 있는 환경을 조성해야 한다. 그러려면 무엇보다도 좋은 보육 서비스를 저렴하게 이용할 수 있어야 한다.

과거에는 국가가 더 잘살게 되고 여성들의 교육 수준이 높아지면 출산율이 낮아졌다. 하지만 이제 선진국의 고소득층 고학력 여성들 사이에서 그 상관관계가 무너지고 있어 저출산 문제 해결에 희망이 보인다. 3장에서 인용한 독일 조사 결과를 보면, 교육 수준이 높은 사람일수록 더 많은 아이를 원하는 경향이 나타났다. 앞서 언급한 미국 자료에서도 석사 학위까지는 출산율이 감소하지만, 박사 학위로 넘어가면 약간 상승하는 것으로 나타났다. 앞으로 전 세계적으로 소득 수준이 높아지고 여성들의 교육 참여율도 늘어날 것이다. 각국 정부는 이러한 추세를 잘 활용하여 출산율이 떨어지지 않고 높아지도록 노력해야 한다.[56] 이는 경력과 육아의 병행이 보장되어야만 달성할 수 있는 목표다.

헝가리 정부처럼 젊은 부부를 대상으로 주택 자금을 지원하는 것도 출산 장려 정책의 한 방법이 될 수 있다. 런던에 사는 나는 주거비 마련이 얼마나 힘든 일인지 잘 안다. 이민으로 늘어난 인구, 주택 개발 제한 그리고 양적 완화로 이미 부유한 사람들(대개 중년 이상의 사람들)이 더 잘살게 된 결과, 자녀를 원하는 20~30대들이 주거 공간을 마련하기 어려워졌다. 세대 간 소득 재분배 문제가 심각하다. 물론 주택 지원책만으로 저출산 문제를 해결할 수 있다고 자만해서는 안 된다. 특히 불평등이 극심한 사회일수록 일반적인 법칙이 적용되지 않을 가능성이 높다. 영국 내 일부 지역, 특히 스코틀랜드처럼 주택 가격이 매우 저렴한 곳의 출산율이 유독 낮은 것만 봐도 그렇다. 또 다른 예로 독일의 경우 도시에서도 주택과 보육 서비스 비용이 그다지 높지 않지만, 젊은 층은 여전히 아이 낳기를 꺼린다.

하지만 그 어떤 상황에서도 강제력 행사는 용납될 수 없다. 출산율을 높이기 위한 낙태 금지도 마찬가지다. 낙태를 금지한다고 해서 출산율이 올라가지는 않는다. 1960~1970년대 루마니아에서 피임과 낙태 금지가 시행된 후에 나타난 출산율 증가는 일시적인 현상에 불과했다.

만약 출산율 붕괴로 세계 곳곳의 문명 기반이 흔들릴 위험에 처해 있다는 내 주장이 옳다면, 각국 정부에게 인구 문제 해결보다 더 중요하고 시급한 일은 없을 것이다. 자녀를 둔 사람들을 위한 세제 혜택이 효과가 있을 수도 있고 없을 수도 있지만, 분명 시도해 볼 가치는 있다. 경제학자 필립 필킹턴이 지적한 바와 같이, 온전히 경제적 관점에서 출산을 고려하더라도, 여성 또는 부부 중 한 명을 1~2년 동안 국가 노동력에서 빼내어 20년 후에 40년 이상 일할 근로자를 낳고 양육하게 하는 일은 수익률이 확실하게 보장된 훌륭한 투자다.

출산 장려 정책으로 인구 문제가 해결되면 출산율 증가 외에도 훨씬 더 많은 결실을 거둘 수 있다. 연구에 따르면, 안정적인 다자녀 가정은 개인의 심리적 안정, 사회 질서, 환경문제 해결에도 긍정적으로 작용하는 것으로 확인되었다.[57] 또한 출산 장려 정책으로 출산율을 끌어올리는 데 한계가 있을 수 있지만, 아동 빈곤 문제 해결에는 확실한 효과가 있는 것으로 나타났다.[58]

대부분 정부 개입은 필요조건이지만, 충분조건은 아니다. 정책적 개입으로 출산율을 높일 수는 있지만, 출산율 1.3명을 2.3명까지 끌어올리기에는 역부족이다. 핵심은 국가 전체적으로 문화 혁명에 못지않은 인식과 태도 변화가 일어야 한다. 바로 마지막 장에서 다룰 내용이다.

10장

/

인류의 힘
- 우리가 할 수 있는 일

우리가 사랑하고 아끼는 모든 사람, 우리가 감탄했던 모든 천재의 작품, 우리에게 영감을 준 모든 위대한 인물의 행동과 말, 이 모두와 우리 자신은 출산 덕분에 존재하게 되었다. 인류가 없었어도 지구는 존재해왔겠지만, 예술. 문화, 음악, 정치, 위대한 도시 그리고 놀라운 과학 혁신은 없었을 것이다.

-
-
-

조지아는 흑해와 카스피해 사이 코카서스 지역에 있는 민주공화국이다. 스코틀랜드보다는 약간 작고 웨스트버지니아주보다는 조금 더 큰 나라로, 4세기에 기독교를 받아들였고 19세기 초 러시아에 합병되었다. 그 후 소련에 편입되었다가 1991년 소련이 해체하면서 독립했다. 높이 5,000미터가 넘는 높은 산맥과 역사 깊은 포도재배 문화로 유명한 아름다운 나라다. 하지만 조지아를 주목하는 이유는 매력 있는 관광지이기 때문만은 아니다. 조지아는 인구학적으로 시사하는 바가 크며, 많은 교훈을 얻을 수 있는 나라다.

조지아도 21세기 초에는 (소련 대부분 지역처럼) 출산율 감소 문제로 우려가 많았다. 당시 조지아의 출산율은 1.5명을 약간 넘는 수준으로 저개발 국가치고는 낮은 수준이었다. 구소련연방 국가 중 인접한 아제르바이잔이나 중앙아시아 국가들처럼 주로 이슬람교를 믿고 조지아보다 훨씬 가난한 국가들만이 대체출산율 이상의 출산율을 보였다. 2007년, (조지아 인구 80퍼센트가 믿는) 조지아 정교회의 총대주교 일리아 2세는 이미 두 자녀가 있는 기혼 부부가 아이를 더 낳는다면 그 아이에게 직접 세례를 내리고 대부가 되어주겠다고 선언했다.

이후 10년 동안 일리아 2세가 세례를 내린 아기는 3만 명 이상으로 추정된다. 세례를 받을 수 있는 신생아는 연간 약 5,000명에서 약 1만 3,000명으로 늘었고, (총대주교의 세례를 받을 수 있는 또 다른 조건 요건인) 결혼한 부부 사이에서 태어난 아기는 전체 출생아의 약 절반에서 약 3분의 2로 증가했다. 10년 사이 총출산율은 2.2명으로 대체 수준까지 치솟았다.[1] 조지아 인구는 1990년대 초 약 500만 명으로 정점을 찍은 후 대규모 해외 이주로 감소했다가 현재 약 370만 명으로 안정화되었다.[2]

일리아 2세가 펼친 출산 장려 캠페인에는 어떤 정부 지원이나 개입도 없었다. (물론 조지아 정교회는 조지아 헌법상 '특별한 역할'을 인정받는 준정부 기관으로 볼 수도 있다.) 조지아 정부는 정교회의 출산 장려 노력을 육아휴직 확대와 출산 장려금 증액과 같은 국가 차원의 조치로 거들었을 뿐이다. 총대주교의 제안에 따른 자격을 충족하는 신생아 수 증가와 출산율 급증은 조지아에서 일어난 현상이 법률적·재정적 지원보다 종교의 영향이 더 컸다고 해석할 수 있다.

물론 조지아식 출산 장려가 계속 성공하리라는 보장은 없으며, 사실 지난 몇 년 동안 조지아 출산율은 약간 감소했다. 하지만 합계 출산율은 여전히 2명에 가깝고, 이 방식이 15년 이상 실질적인 영향을 미쳤다는 사실은 인상적이다. 조지아는 여성당 평균 0.5명 더 아기를 낳는 데서 오는 혜택을 오랫동안 누릴 것이다.

최후의 인구론

조지아는 다른 나라들과 비교해 조금 특이한 경우다. 시민 모두가 교회를 존경하지는 않고, 교회가 사회 문제에 보수적인 입장을 취하다 보니 진보 성향의 사람들에게 비판도 받는다. 하지만 그럼에도 불구하고 교회는 조지아에서 가장 신뢰받고 존경받는 기관으로 손꼽힌다.[3] 다시 말해, 조지아의 출산율이 교회의 참여로 증가한 사례는 조지아에만 구현될 수 있다. 다만 조지아 사례에서 배울 점도 있다. 출산율을 높이려면 정부에만 의존해서는 안 된다는 것이다.

문화적 아이콘

• • •

다른 나라의 교회는 조지아 교회만큼 영향력이 크지 않다. 교황이 아이보다 애완동물을 더 중시하는 세태를 비판한다 해도 대다수 시민이 가톨릭을 믿는 국가의 출산율에는 별다른 변화가 없다. 남유럽의 가톨릭 신자들은 세계에서 가장 아이를 적게 낳고, 라틴 아메리카의 많은 가톨릭 국가도 출산율이 급격히 감소해왔다. 영국 성공회가 출산을 옹호할 리도 없지만, 설령 캔터베리 대주교가 셋째 자녀에게 직접 세례를 내려주겠다고 해도 사람들은 크게 동요하지 않을 것이다. 사실, 영국 성공회에서 출산 장려와 관련된 발언이 나온 적도 없었다. 토마스 맬서스가 영국 성공회 신부였다는 사실에 비추어 보면, 아마도 맬서스주의를 따르기 때문일지도 모르겠다.

미국을 비롯한 많은 다른 나라에서는 조지아 정교회가 조지아에서 행사하는 영향력에 비할 만한 국가적 규모의 종교 기관이나 국교가 존재하지 않는다. 이란의 종교 지도자들은 (이란이 신정 국가라는 점을 고려하면 정치 지도자이기도 하지만) 저출산 문제를 해결하려고 여러 차례 호소했지만, 별 효과가 없었다. 한 이란 성직자는 TV 방송에 나와 "오늘 당장, 자녀를 한두 명만 낳고 마는 이 비관적인 문화를 버리겠다고 결심하라"라고 외치며 아이를 12명까지 낳아야 한다고 촉구했고, "5명 이하는 용납할 수 없습니다"라고 덧붙이기까지 했다.[4] 하지만 이란의 출산율은 여전히 2명 이하에 머물러 있다.

그런데 정부와 직접 관련이 없는 기관 중에도 문화적 영향력을 행사하는 곳이 있다. 예를 들어, 영국에서는 왕실이 그런 역할을 한다. 전후 두 번의 베이비붐이 정점을 이룬 1940년대 후반에서 1950년대 초반과 1960년대 초반에서 중반은 엘리자베스 2세 여왕의 출산 시기와 일치한다(현 국왕 찰스 3세와 앤 공주는 1948년과 1950년에, 앤드루 왕자와 에드워드 왕자는 1960년과 1964년에 태어났다). 하지만 윌리엄 왕자와 해리 왕자가 태어난 1982년과 1984년에는 이렇다 할 출산율 상승이 없었다. 왕실 가족이 자녀를 낳으면 사람들도 아이를 낳게 될 것이라고 가정하는 데는 지나친 면이 있긴 하지만, 사람들 마음속에 자리 잡은 영국 왕실의 존재를 생각하면 그 가능성을 완전히 배제할 수는 없다. 이와 같은 관점에서 볼 때, 영국의 출산율이 다른 여러 유럽 국가보다 다소 나은 수준을 유지해온 이유도 왕실과 관련 있을 수 있다. 윌리엄 왕자와 캐서린 왕세자빈의 세 자녀가 태어난 2013~2018년까지(그 이후 데이터는 코로나19 팬데믹의 영향으로 다소 왜곡되긴 했지만) 영국의 합계출산율은 1.8~1.9명 사이였고 이후에는 더 낮아졌다.

하지만 왕실 가족만 출산율에 영향을 미칠 수 있는 것은 아니다. 축구와 팝 음악계 스타의 만남으로 유명한 데이비드 베컴과 빅토리아 애덤스는 1999년에 결혼했다. 이들의 결혼생활은 지금까지 지속되고 있고 네 명의 자녀 중 장녀는 최근 23세의 나이로 결혼했다. 물론 왕실 가족과 유명 인사들은 대부분 보통 사람처럼 금전적 이유 등이 결혼에 제약 요소가 되지 않지만, 출산율이 높은 사회를 상징하는 본보기가 될 수 있다. 역으로, 윌리엄 왕자와 메건 왕세자빈처럼 지구를 걱정해 더 이상의 자녀를 갖지 않겠다고 선언할 때도 마찬가지다(다만, 이들은 이미 자녀가 두 명이라는 점을 생각하면 어느 정도 수긍할 만하다).[5]

정치와 기업이 문화에 끼치는 영향

● ● ●

정치와 문화 간의 상호작용은 복잡하고 한쪽으로만 작용하지도 않는다. 정치가 늘 문화의 영향을 받는 것은 아니며, 때때로 문화를 만

들어가기도 한다. 1983년, 영국에서 동성애가 합법화된 지 15년이 지났을 때, 동성애가 부도덕한 성적 취향이 아니라고 생각하는 영국 국민은 17퍼센트에 불과했다. 그 수치가 50퍼센트에 근접하기까지 또 15년이 걸렸다.[6] 영국에서 마지막으로 교수형이 집행된 해는 1964년이었고 영국인 대부분이 사형에 반대한다고 답한 여론조사가 나오기까지 반세기 이상이 걸렸다.[7] 이러한 사례들은 정치 성향이 문화적 태도보다 '앞서' 있었던 경우로, 국회의원들이 일반 대중보다 더 진보적인 의견을 반영한 법안을 통과시킨 결과다. 이후 시간이 흐르면서, 결국 대중도 그 변화를 수긍하게 된 것이다. 따라서 문화가 한 나라의 출산율을 결정하는 중요한 요소이긴 하지만, 정치적 영향이 전혀 없다고 주장해서는 안 된다.

정부는 출산 장려 정책을 제정하고 도입하는 것 외에도 한 나라의 문화에 영향을 미칠 수 있고 실제로 그렇게 하고 있다. 2010년 영국 정부는 이른바 '넛지 유닛Nudge Unit'이라고 불리는 '행동 통찰팀Behavioral Insights Team을 설립했다.[8] 이 팀은 코로나19 팬데믹 기간에 특히 활발히 활동하며 대중에게 특정 감염 예방 조치를 권장했다. 넛지 유닛이 설립되기 전부터 영국 정부는 특정 활동과 행동을 강제하는 대신 장려하는 정책을 시행해왔다. 근로자들을 자동으로 연금 제도에 가입시키거나, 장기 기증에 자동으로 동의하되 거부할 수 있는 조항을 포함한 것이 대표적인 사례다. 한때 장기 기증에 대해 명시적으로 동의한 사람은 38퍼센트에 불과했다. 현재는 장기 기증에 대해 당사자의 명시적 거부 의사가 없을 때, 가족이 장기 기

증에 동의하는 비율이 66퍼센트나 된다.[9]

넛지 유닛은 법률을 변경하는 것보다 사회적 분위기를 조성하거나 영향력을 행사하는 데 더 중점을 둔다. 비슷한 방식으로 출산 문제를 교육 과정에 포함하는 것을 고려해볼 수도 있다. 영국에서 '개인, 사회, 건강 및 경제 교육'으로 통합된 성교육은 전통적으로 10대 임신을 예방하는 데 초점을 맞춰왔다. 결과는 매우 성공적이어서 2011~2021년 사이, 잉글랜드와 웨일스에서 16세 미만 임신은 3분의 2 감소했고, 18세 미만 임신도 절반 이상 줄었다.[10] 정부의 명확한 정책 방향과 일치하는 성과였다.[11] 미국에서도 최근 몇 년간 10대 출산율이 급격히 감소했으며, 이는 정부와 비정부 기관의 교육적 노력 덕분으로 평가된다.[12] EU 전역에서도 오랜 기간에 걸쳐 10대 임신율이 꾸준히 감소해왔다.[13]

만약 정부 정책, 특히 성교육이 이런 성과를 낼 수 있다면, 출산율을 낮추는 결과로 이어지는 잘못된 인식을 바로잡는 데도 성교육을 활용할 수 있다. 여성들은 30대에 급격하게, 남성들도 여성들보다 덜하긴 하지만 40대가 되면 가임율이 떨어진다는 사실을 아는 사람들은 많지 않고, 젊은 세대일수록 더 그렇다. 또한 체외수정이나 난자 냉동 같은 시술이 얼마나 어렵고, 비쌀 뿐만 아니라 성공률이 낮은지도 대개는 잘 모른다. 생식 능력 감소에 대한 양질의 교육을 제공하면 더 많은 사람이 출산 계획을 미리 세우고 준비하려 들 것이다. 하지만 케임브리지대학교의 한 교수가 이 주제로 강의 개설을 제안했을 때, 격렬한 반대에 부딪혔다. 케임브리지대학교 머레이 에드워즈 칼리지 학장인 도로시 번은 "피임 관련 교육이 중요한 만큼 출산에 대해서도 공개적으로" 이야기하고 싶었다고 말한다. 그러나 그녀는 여성성과 학생들의 지적 능력을 편협하게 보는 시각을 전파하고 성별 이분법으로 정의할 수 없는 성 정체성을 가진 성소수자 학생들을 소외시키려 든다며 손가락질을 받았다.[14] 결국 청소년 임신 방지 교육에는 전혀 논란이 없지만, 아이를 더 쉽게 가질 수 있도록 생식능력 관련 교육을 하자는 제안은 사회적 비판을 감수해야 하는 게 현실이다. 바로 이 부분이 정부가 재정지출이나 법률 제정 없이 개입해 사회적 분위기를 바꿔갈 수 있는 영역이다.

기업의 역할도 중요하다. 법정 최저 기준을 넘어서는 육아휴직 및 급여 정책 외에도, 국가의 출산율에 미치는 영향을 고려하여 제품 디자인, 광고, 재택근무와 같은 측면을 고민할 수 있다. 자본주의를 포함한 모든 경제체제는 세대교체가 원활하게 이루어져야 유지될 수 있어서 어느 한 세대가 이전 세대보다 수적으로 적다면 부정적인 영향을 받을 수밖에 없다. 저출산 문제는 사회 전체의 문제여서 특정 기업의 노력만으로는 큰 변화를 불러오기 어렵다고 생각할지도 모른다. 하지만 다른 분야에서는 이미 기업들이 사회적 책임을 다하기 위해 명확한 사회적 목표를 설정하고 이를 달성하기 위해 노력하고 있다. 예를 들어, 한 개별 기업의 온실가스 배출량이 지구 온난화에 지대한 영향을 미치지는 않지만, 많은 대기업이 온실가스 배출량을 감소해 환경에 미치는 피해를 줄이겠다는 목표를 밝혔다. 2020년 미니애폴리스에서 조지 플로이드가 경찰 공권력 남용으로 사망했을 때, 일본에서 아일랜드까지 각국 기업들은 연대와 우려를 표명했고 '흑인의 목숨도 소중하다Black Lives Matter' 운동 또는 관련 단체에 기부하겠다고 나선 기업들도 많다.[15] 기업들이 기후 변화와 다른 국가의 인종차별에 팔을 걷어붙이는 시대에, 머지않아 자신들의 이윤과 직결되는 인구 위기를 해결하는 데도 한몫할 수 있다는 것은 충분히 상상할 수 있는 일이다.

사회의 가치관과 제도 같은 문화적인 요소들도 변화를 끌어낼 수 있다. 르네상스 시대 이탈리아 화가 티치아노 베첼리오나 20세기 후반을 대표하는 영국의 사실주의 화가 루치안 프로이트 같은 위대한 예술가들은 자녀를 여럿 두었지만, 대가족이 창작 활동에 방해가 된 것 같지는 않다. 요한 제바스티안 바흐는 두 아내 사이에서 20명 이상의 자녀를 두었지만, 음악 작품의 완성도나 엄청난 작품 활동에 아무런 영향을 받지 않았다. 하지만 영국의 대표적인 예술가 트레이시 에민Tracey Emin은 아이를 낳았더라면 자신의 작품 활동에 도움이 되기보다는 방해가 됐을 거라고 주장한다.

"엄마가 된다는 건 예술가의 삶에 온전히 집중하기 어려워질 수 있다는 뜻일 거예요. 아이를 둔 훌륭한 예술가들이 많지만, 대부분 남자예요. 여성들은 예술과 육아를 병행하기가 훨씬 어렵죠. 저는 고양이 한 마리만 돌봐도 힘든데, 아이를 낳으면 얼마나 힘들겠어요?"[16]

17세기 후반에서 18세기 초까지 명성을 날렸던 네덜란드 정물 화가로 다작을 남긴 라헬 라위스는 트레이시 에민의 주장에 동의하지 않았을 것이다(그녀는 10명의 자녀를 낳았다). 역사상 가장 위대한 여성 작곡가인 클라라 슈만도 마찬가지였을 것이다. 그녀는 여덟 명의 자녀를 두었고 누구보다 바쁜 연주 일정을 소화하는 삶을 살았다. 최근 재발견되어 그 진가를 인정받고 있는 아프리카계 미국인 작곡가이자 두 아이의 엄마인 플로렌스 프라이스 역시 에민의 모성과 창의성 중 하나를 선택해야 한다는 이분법적인 생각에 동의하지 않았을 것이다. 딸을 작품 모델 겸 영감의 원천으로 삼아 작품 활동을 했던 여성 인상파 화가 베르트 모리조 역시 모성과 예술 활동이 양립할 수 있다는 것을 보여주는 또 하나의 사례다. 영국 소설가 메리 셸리는《프랑켄슈타인》이라는 명작과 네 명의 자녀를 낳았다. 여성 팝 그룹 스파이스 걸스 멤버로 유명한 빅토리아 베컴은 네 명의 자녀를 낳고 키우면서 패션 디자이너, 가수 그리고 방송인으로서 다양한 분야에서 활발하게 활동해왔다.

자녀를 작품 활동의 방해물이라기보다 영감의 원천으로 보는 여성 작가도 있다.

"아이를 낳으면서 제 창의력이 엄청난 자극을 받았어요. 저에게 모성이 '제 경력의 끝'이 될 거라고 경고했던 모든 비평가와 걱정하던 사람들은 틀렸던 것 같습니다."[17]

문화도 기업처럼 새로운 인재와 아이디어 그리고 무엇보다도 '젊은' 창의성이 중요하다. 고령화와 인구 감소로 우리의 문화생활은 점점 위축될 것이다. 문화산업은 출산을 기피하는 분위기를 조장하면서도, 한편으로는 작가나 예술가가 육아의 책임과 자신의 예술적 야망 사이에서 겪는 내적 갈등을 상징하는 '복도에 있는 유모차 pram in the hall'와 같은 표현을 통해 출산에 부정적인 예술가의 이미지를 만들어왔다. 하지만 이제는 문화산업 자체뿐만 아니라 사회 전체에 대한 책임 의식도 깊게 고민할 때가 됐다.

종교와 가족

• • •

이제까지 살펴본 바와 같이, 저출산의 물결에 맞서는 데 가장 큰 역할을 하는 건 종교다. 여러 종교 중 특히 아브라함계 종교는 출산을 적극적으로 지지하는 사상적 기반과 관습을 제공한다. 많은 개발도상국에서도 종교가 저출산 문제를 해결하는 데 중요한 역할을 하고 있다. 나아가 기독교, 유대교 또는 이슬람교와 같은 아브라함계 종교 집단에서 나타나는 높은 출산율은 자녀를 우선순위에서 밀어내는 세속 사회의 출산율과 확연히 대비된다.

이러한 종교들은 대체로 출산을 장려하는 가르침을 담고 있다. 성경에서는 아담과 노아가 두 번에 걸쳐 자손을 많이 낳으라는 명확한 계시를 받는다. 가톨릭에는 독신주의(사제)와 수도원(수녀)이라는 전통이 있지만, 가족과 결혼의 중요성을 간과하지 않는다. 코란은 성경보다는 출산 장려에 덜 적극적이지만, 빈곤 때문에 아이를 죽이거나, 자녀 중 딸을 살해하는 행위를 명확히 금지하고 있다.[18]

코란 외에도 이슬람교 창시자 무함마드의 말씀을 담은 경전 하디스에는 무함마드가 사람들에게 아이를 많이 낳으라고 했다고 기록되어 있다.[19]

유대교, 기독교, 이슬람교 신자들은 자신들의 경전을 다양한 방식으로 해석해왔다. 상황에 따라 피임이나 낙태가 허용되기도 하고 금지되기도 한다.[20] 가톨릭은 피임과 낙태 모두를 엄격하게 금지해왔지만, 이슬람은 피임과 낙태에 대해 비교적 유연한 편이다. 한 가지 좋은 예는 이란 이슬람 공화국을 이끄는 이슬람 성직자들이다. 1979년 혁명 후 들어선 이슬람 공화국은 이전 입헌 군주제에서 시행됐던 가족계획 프로그램을 중단했다가 약 10년 후 인구 급증에 대한 우려가 커지자 새로운 가족계획 프로그램을 추진했고 큰 성공을 거둬 출산율은 급락했다.[21] 이후 이란 정부는 다시 출산율을 높이려고 시도해왔지만, 매번 실패를 거듭하며 정부 개입으로 출산율을 낮추기는 비교적 쉽지만, 그 반대는 훨씬 어렵다는 사실을 증명해 보였다. 이란의 출산율은 아직도 대체출산율에 훨씬 못 미치며 인구 고령화도 빠르게 진행되고 있다.

힌두교와 불교 같은 다른 종교들의 가르침에는 출산을 명확하게 장려하는 메시지를 찾아보기 힘들다. 힌두교에서는 피임 사용에 제약을 두지 않으며,[22] 불교에서 다산을 장려한 경우는 대부분 비불교인과의 갈등 속에서 자신들의 인구를 늘리려는 '인구 공학demographic engineering'의 목적이었다.[23]

불교 문화권에서는 현대화가 진행됨에 따라 출생아 수가 특히 빠르게 감소한 점을 주목할 만하다. 기독교, 유대교, 이슬람 같은 아브라함계 종교가 출산을 장려하는 반면, 불교에는 이런 영향이 부족하기 때문일 수 있다. 중국, 일본, 태국 같은 나라들이 대표적 예다. 특히 태국은 선진국 수준의 소득, 교육 또는 도시화가 진행되기 훨씬 전부터 저출산을 경험했다. 비슷한 현상은 힌두교가 우세한 인도에서도 찾아볼 수 있다. 특히 서벵골주 같은 일부 지역에서는 저출산이 경제·사회적 발전보다 훨씬 앞서 나타났다. 역시나 힌두교에는 아브라함계 종교처럼 많은 자녀를 낳도록 권장하는 교리가 없기 때문일 것이다.

출산율이 낮은 동아시아 지역에서, 필리핀은 지역 내 유일한 두 개의 기독교 국가 중 하나로서 이웃 나라들에 비해 훨씬 높은 출산율을 유지하고 있다는 점이 눈에 띈다. 가톨릭 국가인 필리핀은 태국보다 약간 가난한데도 출산율은 약 두 배 높다. 동아시아의 또 다른 기독교 국가인 동티모르는 합계출산율이 3명 이상으로 동아시아와 동남아시아에서 가장 높다(반면, 가톨릭교가 다수인 동티모르가 독립한 이후 완전한 이슬람 국가가 된 인도네시아는 출산율이 약 2.2명으로 불교국인 미얀마와 비슷하지만, 생활 수준은 미얀마인들보다 3~4배 높다).[24] 말레이시아, 인도, 스리랑카처럼 이슬람교도들이 비아브라함계 종교 신자들과 함께 사는 지역에서는 이슬람교도들의 출산율과 인구 성장률이 불교와 힌두교를 믿는 주변 지역보다 항상 더 높은 경향을 보인다.[25]

특정 종교가 출산에 어떤 태도를 보이는가는 유용하고 흥미로운 정보이기는 하지만, 인구 위기 해결에 그것이 내포하는 의미가 무엇일지는 명확하지 않다. 대규모의 종교 개종은 가능성이 희박하고 출산을 장려하는 종교라도 세대마다 젊은 층이 꾸준히 수혈돼야만 의미 있는 규모로 성장하고 전체 출산율에 영향을 미칠 수 있다. 하지만 그러려면 외부 세계와의 연결을 차단해야 한다. 기독교 공동체인 아미시 교도와 후터파 교도들은 자신들이 천국의 열쇠를 쥐고 있다고 생각할지도 모른다. 하레디 유대인들도 자신들의 유대교 해석만이 정통성이 있다고 믿을지도 모른다. 하지만 이런 급진적인 신앙인들 대부분은 외부 세계의 부정적인 영향을 우려해 외부인들을 자신들의 종교로 받아들이길 꺼린다. 설령 대규모 개종이 가능하고 또 그 방법이 출산율을 높이는 유일한 방법이라 해도, 그 결과는 기이하고 분열된 사회일 것이다. 모르몬교 교도들이 경험한 것처럼 외부 세계에 팔을 벌린 종교 집단은 결국 그 외부 세계의 출산율과 자신들의 출산율이 수렴하게 되는 걸 보게 된다. 어느 정도 자유주의적인 가치관이 뒷받침되지 않는다면, 현대 사회를 거부하는 고립된 종파들로 구성된 국가가 우리가 아는 국가의 기능을 제대로 발휘할 것이라고 보기는 어렵다.

내가 이제까지 주장해온 것처럼, 인류는 문화적 또는 유전적으로 자유주의적 성향을 지닌 사람들이 자녀를 낳지 않고 사라지는 현상을 겪어야 할 수도 있다. 가능하다면 어떻게든 피해야 할 시나리오다. 누구든 그 과정도, 그 결과도 마음에 들어 하지 않을 것이다. 그런 현상을 겪고 나타날 세계는 오늘날의 세계와는 전혀 다른

최후의 인구론

모습일 것이며, (자녀를 낳지 않으려는) 자유주의자들도 그런 세계는 원하지 않을 것이다. 누군가의 주장처럼 여성의 지위가 특히 약화되고 가부장제가 더욱 강화된다면 그 원인은 출산 장려 정책의 결과라기보다 출산 장려 정책이 실패한 결과일 가능성이 높다.

우리 모두의 역할

• • •

결국 사회적 맥락과 규범 그리고 사회적 영향과 관계없이, 출산은 개인의 문제이며 선택이다. 즉, 자녀를 가질 수 있는 능력이 있는 모든 사람은 이 문제를 심각하게 고민하고 여러 가지 선택지를 꼼꼼히 따져봐야 한다는 뜻이다. 하지만 전체 인구에서 출산 가능 연령층이 차지하는 비율은 비교적 낮다. 나이만 놓고 봐도 선진국형 인구 피라미드를 보이는 국가의 많은 성인이 가임 대상에서 제외된다. 누구는 아이를 낳기에 너무 나이가 많고 누구는 너무 어리다. 또어떤 사람들은 아이를 낳을 수 없거나 개인적인 이유로 낳기를 원하지 않기도 한다. 그렇다고 할 수 있는 일이 전혀 없다는 뜻은 아니다. 인간은 집단으로 분위기와 문화를 만들어간다. 우리 모두 임산부에게 버스나 기차에서 자리를 양보하는 친절을 보일 수 있다. 유모차를 끄는 누군가를 위해 길을 비켜줄 수도 있다. 우리는 동료가 육아로 힘들어할 때 할 일이 늘어난다고 불평하는 대신 손을 내

밀어 도와줄 수 있다. 그 아이가 우리의 연금을 지원할 것이고 우리가 늙었을 때 우리를 돌봐줄지도 모르는 일이다. 우리는 "어린아이가 있는 세입자는 사양합니다"라고 말하는 집주인이 되지 않으려고 노력해야 한다(한 설문조사에 따르면, 영국 집주인 중 거의 4분의 1이 이러한 조건을 단다고 한다).[26]

우리는 문화를 집어삼킬 수 있는 우울한 반출생주의 물결에 맞서 목소리를 높여야 한다. 아이를 갖지 않거나 갖지 못하는 사람들도 좋은 친구, 이웃, 가족이 되어, 자녀 양육과 일을 병행하는 부모들의 삶을 조금 덜 힘들게 만들어줄 수 있다.

우리는 각자의 방식으로 출산 장려를 지지하는 활동가가 될 수도 있다. 예를 들어, 내 의견을 모두 수긍하지는 않아도 조만간 아빠가 되고 싶어 하는 내 아들은 회사에 입사하고 얼마 안 돼서 어떻게 하면 남녀의 육아휴직을 좀 더 평등하게 적용할 수 있는지 나에게 물었다. 이후 아들이 다니는 회사 정책에 변화가 있었고, 아들이 회사 대표와 만나 문제를 논의한 것이 그 변화에 영향을 미쳤을 수도 있다.

할아버지와 할머니의 역할도 중요하다. 나는 이 책을 집필하던 중, 두 딸이 몇 주 간격으로 동시에 아기를 낳으면서 짧은 기간 동안 두 번이나 할아버지가 되는 운 좋은 경험을 했다. 나와 내 아내가 부모가 된 내 딸들을 챙기는 데 많은 시간을 할애하지 않았다면 이 책이 훨씬 더 빨리 완성되었을지도 모르겠다. 정기 검진을 받으러 함께 가고, 출산 당일에는 병원에 데려다주고, 식사를 챙겨주고,

　　　　　　　　　　　　　　最후의 인구론

밤잠이 부족한 딸들이 몇 시간이라도 단잠을 자라고 손주들을 봐주는 등 딸의 육아를 돕기 위해 힘들지만 기쁜 나날들을 보냈다. 손자들이 자라고, 우리 부부가 바라는 대로 그 아이들의 동생들이 태어나면 할아버지이자 할머니인 우리의 역할도 더 늘어날 것이다. 그러나 그것이 꺼려지지는 않는다. 나의 부모님이 조부모의 역할이 손자들의 성장에 얼마나 중요한지, 얼마나 큰 힘이 될 수 있는지 훌륭한 본보기가 되어주었기 때문일 것이다.

자녀 양육에 조부모의 참여가 여성의 출산 결정에 큰 영향을 미친다는 것을 과학적으로 뒷받침하는 연구 결과가 많다.[27] 내가 만난 한 이스라엘 학자도 이스라엘이 높은 출산율을 유지하는 비결 뒤에는 조부모 세대의 헌신적인 노력이 있다고 말하며, 그들의 존재가 이스라엘 사회를 움직이는 원동력이라고 강조했다. 할머니의 존재는 영아 사망률을 줄이는 데 중요한 역할을 해왔다. 이제 갓 엄마가 된 여성들이 어머니의 지혜와 경험, 도움을 받으며 육아를 좀 더 성공적으로 해나갈 수 있기 때문이다.[28] 이제 할머니의 역할은 낮은 영아 사망률을 목표로 하는 것을 넘어, 높은 출산율을 위한 동기와 가능성을 제공하는 방향으로 확대되어야 하며, 할아버지와 할머니 모두가 이 역할을 함께할 수 있다.

그리고 남성들에게는 특별한 책임이 있다. 우리는 앞서 남자들이 육아를 포함한 가사를 분담하면 출산율이 높아진다는 점을 확인했다. 출산 자체는 여성의 생물학적 역할이지만, 육아 책임을 남녀가 공평하게 나누면 더 많은 여성이 아이를 낳을 의사를 갖게 될 것이라는 점을 모든 남성들이(남편, 남성 동거인, 남성 정부 장관 등) 명심해야 한다. 가정과 직장에 남아있는 가부장적 분위기는 출산율을 높이는 데 전혀 도움이 안 된다.

요약하자면, 현대 사회는 두 가지 상충할 수 있는 요소를 조화시키려고 애쓰고 있다. 하나는 여성의 교육 기회 확대와 노동시장 및 사회 모든 분야에서 여성의 완전한 참여이고 다른 하나는 출산과 출산이 의미하는 불변의 생물학적 현실이다. 여성의 권리를 타협할 수는 없다. 우리의 선택은 여성들의 권리와 생물학적 현실을 조화시키거나, 전 인류가 인구 재앙으로 치닫는 것이다. 페미니스트, 환경보호론자, 보수주의자 등 모두가 함께해야 한다. 전 세계의 다양한 민족 보수 정당과 우익 포퓰리즘 세력은 본질적으로 출산 장려를 지지한다. 하지만 좌익 세력 역시 (마르크스가 맬서스주의에 반대했던 것처럼) 출산 장려를 지지해야 한다. 또한 식민지에서 백인들이 저지른 죄악과 인종차별로 서구사회를 근본적으로 싫어하는 사람들도 출산 장려가 이제는 백인들만의 문제가 아니라는 점을 이해해야 한다. 현재의 출산율대로라면, 한국인과 일본인, 자메이카인과 아프리카계 미국인은 결국 지구상에서 사라지게 될 것이며, 이는 인류의 문화적 다양성에 막대한 손실을 초래할 것이다. 정치 성향을 막론하고 더 많은 아이가 필요하다는 공감대가 형성된다면 그야말로 큰 진전이 이루어질 것이다.

항상 그렇듯이, 첫 번째 단계는 현재의 데이터, 즉 지금 손에 쥐고 있는 숫자와 그 역사적 배경 그리고 이동 방향을 이해하는 것

최후의 인구론

이다. 두 번째 단계는 우리에게 문제가 있다는 사실을 인정하는 것이다. 세 번째는 해법을 모색하는 것이다. 나에게도 모든 답이 다 있지는 않고, 만성적인 저출산 문제에 대한 해결책은 시간과 장소에 따라 달라질 것이다. 어느 한 나라에서 특정 시기에 효과가 있었던 방법이 다른 나라에서는 통하지 않거나, 같은 나라에서도 나중에는 효과가 없을 수도 있다. 과감한 실험이 필요할 것이다. 하지만 시도해봐야 한다.

출산 장려 문화 조성과 인류 구원

● ● ●

우리가 사랑하고 아끼는 모든 사람, 우리가 감탄했던 모든 천재의 작품, 우리에게 영감을 준 모든 위대한 인물의 행동과 말, 이 모두와 우리 자신은 출산 덕분에 존재하게 되었다. 인류가 없었어도 지구는 존재해왔겠지만, 예술, 문화, 음악, 정치, 위대한 도시 그리고 놀라운 과학 혁신은 없었을 것이다. 인간의 흔적이 전혀 없는, 인간이 없는 그런 세상을 바라는 사람들도 있다. 하지만 그렇지 않은 우리에게는 한때 인간의 본능이었지만, 이제는 간절히 권유해야만 하는 출산 장려 문화를 되살려야 할 책임이 있다.

인류는 현실을 직시하고 인구 절벽 앞에 서 있다는 사실을 깨달아야 한다. 인류의 대부분 역사에서 자연스럽고 제약 없이 이루어져 왔던 출산은 도시화, 교육 및 생활 수준 향상, 피임 기술의 발달 그리고 다양한 오락거리들로 뒷전으로 밀려났다. 이러한 태도는 처음에는 전 세계적 일부 부유층의 전유물이었지만, 이제는 지구상 거의 모든 국가로 퍼졌다. 이제 우리는 자유와 기회를 포기하지 않고도 출산을 중심에 두는 사고와 생활방식을 '발명'해내야 한다. 그 방법은 정책과 실천, 홍보, 권장, 본보기 제시, 문화적 영향 등을 혼합해야 할 것이며, 이 책에도 모든 답이 담겨 있지는 않다.

우리는 "그 방법을 찾아내야 한다"에 이제 의문의 여지가 없기를 바란다.

최후의 인구론

감사의 말

● ● ● ●

인구 문제라는 추상적인 개념을 책으로 구체화하는 데 도움을 준 에이전트 앤드루 로니와 편집자 마크 리처즈에게 깊이 감사한다. 미셸 로젠-오버만은 이번에도 원고 준비 과정에서 큰 도움을 주었다. 원고 작업을 꼼꼼하게 도와준 알렉스 미들턴과 알렉스 빌링턴에게 깊이 감사한다.

많은 친구와 가족들이 대화와 원고에 대한 피드백을 통해 이 책의 구상과 집필 과정에 큰 도움을 주었다. 특히 케빈 창, 앤드레스 고, 다니엘 헤스, 닉 로콕, 클레어 몰런드, 소니아 몰런드, 필립 필킹턴, 이안 프라이스, 마이클 웨지어 그리고 에드 웨스트에게 감사의 인사를 전하고 싶다. 데이비드 굿하트와 에릭 카우프만의 지속적인 격려와 통찰은 언제나 내게 큰 힘이 되었다. 시간을 내어주고 깊이 있는 조언을 해준 에리카 바치오키, 줄리아 체인, 메리 해링턴 그리고 루이즈 페리에게 진심으로 감사한다.

언제나 가족들에게서 받은 영감과 지원에 감사하지만, 이번 책은 가족과 밀접하게 연관된 주제를 다루고 있어서 특히 더 그렇다. 내 어머니 잉그리드, 딸 소니아와 줄리엣 그리고 사위 조엘과 사무엘, 아들 아담과 미래의 며느리 한나 그리고 무엇보다도 아내 클레어와 손자 리오, 할렐에게 특별한 감사를 전한다.

1부 인구 소멸 위기와 생존 조건

1장 불모의 초승달 지대

1   Daily Telegraph, 3rd February 2023, https://www.telegraph.co.uk/ world-news/2023/02/03/tactics-behind-russias-human-wave attacks-bakhmut/; ABC News [Australia], 24th February 2021, https://www.abc.net.au/news/2021-09-25/uk-faces-fuel-shortages and-lack-of-truck-drivers/100491042; CH Aviation, 15th September 2022, https://www.ch-aviation.com/portal/news/119477-staff shortage-continues-to-disrupt-amsterdam-schiphol; South *China Morning Post*, 13th January 2022, https://shorturl.at/cpRY1 (impres sions: 22nd March 2024).

2   UN Population Division, https://population.un.org/wpp2019/ (impression: 13th March 2023).

3   For a more detailed discussion of the meaning of fertility rates and birth rates, see Paul Morland, *The Human Tide: How Population Shaped the Modern World*, London, John Murray, 2019.

4   인구학적 용어로 인구 집단을 의미하는 코호트cohort 는 비슷한 시기에 태어난 사람들의 집합을 말한다. 예를 들어, 베이비붐 세대는 제2차 세계대전이 끝난 후 몇십 년 동안 태어난 사람들을 가리킨다. 한때 젊은 세대였고 이제는 고령화 세대가 되었지만 이들은 항상 같은 코호트다.

5   BBC, 18th January 2023, https://www.bbc.com/future/article/ 20230118-is-chinas-population-decline-surprising (impression: 12th March 2024).

6   UN Population Division, op. cit.

7   이 책 전반에서 사용되는 출산율이라는 용어는 자녀를 실제로 둔 사람들의 출산율이 아닌 일반적인 출산율을 의미한다. 전자의 의미는 내가 사용하는 용어의 의미가 아니라 현재 통용되는 용어의 의미로, 모든 여성의 출산율이 아니라 실제로 자녀를 둔 여성들의 출산율만을 고려하여 자녀가 없는 이들을 포함하지 않는다.

8   UCL, 14th February 2022, https://blogs.ucl.ac.uk/assa/2022/02/14/ the-new-sandwich-generation-in-urban-china/ (impression: 29th August 2023).

9   UN Population Division, op. cit.

10 Gov.uk, https://ukhsa.blog.gov.uk/2019/01/29/ageing-and-health expenditure/; UN Population Division, op. cit. (impression: 16th April 2024)

11 World Population Review, https://worldpopulationreview.com/ country-rankings/ debt-to-gdp-ratio-by-country (impression: 18th September 2023).

12 *Economist*, 6th May 2023, p. 67.

13 D. Spears et al., 'Long-term Population Projections: Scenarios of Low or Rebounding Fertility', 2023, https://papers.ssrn.com/sol3/ papers.cfm?abstract_id=4534047 (impression: 29th November 2023).

14 World Economic Forum, 19th October 2021, https://www. weforum.org/ agenda/2021/10/human-impact-earth-planet-change development/ (impression: 18th April 2023).

15 BBC, 29th August 2018, https://www.bbc.co.uk/news/world-europe- 45342721; *Guardian*, 16th March 2023, https://www.theguardian. com/world/2023/mar/16/ emmanuel-macron-uses-special-powers to-force-pension-reform-france (impressions: 14th April 2023).

16 The data here and given below regarding dependency ratios come from UN Population Division, op. cit.

17 부양비는 일하기에는 너무 나이가 어리거나 많은 사람의 비율을 생산가능인구에 대비한 비율이다. 자녀 수 증가는 부양비를 악화시킬 수 있지만, 대규모 이민을 제외하고는(7장에서 논의됨) 장기적으로 노년부양비를 개선할 수 있는 유일한 방법이다. 자녀는 음식, 주거, 교육 등 자원 투입이 필요하고 경제에 기여하지도 않기 때문에 경제에 부담이 될 수 있지만, 노동시장에 진입할 때 수익을 낳는 일종의 투자로 생각해야 한다.

18 UN Population Division, op. cit.

19 *Economist*, 3rd June 2023, pp. 16–18.

20 *New York Times*, 15th November 2021, https://www.nytimes. com/2021/11/15/world/ asia/adult-diapers-japan.html (impression: 18th April 2023). This has been called into question by the BBC's *More or Less* programme.

21 CNBC, 7th December 2021, https://www.cnbc.com/2021/12/07/ elon-musk-civilization-will-crumble-if-we-dont-have-more children.html (impression: 7th August 2023).

22 Euronews, 23rd June 2023, https://www.euronews.com/2023/06/23/ german-lawmakers-approve-a-plan-to-attract-skilled-workers-to plug-the-countrys-labor-gap (impression: 7th August 2023).

23 Bloomberg, 29th March 2023, https://www.bloomberg.com/news/ articles/2023-03-29/japan-to-face-11-million-worker-shortfall-by 2040-study-finds#xj4y7vzkg (impression: 7th August 2023).

24 Insider, 1st February 2023, https://www.businessinsider.com/china shrinking-population-worker-labor-shortage-grim-omen-global economy-2023-2?r=US&IR=T (impression: 7th August 2023).

25 East Asia Forum, 19th March 2023, https://www.eastasiaforum. org/2023/03/19/ demography-poses-no-imminent-threat-to-chinas economic-modernisation/ (impression: 8th September 2023).

26 *New York Times*, 30th November 2017, https://www.nytimes. com/2017/11/30/world/asia/japan-lonely-deaths-the-end.html (impression: 16th April 2024).

27 Statista, https://www.statista.com/statistics/1113954/china-tertiary education-college-university-enrollment-rate/ (impression: 8th September 2023).

28 Jesus Fernandez Villa-Verde, Ventura Gustavo and Wen Yao, 'The Wealth of Working Nations', 19th November 2023, https://www. sas.upenn.edu/~jesusfv/Wealth_Working_Nations.pdf (impression: 1st December 2023).

29 Population Matters, 24th May 2023, https://populationmatters.org/ news/2023/05/pronatalism-in-the-uk/ (impression: 9th August 2023).

30 William Petersen, 'John Maynard Keynes's Theories of Population and the Concept of "Optimum"', *Population Studies*, 8(3), 1955, pp. 228–46.

31 합계출산율(가임기 여성 한 명당 예상 자녀 수) 측정은 출생률(전체 인구 대비 출생아 수) 측정보다 더 최근에 와서야 이루어졌다. 전간기에는 없던 통계치로 전후에 역산되었다.

32 ONS, https://www.ons.gov.uk/peoplepopulationandcommunity/ birthsdeathsandmarriages/livebirths/bulletins/birthsummarytables englandandwales/2021 (impression: 7th August 2023).

33 ONS, https://www.ons.gov.uk/peoplepopulationandcommunity/ birthsdeathsandmarriages/conceptionandfertilityrates/adhocs/14 218estimatedagespe

cificandtotalfertilityratesforukbornandnonuk bornwomenlivingintheukscotlandandnor thernireland (impression: 7th August 2023).

34   US Census, 6th April 2022, https://www.census.gov/library/ stories/2022/04/fertility-rates-declined-for-younger-women increased-for-older-women.html (impression: 9th August 2023).

35   UN, https://w3.unece.org/PXWeb/en/Table?IndicatorCode=34; *Los Angeles Times*, 6th May 2022, https://www.latimes.com/world nation/story/2022-05-06/motherhood-deferred-us-median-age for-giving-birth-hits-30 (impressions: 7th August 2023).

36   OnePoll, 31st July 2023, https://mr.onepoll.com/attitudes-to parenthood/ (impression: 7th August 2023).

37   Relevant, 28th July 2023, https://relevantmagazine.com/life5/one in-four-gen-z-and-millennials-say-no-to-ever-having-a-baby/ (impression: 7th August 2023).

38   Forbes, 20th June 2022, https://www.forbes.com/sites/christinecarter/ 2022/06/20/gen-z-women-postpone-motherhood-because-of-the challenges-working-millennial-moms-encounter/?sh=3a66c1f82b90 (impression: 7th August 2023).

39   *Guardian*, 23rd April 2021, https://www.theguardian.com/society/ 2021/apr/23/i-had-second-thoughts-the-gen-z-ers-choosing-not to-have-children (impression: 7th August 2023).

40   ONS, https://www.ons.gov.uk/peoplepopulationandcommunity/ birthsdeathsandmarriages/conceptionandfertilityrates/bulletins/ childbearingforwomenbornindifferentyearsenglandandwales/2020 (impression: 14th November 2023).

41   British Fertility Society, https://www.britishfertilitysociety.org.uk/fei/at-what-age-does-fertility-begin-to-decrease/ (impression: 14th November 2023).

42   Paul Morland, *Tomorrow's People*: The Future of Humanity in Ten Numbers, London, Picador, 2022, pp. 249–53.

43   Paul Morland and Philip Pilkington, 'Migration, Stagnation, or Procreation: Quantifying the Demographic Trilemma', ARC Research, October 2023, https://www.arc-research.org/research-papers/the demographic-trilemma (impression: 14th November 2023).

44   See Charles Goodhart and Manoj Pradhan, *The Great Demographic Reversal: Ageing Societies, Waning Inequality, and the Inflation Revival*, Cham, Switzerland, Palgrave Macmillan, 2020.

45   Buildings and Cities, 9th February 2021, https://www. buildingsandcities.org/insights/commentaries/sustainability-single households.html (impression: 29th August 2023).

46   IMF, https://www.imf.org/external/datamapper/expFPP/USA/ FRA/JPN/GBR/SWE/ ESP/ITA/ZAF/IND (impression: 8th August 2023).

47   IMF, https://www.imf.org/external/datamapper/CG_DEBT_ GDPGDD/CHN/FRA/ DEU/ITA/JPN/GBR/USA (impression: 8th August 2023).

48   World Government Bonds, http://www.worldgovernmentbonds. com/country/japan/ (impression: 8th August 2023).

49   Macrotrends, https://www.macrotrends.net/2593/nikkei-225-index historical-chart-data (impression: 8th August 2023).

50   Nippon.com, 10th July 2023, https://www.nippon.com/en/japan data/h01720/ (impression: 8th August 2023).

51   Trading Economics, https://tradingeconomics.com/united-kingdom/ government-bond-yield (impression: 8th August 2023).

52   Reuters, 2nd August 2023, https://www.reuters.com/markets/ us/fitch-cuts-us-governments-aaa-credit-rating-by-one notch-2023-08-01/ (impression: 8th August 2023).

53   *Financial Times*, 17th May 2023, https://www.ft.com/content/ f434c586-db1f-4d81-8b29-989db5c78f72 (impression: 12th September 2023).

54   Felix C. Tropf et al., 'Human Fertility, Molecular Genetics, and Natural Selection in Modern Societies', *PLOS One*, 13th June2013; *Guardian*, 3rd June 2015, https://www.theguardian.com/ science/2015/jun/03/genetics-plays-role-in-deciding-at-what age-women-have-first-child-says-study (impressions: 8th August 2023).

55   NCSU, https://www.newsocialcovenant.co.uk/family/closing-the birthgap/ (impression: 30th November 2023).

56   Ohio State University, 12th January 2023, https://news.osu.edu/ falling-birth-rate-not-due-to-less-desire-to-have-children/ (impres sion: 30th November 2023).

57   YouGov, 24th June 2021, https://yougov.co.uk/society/articles/36590 one-twelve-parents-say-they-regret-having-children (impression: 30th November 2023).

2장 저출산으로 향하는 길

1   UK Parliament, https://www.parliament.uk/about/living-heritage/ evolutionofparliament/legislativescrutiny/parliamentandireland/ overview/the-great-famine/ (impression: 19th April 2023).

2   Massimo Livi-Bacci, *A Concise History of World Population*, Chichester, Wiley-Blackwell, 2012, p. 25.

3   This is the subject of my second book, *The Human Tide: How Population Shaped the Modern World*, London, John Murray, 2019.

4   UN Population Division, https://population.un.org/wpp2019/ (impression: 13th March 2023).

5   Bryan Caplan, *Selfish Reasons to Have More Kids: Why Being a Great Parent Is Less Work and More Fun than You Think*, New York, Basic Books, 2011, p. 112.

6   The Print, 28th October 2021, https://theprint.in/health/what explains-kolkatas-falling-fertility-rate-aspiration-financial-strain contraceptive-coverage/757667/ (impression: 18th April 2023).

7   World Health Organization, https://apps.who.int/gho/data/node. searo. NODESUBREGfertility-ETH?lang=en (impression: 18th April 2023); World Bank, https://data.worldbank.org/indicator/ SP.DYN.TFRT.IN (impression: 12th March 2024).

8   John C. Caldwell, 'Toward a Restatement of Demographic TransitionT heory', *Population and Development Review*, 2(3–4), 1976, pp. 321–66.

9   World Bank, https://data.worldbank.org/indicator/NY.GDP.PCAP. CD (impression: 12th March 2024).

10   Al Jazeera, 22nd February 2023, https://www.aljazeera.com/ news/2023/2/22/ tunisias-saied-says-migration-aimed-at-changing demography (impression: 10th May 2023).

11   World Bank, https://data.worldbank.org/indicator/NY.GDP. PCAP.KD?locations=RW; World Bank, https://data.worldbank. org/indicator/SP.DYN.TFRT.IN?locations=RW (impressions: 12th May 2024).

12   BBC, 6th November 2015, https://www.bbc.co.uk/news/world africa-34732609; Statista, https://www.statista.com/statistics/1319001/ fertility-rate-in-kenya-by-county/ (impressions: 9th May 2023).

13   World Bank, https://data.worldbank.org/indicator/SP.DYN.TFRT. IN?locations=KE (impression: 12th March 2024).

14   At purchasing power parity; World Bank, https://data.worldbank. org/indicator/ NY.GDP.PCAP.PP.CD?locations=KE; World Health Organization, https://data.who.int/ countries/404 (impressions: 12th March 2024).

15   Macrotrends, https://www.macrotrends.net/countries/KEN/kenya/ literacy-rate (impression: 9th May 2023).

16   World Bank, https://data.worldbank.org/indicator/SP.DYN.LE00. IN?locations=CF

(impression: 12th March 2024); Macrotrends, https://www.macrotrends.net/countries/ CAF/central-african republic/literacy-rate (impression: 9th May 2023).

17   GlobalData, https://www.globaldata.com/data-insights/ macroeconomic/female-literacy-rate-in-nigeria/ (impression: 10th May 2023).

18   Ayo Stephen Adebowale, 'Ethnic Disparities in Fertility and Its Determinants in Nigeria', *Fertility Research and Practice*, 5, 2019, Article 3.

19   Countryeconomy.com, https://countryeconomy.com/demography/ religions/ nigeria?year=2000 (impression: 10th May 2023).

20   The Conversation, 12th March 2023, https://theconversation.com/ nigerias-cities-are-growing-fast-family-planning-must-be-part-of-urban-development-plans-199325 (impression: 10th May 2023). 이 데이터는 다소 예전의 것이지만, 차이가 줄어드는 경향은 지속되고 있다.

21   World Bank, https://data.worldbank.org/indicator/SP.DYN.LE00. IN?locations=CF (impression: 22nd March 2024).

22   World Population Review, https://worldpopulationreview.com/ world-cities/niamey-population; Macrotrends, https://www. macrotrends.net/global-metrics/cities/22007/ lagos/population; World Bank, https://data.worldbank.org/indicator/SP.URB.TOTL. IN.ZS (impressions: 22nd March 2024).

23   World Population Review https://worldpopulationreview.com/country- rankings/ literacy-rate-by-country (impression: 22nd March 2024).

24   *Globe and Mail*, 6th April 2017, https://www.theglobeandmail. com/news/world/ africa-contraception-and-population-growth/ article34599155/ (impression: 15th May 2023).

25   *Economist*, 8th April 2023, p. 37.

26   Bright Opoku Ahinkorah et al., 'Drivers of Desire for More Children among Child-bearing Women in sub-Saharan Africa: Implications for Fertility Control', *BMC Pregnancy and Childbirth*, 20(1), 2020.

27   New Security Beat, 11th May 2015, https://www.newsecuritybeat. org/2015/05/whats-west-central-africas-youthful-demographics high-desired-family-size/ (impression: 12th February 2023).

28   Our World in Data, https://ourworldindata.org/grapher/fertility and-wanted-fertility (impression: 12th May 2023).

29   Paul Morland, *Tomorrow's People: The Future of Humanity in Ten Numbers*, London, Picador, 2022.

30 Ron Lesthaeghe, 'The Second Demographic Transition: A Concise Overview of Its Development', *PNAS*, 111(51), 2014, pp. 18112–5.

31 World Population Review, https://worldpopulationreview.com/ country-rankings/out-of-wedlock-births-by-country (impression: 18th September 2023).

32 Office for National Statistics, https://shorturl.at/jsBNR (impression: 12th March 2024).

33 Tomáš Sobotka, Anna Matysiak and Zusanna Brzozwska, 'Policy Responses to Low Fertility: How Effective Are They?', UNFPA, 2019, p. 13.

34 Lyman Stone, 'The Truth about Demographic Decline', Law and Liberty, 2nd January 2023, https://lawliberty.org/forum/the-truth about-demographic-decline/ (impression: 8th September 2023).

35 World Population Review, https://worldpopulationreview.com/ country-rankings/ alcoholism-by-country; World Population Review, https://worldpopulationreview. com/country-rankings/drug-use-by country (impressions: 8th September 2023).

3장 오늘날의 저출산과 그 이유

1 Euronews, 15th June 2023, https://www.euronews.com/ next/2023/06/15/sperm-counts-are-declining-scientists-believe they-have-pinpointed-the-main-causes-why (impression: 30th November 2023).

2 NHS, https://www.nhs.uk/pregnancy/trying-for-a-baby/how-long it-takes-to-get-pregnant/ (impression: 30th November 2023); Alison Taylor, 'ABC of Subfertility: Extent of the Problem', *British Medical Journal*, 327(7413), 2003, pp. 494–7.

3 Guillaume Blanc, 'The Cultural Origins of the Demographic Transition in France', p. 28, https://www.guillaumeblanc.com/files/ theme/Blanc_secularization.pdf (impression: 8th December 2023).

4 Robert Tombs, *France* 1814–1914, London and New York, Longman, 1996, pp. 321–5.

5 Institute for Family Studies, 8th August 2022, https://ifstudies.org/ blog/americas-growing-religious-secular-fertility-divide (impres sion: 19th April 2023).

6 Pew Research Center, 14th December 2021, https://www. pewresearch.org/ religion/2021/12/14/about-three-in-ten-u-s adults-are-now-religiously-unaffiliated/ (impression: 19th April 2023).

7 Nitzan Peri-Roem, 'Fertility Rates by Education in Britain and France: The Role of Religion', *Population*, 75(1), 2020, pp. 9–36.

8 Pablo Brañas-Garza and Shoshana Neuman, 'Is Fertility Related to Religiosity? Evidence from Spain', *Population Studies*, 60(2), 2007, pp. 219–24.

9   Barbara S. Okun, 'Religiosity and Fertility: Jews in Israel', *European Journal of Population*, 33(4), 2017, pp. 475–507.

10   Eric Kaufmann, 'Islamism, Religiosity and Fertility in the Muslim World', 2009, https://www.sneps.net/RD/uploads/1 Islamismfertilitypaper.pdf (impression: 19th April 2019).

11   Vegard Skirbekk et al., 'Is Buddhism the Low Fertility Religion of Asia?', *Demographic Research*, 32(1), 2015, pp. 1–28.

12   Sylvie Dubuc, 'Fertility and Population in the UK: Trends and Outlooks', paper presented at the Population Association of America conference, 2009.

13   Hispanic Children and Families, 6th March 2019, https://www. hispanicresearchcenter.org/research-resources/hispanic-women-are helping-drive-the-recent-decline-in-the-us-fertility-rate/ (impres sion: 19th April 2023).

14   Statista, https://www.statista.com/statistics/226292/us-fertility rates-by-race-and-ethnicity/ (impression: 19th April 2023).

15   UN Population Division, https://population.un.org/wpp2019/ (impression: 13th March 2023); World Bank, https://data.worldbank. org/indicator/SP.DYN.TFRT.IN (impression: 14th March 2024).

16   World Bank, 24th November 2015, https://blogs.worldbank. org/health/female-education-and-childbearing-closer-look-data (impression: 6th July 2023).

17   *Economist*, 8th April 2018, p. 39.

18   Brady E. Hamilton, 'Total Fertility Rates, by Maternal Educational Attainment and Race and Hispanic Origin: United States, 2019', *National Vital Statistics Report*, 70(5), 2021.

19   CPC, October 2015, http://www.cpc.ac.uk/docs/BP29_Educational_ differences_in_childbearing_widen-in_Britain.pdf (impression: 19th April 2023).

20   John Ermisch, 'English Fertility Heads South: Understanding the Recent Decline', *Demographic Research*, 45, 2021, pp. 903–16.

21   Ann Berrington, 'Childlessness in the UK', in Michaela Kreyenfeld and Dirk Konietzka, *Childlessness in Europe: Contexts, Causes, and Consequences*, Berlin, Springer, 2017, pp. 57–76.

22   *Guardian*, 29th January 2013, https://www.theguardian.com/education/datablog/2013/jan/29/how-many-men-and-women-are-studying- at-my-university (impression: 20th April 2023).

23   Phys.org, 1st August 2019, https://phys.org/news/2019-08-women tinder-highly-men.

html (impression: 19th April 2023).

24 Anna-Kristin Kuhnt, Michaela Kreyenfeld and Heike Trappe, 'Fertility Ideals of
    Women and Men across the Life Course', in Michaela Kreyenfeld and Dirk Konietzka,
    Childlessness in Europe: Contexts, Causes, and Consequences, Berlin, Springer, 2017,
    pp. 235–52.

25 OECD Family Database, https://www.oecd.org/els/family/SF_2_2 Ideal-actual-
    number-children.pdf (impression: 25th January 2024).

26 Institute for Family Studies, 18th November 2020, https://ifstudies. org/blog/the-
    conservative-fertility-advantage (impression: 19th April 2023).

27 Ibid.

28 Ibid.

29 *Guardian*, 7th September 2022, https://www.theguardian.com/ lifeandstyle/2022/
    sep/07/having-children-may-make-you-more conservative-study-finds (impression:
    19th April 2023).

30 Tom S. Vogl and Jeremy Freese, 'Differential Fertility Makes Society More
    Conservative', PNAS, 117(14), 2020, pp. 7696–701.

31 World Bank, https://data.worldbank.org/indicator/NY.GDP.PCAP. CD; World Bank,
    https://data.worldbank.org/indicator/SP.DYN. TFRT.IN (impressions: 13th March
    2024).

32 *Guardian*, 13th October 2021, https://www.theguardian.com/ lifeandstyle/2021/
    oct/13/it-is-devastating-the-millennials-who would-love-to-have-kids-but-cant-afford-
    a-family (impression: 19th April 2023).

33 Open Access Government, 28th March 2022, https://www. openaccessgovernment.
    org/women-childcare-policy-spring-budget uk-government/132626/ (impression: 20th
    April 2023).

34 *i*, 15th November 2022, https://inews.co.uk/news/love-another baby-cant-afford-
    brutal-childcare-costs-1971217 (impression: 20th April 2023).

35 Good to Know, 18th October 2021, https://www.goodto.com/ family/babies/
    childcare-costs-are-why-i-cant-afford-a-second child-624960 (impression: 20th April
    2023).

36 OECD, June 2020, https://web-archive.oecd.org/2020-06 05/554683-OECD-Is-
    Childcare-Affordable.pdf; Euronews Next, 20th March 2022, https://www.euronews.
    com/next/2023/03/06/ childcare-puzzle-which-countries-in-europe-have-the-highest-
    and lowest-childcare-costs (impressions: 20th April 2023).

37   Adam Smith Institute, https://static1.squarespace.com/static/56eddde7
      62cd9413e151ac92/t/5968e14e86e6c08c90fda56c/1500045650060/
      Housing+and+fertility.pdf (impression: 20th April 2023).

38   Ibid.

39   ONS, https://www.ons.gov.uk/peoplepopulationandcommunity/
      birthsdeathsandmarriages/livebirths/datasets/birthsummarytables (impression: 24th
      April 2023).

40   Numbeo, https://www.numbeo.com/property-investment/rankings_ by_country.jsp
      (impression: 20th April 2023).

41   *Washington Post*, 2nd December 2022, https://www.washingtonpost. com/climate-
      environment/2022/12/02/climate-kids/ (impression: 19th April 2023).

42   *Guardian*, 27th November 2020, https://www.theguardian.com/ environment/2020/
      nov/27/climate-apocalypse-fears-stopping people-having-children-study (impression:
      20th April 2023).

43   *News International*, 23rd October 2022, https://www.thenews.com. pk/
      latest/1002741-meghan-markle-prince-harry-not-considering a-third-child-royal-
      expert-believes (impression: 19th April 2023).

44   *Guardian*, 27th February 2019, https://www.theguardian.com/ environment/
      shortcuts/2019/feb/27/is-alexandria-ocasio-cortez right-to-ask-if-the-climate-means-
      we-should-have-fewer-children (impression: 19th April 2023).

45   *Washington Post*, op. cit.

46   The Birthstrike Movement, https://birthstrikemovement.org/ (impression: 19th April
      2023).

47   *Daily Mail*, 29th March 2016, https://www.dailymail.co.uk/femail/ article-3513800/
      Holly-Brockwell-reveals-happiness-wins-four year-battle-sterilised-Morning.html
      (impression: 8th June 2023).

48   Bryan Caplan, *Selfish Reasons to Have More Kids: Why Being a Great Parent Is Less
      Work and More Fun than You Think*, New York, Basic Books, 2011, p. 134.

49   Therese Hesketh, Li Lu and Zhu Wei Xing, 'The Consequences of Son Preference
      and Sex-selective Abortion in China and Other Asian Countries', *Canadian Medical
      Association Journal*, 183(12), 2011, pp. 1374–7.

50   Hankyoreh, 7th January 2020, https://english.hani.co.kr/arti/english_ edition/
      e_national/923529.html; Statista, https://www.statista.com/ statistics/455905/
      urbanization-in-south-korea/ (impressions: 5th July 2023).

51 World Bank, https://data.worldbank.org/indicator/NY.GDP. PCAP.CD?locations=KR; World Bank, https://data.worldbank. org/indicator/NY.GDP.PCAP.CD?locations=JP (impressions: 14th March 2024).

52 Statista, https://www.statista.com/statistics/629032/south-korea university-enrollment-rate/ (impression: 5th July 2023).

53 Statista, https://www.statista.com/statistics/1378142/south-korea daily-time-spent-on-house-chores-by-gender/ (impression: 5th July 2023).

54 OECD, https://www.oecd.org/els/family/SF_2_4_Share_births_ outside_marriage.pdf (impression: 4th July 2023).

55 Insider, 7th July 2021, https://www.insider.com/people-in-seoul arent-having-sex-study-2021-7 (impression: 2nd August 2023).

56 Korea.net, https://www.korea.net/AboutKorea/Korean-Life/ Religion (impression: 5th July 2023).

57 *New York Times*, 16th May 2023, https://www.nytimes. com/2023/05/16/world/asia/korea-no-kids-zones.html (impression: 5th July 2023).

4장 이상적인 출산율의 비밀

1 Yale University, Genocide Studies Program, https://gsp.yale.edu/ case-studies/indonesia (impression: 19th May 2023).

2 World Bank, https://data.worldbank.org/indicator/NY.GDP.PCAP. KN?locations=ID (impression: 19th May 2023).

3 UNESCO, 26th February 2016, https://uil.unesco.org/case study/effective-practices-database-litbase-0/akrab-literacy-creates-power-indonesia; GlobalData, https://www.globaldata.com/data insights/macroeconomic/literacy-rate-in-indonesia/ (impressions: 19th May 2023).

4 UNESCO, https://gpseducation.oecd.org/CountryProfile?primaryCountry=IDN&treshold=10&topic=EO (impression: 19th May 2023).

5 World Bank, https://data.worldbank.org/indicator/SP.URB. TOTL?locations=ID (impression: 14th March 2024).

6 Mohamad Dziqie Aulia Al Farauqi and M. Najeri Al Syahrin, 'Governmentality, the Discourse, and Indonesia's Family Planning Program', https://eudl.eu/pdf/10.4108/eai.18-11-2020.2311626 (impression: 22nd May 2023).

7 For the establishment of the programme, see T. H. Reese, 'The Indonesian National Family Planning Program', *Bulletin of Indonesian Economic Studies*, 11(3), 1975, pp.

104–16.

8   T. H. Hull, V. J. Hull and M. Singarimbun, 'Indonesia's Family Planning Story: Success
     and Challenge', *Population Bulletin*, 32(6), 1977, pp. 1–52.

9   World Bank, https://data.worldbank.org/indicator/NY.GDP. MKTP.
     KD.ZG?locations=ID; World Bank, https://data.worldbank. org/indicator/NY.GDP.
     MKTP.KD.ZG?locations=TH (impres sions: 14th March 2024).

10   WorldData.info, https://www.worlddata.info/country-comparison. php?country1=IDN
     &country2=THA#economy (impression: 21st May 20223).

11   Rainer Kotschy, Patricio Suarez Urtaza and Uwe Sunde, 'The Demographic Dividend
     is More than an Education Dividend', PNAS, 117(42), 2020, pp. 25982–4.

12   Kristin Snopkowski and James Joseph Nelson, 'Fertility Intentions and Outcomes
     in Indonesia: Evolutionary Perspectives on Sexual Conflict', *Evolutionary Human
     Sciences*, 3, 2021.

13   Ratna Dwi Wulandari, Agung Dwi Laksono and Ratu Matahari, 'The Barrier to
     Contraceptive Use among Multiparous Women in Indonesia', *Indian Journal of
     Community Medicine*, 46(3), 2021, pp. 479–83.

14   Countryeconomy.com, https://countryeconomy.com/countries/ compare/india/
     indonesia?sc=XE34; NationMaster, https:// www.nationmaster.com/country-info/
     compare/India/Indonesia/ Education; World Bank, https://data.worldbank.org/
     indicator/ SP.URB.TOTL.IN.ZS (impressions: 21st May 2023).

15   Pew Research Center, 21st November 2021, https://www. pewresearch.org/
     religion/2021/09/21/religious-composition-of india/ (impression: 21st May 2023).

16   Homegrown, 8th March 2022, https://homegrown.co.in/home grown-creators/
     i-don-t-want-kids-that-s-okay-indian-women talk-about-their-views-on-motherhood
     (impression: 21st May 2023).

17   GlobalDataLab, https://globaldatalab.org/areadata/table/tfr/IDN/ (impression: 22nd
     May 2023).

18   India Budget, https://www.indiabudget.gov.in/economicsurvey/doc/ stat/tab818.pdf
     (impression: 22nd May 2022).

19   Indian Ministry of Labour and Employment, 7th April 2022, https:// pib.gov.in/
     PressReleasePage.aspx?PRID=1814543 (impression: 13th November 2023).

20   Ibid.

21   Buenos Aires Times, 28th April 2022, https://www.batimes.com.ar/ news/argentina/
     average-argentine-woman-now-gives-birth-to-less than-two-children.phtml

(impression: 23rd May 2023).

22   BBC, 5th January 2022, https://www.bbc.co.uk/news/world europe-59884801
      (impression: 23rd May 2023).

23   BBC, 12th May 2023, https://www.bbc.co.uk/news/world europe-65572153
      (impression: 24th May 2023).

24   Cultural Atlas, 2018, https://culturalatlas.sbs.com.au/argentine culture/argentine-
      culture-religion (impression: 23rd May 2023).

25   *Washington Post*, 18th January 2021, https://www.washingtonpost. com/
      politics/2021/01/18/argentina-legalized-abortion-heres-how it-happened-what-it-
      means-latin-america/ (impression: 24th May 2023).

26   Medium, 7th June 2019, https://medium.com/sanjayaben/facts myths-about-sri-
      lankan-population-growth-f4782c23beb5 (impres sion: 24th May 2023).

27   Deborah S. DeGraff and K. A. P. Siddhisena, 'Unmet Need for Family Planning in
      Sri Lanka: Low Enough or Still an Issue?', *International Perspectives on Sexual and
      Reproductive Health*, 41(4), 2015, p. 200.

28   Jerusalem Post, 22nd January 2024, https://www.jpost.com/health and-wellness/
      article-783142 (impression: 25th January 2024).

29   World Bank, https://data.worldbank.org/indicator/NY.GDP.PCAP. CD (impression:
      14th March 2024).

30   OECD, https://data.oecd.org/eduatt/population-with-tertiary education.htm
      (impression: 5th June 2023).

31   NationMaster, https://www.nationmaster.com/country-info/stats/ Industry/Patent-
      applications/Residents/Per-capita (impression: 5th June 2023).

32   World Bank, https://data.worldbank.org/indicator/SP.URB.TOTL. IN.ZS (impression:
      14th March 2024).

33   UN, https://www.un.org/unispal/document/auto-insert-210930/ (impression: 6th June
      2023).

34   S. DellaPergola and J. Even, eds, *Papers in Jewish Demography*, Jerusalem, Hebrew
      University Press, 1997, pp. 11–33.

35   Philippe Fargues, 'Protracted National Conflict and Fertility Change: Palestinians and
      Israelis in the Twentieth Century', *Population and Development Review*, 23(6), 2000, p.
      447.

36   Ibid., p. 448.

37   Kai Bird, *Crossing the Mandelbaum Gate: Coming of Age between the Arabs and*

Israelis, 1956–1978, London, New York, Scribner, 2010, p. 219.

38 Paul Morland, Demographic Engineering: Population Strategies in Ethnic Conflict, Farnham, Ashgate, 2014, pp. 114–21.

39 Ibid., p. 122.

40 Israel Central Bureau of Statistics, https://www.cbs.gov.il/en/ publications/ pages/2023/fertility-of-jewish-and-other-women-in israel-by-level-of-religiosity-1979%E2%80%932022.aspx (impres sion: 14th March 2024).

41 CityPopulation, https://www.citypopulation.de/en/israel/admin/ west_bank/3797__ modiin_illit/ (impression: 6th June 2023).

42 CityPopulation, https://www.citypopulation.de/en/israel/telaviv/ admin/0681__givat_ shemuel/ (impression: 6th June 2023).

43 Israel Central Bureau of Statistics, op. cit.

44 Fargues, op. cit., p. 460.

45 Dov Chernichovsky et al., *The Health of the Israeli Arab Population*, Jerusalem, Taub Center, 2017, pp. 16, 17.

46 Israel Central Bureau of Statistics, op. cit.

47 J. Anson and A. Meir, 'Religiosity, Nationalism and Fertility in Israel', *European Journal of Population*, 12(1), 1996, pp. 1–25. The data on this are now fairly old and I have found nothing more recent in English.

48 OECD, https://www.oecd-ilibrary.org/sites/c63e99a9-en/index. html?itemId=/content/ component/c63e99a9-en (impression: 7th June 2023).

49 Taub Center, December 2018, https://www.taubcenter.org.il/en/ research/israels-exceptional-fertility/ (impression: 7th June 2023).

50 OECD, https://www.oecd-ilibrary.org/sites/c63e99a9-en/index. html?itemId=/content/ component/c63e99a9-en (impression: 7th June 2023).

51 Eurostat, 17th July 2020, https://ec.europa.eu/eurostat/web/products eurostat-news/-/ ddn-20200717-1 (impression: 7th June 2023).

52 OECD, https://www.oecd.org/els/family/SF_2_4_Share_births_ outside_marriage.pdf (impression: 7th June 2023).

53 Pew Research Center, 11th May 2021, https://www.pewresearch. org/ religion/2021/05/11/jewish-demographics/ (impression: 9th June 2023).

54 Jewish Chronicle, 8th April 2022, https://www.thejc.com/lets-talk/ all/the-riddle-of-modern-israel%27s-remarkably-high-birth-rates 2d3Ch8U5grh4kAYH42j7sR (impression: 9th June 2023).

55   For Hamas, see UN, https://www.un.org/unispal/document/auto insert-182893/ (impression: 9th June 2023). For Iran, see Atlantic, 15th July 2022, https://www. theatlantic.com/ideas/archive/2022/07/ joe-biden-middle-east-israel-iran/670530/ (impression: 9th June 2023).

56   Jewish Virtual Library, https://www.jewishvirtuallibrary.org/jewish population-of-the-world (impression: 11th June 2023).

57   Morland, 2014, op. cit., p. 124.

58   UN Population Division, https://population.un.org/wpp2019/ (impression: 13th March 2023).

59   Morland, 2014, op. cit., p. 129.

60   Ibid.

61   World Population Review, https://worldpopulationreview.com/ country-rankings/ maternity-leave-by-country; Lexology, 5th December 2021, https://www.lexology. com/library/detail.aspx?g=be7affc8-8538 4c4b-bcc9-9394c5e69e97 (impressions: 11th June 2023).

62   *Haaretz*, 11th May 2022, https://www.haaretz.com/israel news/2022-05-11/ty-article/.premium/israeli-fathers-to-receive paternity-leave-without-altering-partners-leave/00000180-d637 d452-a1fa-d7ff1eb50000 (impression: 12th June 2023).

63   UNICEF, https://www.unicef-irc.org/where-do-rich-countries stand-on-childcare (impression: 12th June 2023).

64   Times of Israel, 20th August 2013, https://www.timesofisrael.com/ reduced-child-allowance-benefits-come-into-effect/ (impression: 20th September 2023).

65   Haaretz, 9th March 2015, https://www.haaretz.com/science-and health/2015-03-09/ ty-article/ivf-in-israel-pros-and-cons/0000017f da7b-d432-a77f-df7b83080000 (impression: 12th June 2023).

66   Dan Senor and Saul Singer, *The Genius of Israel: The Surprising Resilience of a Divided Nation in a Turbulent World*, London, Avid/ Simon & Schuster, 2023, p. 105.

67   Ibid., p. 92.

68   Orna Donath, *Regretting Motherhood: A Study*, Berkeley, California, North Atlantic, 2017, pp. 6, 12.

2부 출산 장려를 반대하는 사람들과 그 해결책

1   Daily Citizen, 27th January 2023, https://dailycitizen.focusonthefamily. com/

japanese-prime-minister-warns-of-imminent-societal-collapse due-to-low-birth-rate/ (impression: 20th September 2023).

2 Deutsche Welle, 24th September 2005, https://www.dw.com/en/ france-moves-to-encourage-large-families/a-1720921 (impression: 3rd July 2023).

3 Reuters, 17th January 2023, https://www.reuters.com/world/ europe/france-sees-collapse-births-lowest-since-world-war two-2024-01-16/ (impression: 25th January 2024).

4 R. Dinkel, 'Are the Pro-natalist Measures of the German Democratic Republic Succeeding? A Comparative Description of Fertility Trends in Both German States', IFO Studies, 30(2), 1984, pp. 139–62; *Daily Telegraph*, 10th August 2000, https:// www.telegraph.co.uk/news/ worldnews/europe/germany/1352142/Germans-urged-to-have more-babies.html (impressions: 7th July 2023).

5 *New York Times*, 27th October 2015, https://www.nytimes. com/2015/10/28/world/ americas/in-cuba-an-abundance-of-love but-a-lack-of-babies.html (impression: 3rd July 2023).

6 *Foreign Policy*, 23rd September 2016, https://foreignpolicy. com/2016/09/23/forget-one-child-beijing-wants-china-to-make more-babies/ (impression: 20th July 2023).

7 *Guardian*, 18th May 2023, https://www.theguardian.com/ politics/2023/may/18/ miriam-cates-the-new-tory-darling-and rising-star-of-the-right (impression: 7th July 2023).

8 Wikipedia, https://en.wikipedia.org/wiki/Miriam_Cates (impres sion: 7th July 2023).

5장 페미니즘과 출산율

1 Tax Foundation, 27th May 2021, https://taxfoundation.org/tax relief-for-families-europe-2021/ (impression: 3rd July 2023).

2 HuffPost, 4th July 2022, https://www.huffingtonpost.co.uk/entry/ sunday-times-article-tax-childless_uk_62c2a896e4b00a9334ea7083 (impression: 4th July 2023).

3 Shannon N. Wood et al., 'Need for and Use of Contraception by Women before and during COVID-19 in Four sub-Saharan African Geographies: Results from Population-based National or Regional Cohort Surveys', *Lancet Global Health*, 9, 2021, pp. e793–801.

4 Fauzia Akhter Huda et al., 'Contraceptive Practices among Married Women of Reproductive Age in Bangladesh: A Review of the Evidence', *Reproductive Health*, 14(1), 2017.

5   Economist, 18th February 2023, p. 25.

6   Eva Beaujouan and Caroline Berghammer, 'The Gap between Lifetime Fertility Intentions and Completed Fertility in Europe and the United States: A Cohort Approach', *Population Research and Policy Review*, 38, 2019, pp. 507–35.

7   Maryam Hosseini et al., 'The Gap between Desired and Expected Fertility among Women in Iran: A Case Study of Tehran City', *PLOS One*, 16(9), 2021.

8   Wolfgang Lutz, 'The Future of Human Reproduction: Will Birth Rates Recover or Continue to Fall?', *Ageing Horizons*, 7, 2007, pp. 15–21.

9   Ohio State University, 12th January 2023, https://news.osu.edu/ falling-birth-rate-not-due-to-less-desire-to-have-children/ (impres sion: 11th April 2023).

10   *Guardian*, 26th January 2020, https://www.theguardian.com/ lifeandstyle/2020/ jan/26/im-almost-50-and-full-of-regret-its-too-late to-have-children-mariella-frostrup (impression: 6th September 2020).

11   Serap Kavas, 'The Gendered Division of Housework and Fertility Intention in Turkey', *Genus*, 75(21), 2019.

12   Anneli Miettinen et al., 'Women's housework decreases fertility: Evidence from a longitudinal study among Finnish couples', *Acta Sociologica*, 58(2), 2015, pp. 139–54.

13   Kaur Life, 20th April 2020, https://kaurlife.org/2020/04/20/silent murders-female-infanticide-and-sex-selective-abortions-among south-asians/ (impression: 7th July 2023).

14   *Independent*, 14th January 2014, https://www.independent.co.uk/ news/science/ the-lost-girls-it-seems-that-the-global-war-on-girls has-arrived-in-britain-9059610.html (impression: 7th July 2023).

6장 환경운동과 출산율

1   Peter Singer, *The Expanding Circle: Ethics and Sociobiology* [1981], Princeton, Princeton University Press, 2011.

2   *Washington Post*, 22nd December 2022, https://www.washingtonpost. com/climate-environment/2022/12/02/climate-kids/ (impression: 24th July 2023).

3   Pew Research Center, 19th November 2021, https://www.pewresearch. org/short-reads/2021/11/19/growing-share-of-childless-adults-in-u s-dont-expect-to-ever-have-children/ (impression: 24th July 2023).

4   Elizabeth Marks et al., 'Young People's Voices on Climate Anxiety, Government Betrayal and Moral Injury: A Global Phenomenon', *Lancet Planet Health*, 5, 2021, pp.

863–73.

5   Macrotrends, https://www.macrotrends.net/countries/GBR/united kingdom/infant-mortality-rate (impression: 24th July 2023). 영아 사망률은 1세 미만의 사망률을 의미한다. 유년기 사망률도 전반적으로 많이 감소했다.

6   UN Population Division, https://population.un.org/wpp2019/ (impression: 13th March 2023).

7   Our World in Data, https://ourworldindata.org/maternal-mortality (impression: 27th July 2023).

8   Ibid.

9   Our World in Data, https://ourworldindata.org/calorie-supply sources (impression: 24th July 2023).

10   Ohio State University, April 2023, https://origins.osu.edu/read/ hunger-not-eradicated-food-crisis-africa?language_content_ entity=en (impression: 24th January 2024).

11   Our World in Data, https://ourworldindata.org/hunger-and undernourishment (impression: 24th January 2024).

12   Our World in Data, https://ourworldindata.org/war-and-peace (impression: 24th July 2023).

13   Our World in Data, https://ourworldindata.org/natural-disasters (impression: 24th July 2023).

14   *Jewish Chronicle*, 21st July 2023, https://www.thejc.com/news/news/ just-stop-oil-spokeswoman-claims-all-humans-are-in-a-giant-gas chamber-4wvhav2B3A9OPTX7lVq0lX (impression: 24th July 2023).

15   Richard Fuller et al., 'Pollution and Health: A Progress Update', *Lancet*, 6(6), 2022, pp. 535–47.

16   ONS, https://www.ons.gov.uk/aboutus/transparencyandgovernance/ freedomofinformationfoi/ukdeathsrelatingtoexposuretopollution orpoorairquality (impression: 23rd July 2023).

17   *Guardian*, 16th December 2020, https://www.theguardian.com/ environment/2020/dec/16/girls-death-contributed-to-by-air pollution-coroner-rules-in-landmark-case (impression: 23rd July 2023).

18   Our World in Data, https://ourworldindata.org/water-access (impression: 24th July 2023).

19   UN Population Division, op. cit.

20 World Economic Forum, 12th September 2022, https://www. weforum.org/agenda/ 2022/09/reading-writing-global-literacy-rate changed/ (impression: 23rd July 2023).

21 Our World in Data, https://ourworldindata.org/tertiary-education (impression: 23rd July 2023).

22 NASA, https://climate.nasa.gov/global-warming-vs-climate change/ (impression: 24th July 2023).

23 M. L. Parry et al., 'Effects of Climate Change on Global Food Production under SRES Emissions and Socio-economic Scenarios', *Global Environmental Change*, 14(1), 2004, pp. 53–67.

24 Josef Schmidhuber and Francesco N. Tubiello, 'Global Food Security under Climate Change', PNAS, 104(50), 11th December 2007, pp. 19703–8.

25 Food and Agriculture Organization of the United Nations, 'Agricultural Production Statistics 2000–2020: Analytical Brief 41', p. 3, https://www.fao.org/3/cb9180en/ cb9180en.pdf.

26 Paul Morland, *Tomorrow's People: The Future of Humanity in Ten Numbers*, London, Picador, 2022, p. 241.

27 Our World in Data, https://ourworldindata.org/grapher/arable land-pin (impression: 29th August 2023).

28 *Guardian*, 17th September 2012, https://www.theguardian.com/ environment/2012/ sep/17/arctic-collapse-sea-ice (impression: 24th July 2023).

29 *Guardian*, 6th June 2023, https://www.theguardian.com/ environment/2023/jun/06/ too-late-now-to-save-arctic-summer ice-climate-scientists-find (impression: 24th July 2023).

30 European Space Agency, 13th May 2020, https://climate.esa.int/ en/projects/sea-ice/news-and-events/news/simulations-suggest-ice free-arctic-summers-2050/ (impression: 24th July 2023).

31 NSIDC, https://nsidc.org/arcticseaicenews/ (impression: 24th July 2023).

32 EOS, 11th February 2022, https://eos.org/science-updates/ new-perspectives-on-the-enigma-of-expanding-antarctic-sea-ice; NOAA, 14th March 2023, https://www.climate. gov/news-features/ understanding-climate/understanding-climate-antarctic-sea-ice extent (impressions: 24th July 2023).

33 NOAA, 28th June 2023, https://www.climate.gov/news-features/ event-tracker/ antarctic-sea-ice-reaches-early-winter-record-low june-2023 (impression: 24th July 2023).

34   Al Jazeera, 1st July 2014, http://america.aljazeera.com/ articles/2014/7/1/kiribati-climatechange.html (impression: 24th July 2023).

35   ABC News [Australia], 7th January 2021, https://www.abc.net.au/ news/2021-01-08/ why-are-hundreds-of-pacific-islands-getting bigger/13038430 (impression: 24th July 2023).

36   Qi Zhao et al., 'Global, Regional, and National Burden of Mortality Associated with Non-optimal Ambient Temperatures from 2000 to 2019: A Three-stage Modelling Study', *Lancet Planetary Health*, 5(7), July 2021, pp. e415–e425.

37   World Bank, https://data.worldbank.org/indicator/EN.ATM. CO2E.PC?name_ desc=false (impression: 24th July 2023).

38   *Economist*, 19th August 2023, p. 61.

39   UK Department for Energy Security and Net Zero, https://assets. publishing.service. gov.uk/government/uploads/system/uploads/ attachment_data/file/1168116/2021-local-authority-ghg-emissions stats-summary-update-060723.pdf (impression: 24th July 2023).

40   ONS, https://www.ons.gov.uk/economy/nationalaccounts/ uksectoraccounts/ compendium/economicreview/october2019/ thedecouplingofeconomicgrowthfromca rbonemissionsukevidence (impression: 24th July 2023).

41   Energy.gov, https://www.energy.gov/energysaver/furnaces-and boilers (impression: 26th July 2023).

42   Macrotrends, https://www.macrotrends.net/countries/USA/united states/carbon-co2-emissions (impression: 2nd August 2023).

43   Green Car Congress, 30th September 2019, https://www. greencarcongress. com/2019/09/20190930-sivak.html (impression: 26th July 2023).

44   Car and Driver, 28th February 2023, https://www.caranddriver.com/ features/ g15382442/best-gas-mileage-nonhybrid-cars-gasoline nonelectric/ (impression: 26th July 2023).

45   *Daily Telegraph*, citing S&P Global Commodity Insights, 1st August 2023 https:// www.telegraph.co.uk/business/2023/08/01/china-clean-tech-revolution-leader-defeatist-britain/ (impression: 2nd August 2023).

46   World Economic Forum, 4th November 2021, https://www. weforum.org/ agenda/2021/11/renewable-energy-cost-fallen/ (impression: 23rd July 2023).

47   IRENA, https://www.irena.org/Energy-Transition/Technology/ Energy-storage-costs (impression: 23rd July 2023).

48   Statista, https://www.statista.com/statistics/236657/global-crude oil-reserves-since-1990/ (impression: 26th July 2023).

49   W. Stanley Jevons, *The Coal Question: An Enquiry concerning the Progress of the Nation and the Probable Exhaustion of our Coal Mines*, London and Cambridge, Macmillan, 1865.

50   *Scientist*, 28th October 2022, https://www.the-scientist.com/news opinion/younger-scientists-are-more-innovative-study-finds-70700 (impression: 13th November 2023).

51   *Harvard Business Review*, January 2017, https://hbr.org/2017/01/ what-a-study-of-33-countries-found-about-aging-populations-and innovation (impression: 6th February 2024).

52   Carnegie Endowment, 18th March 2010, https://carnegieendowment. org/2010/03/18/japan-s-past-and-u.s.-future-pub-40356 (impres sion: 26th July 2023).

53   Lee Branstetter and Yoshiaki Nakamura, 'Is Japan's Innovative Capacity in Decline?', in Magnus Blomström et al., eds, *Structural Impediments to Growth in Japan*, Chicago, Chicago University Press and National Bureau of Economic Research, 2003, pp. 195, 198.

54   Kazuo Nishimura, Dai Miyamoto and Tadashi Yagi, 'Japan's R&D Capabilities Have Been Decimated by Reduced Class Hours for Science and Math Subjects', *Humanities and Social Science Communications*, 9(210), 2022.

55   *MIT Technology Review*, 9th January 2023, https://www. technologyreview. com/2023/01/09/1065135/japan-automating eldercare-robots/; *Neue Zürcher Zeitung*, 23rd November 2022, https:// www.nzz.ch/english/how-japan-is-using-technology-to-care-for-its aging-population-ld.1713444 (impressions: 26th July 2023).

56   World Bank, https://data.worldbank.org/indicator/EN.ATM. CO2E.PC?name_desc=false (impression: 26th July 2023).

7장 인종차별과 출산율

1   *Observer*, 6th August 2023, https://www.theguardian.com/ commentisfree/2023/aug/06/conservative-calls-women-more babies-hide-pernicious-motives (impression: 7th August 2023).

2   *The Voice*, 29th December 2022, https://www.voice-online.co.uk/ news/uk-news/2022/12/29/will-the-caribbean-community survive-population-decline/; ONS, https://www.ons.gov.uk/ peoplepopulationandcommunity/culturalidentity/ethnicity/bulletins/ ethnicgroupenglandandwales/census2021 (impressions: 27th July 2023).

3   Sylvie Dubuc, 'Fertility and Population in the UK: Trends and Outlooks', paper presented at the Population Association of America conference, 2009.

4   AP, 29th June 2020, https://apnews.com/article/ap-top-news international-news-weekend-reads-china-health-269b3de1af34e1 7c1941a514f78d764c (impression: 28th July 2023).

5   Amnesty International, June 2006, https://www.amnesty.org/en/ wp-content/uploads/2021/08/mde180042006en.pdf (impression: 28th July 2023).

6   Paul Morland, *The Human Tide: How Population Shaped the Modern World*, London, John Murray, 2019, p. 88.

7   Leslie King, 'Demographic Trends, Pronatalism and Nationalist Ideologies in the Late Twentieth Century', *Ethnic and Racial Studies*, 25(3), 2002, pp. 367–89.

8   See, for example, Le Monde, 9th March 2023, https://www.lemonde. fr/en/opinion/article/2023/01/09/presenting-the-pension-reform as-fair-to-women-is-a-lot-of-hogwash_6010887_23.html (impres sion: 16th March 2024).

9   Paul Morland, *Tomorrow's People: The Future of Humanity in Ten Numbers*, London, Picador, 2022, p. 88.

10   Michelle J. K. Osterman et al., 'Births: Final Data for 2021', *National Vital Statistics Report*, 72(1), 2023, p. 26, https://www.cdc.gov/ nchs/data/nvsr72/nvsr72-01.pdf; India Budget, https://www. indiabudget.gov.in/economicsurvey/doc/stat/tab818.pdf (impres sions: 28th July 2023).

11   UN Department of Economic and Social Affairs, 2021, https://www. un.org/development/desa/pd/sites/www.un.org.development.desa. pd/files/undesa_pd_2021_wpp-fertility_policies.pdf (impression: 15th March 2024).

12   UK Parliament, https://www.parliament.uk/about/living heritage/transformingsociety/private-lives/yourcountry/overview/ nationalservice/ (impression: 3rd August 2023).

13   20~25세와 6~65세의 차이를 기준으로, as per UN Population Division, https:// population.un.org/ wpp2019/ (impression: 13th March 2023).

14   *Washington Post*, 7th January 2022, https://www.washingtonpost.com/politics/2022 /01/07/economy-is-feeling-effects-fading-babyboom/ (impression: 27th July 2023).

15   ONS, https://www.ons.gov.uk/employmentandlabourmarket/ peoplenotinwork/unemployment/timeseries/mgsx/lms (impression: 27th July 2023).

16   ONS, https://www.ons.gov.uk/peoplepopulationandcommunity/ populationandmigration/internationalmigration/articles/explore50 yearsofinternationa lmigrationtoandfromtheuk/2016-12-01 (impression: 27th July 2023).

17   Friedrich-Ebert-Stiftung, 2011, https://library.fes.de/pdf-files/id/ ipa/08041.pdf (impression: 27th July 2023).

18   CountryEconomy.com, https://countryeconomy.com/countries/ compare/poland/ uk?sc=XEAB (impression: 27th July 2023).

19   World Bank, https://data.worldbank.org/indicator/NY.GDP.PCAP. PP.CD?locations=PL; World Bank, https://data.worldbank.org/ indicator/NY.GDP.PCAP.PP.CD?locations=GB (impression: 15th March 2024).

20   The Migration Observatory, 2nd August 2022, https:// migrationobservatory.ox.ac.uk/ resources/briefings/migrants-in-the uk-an-overview/ (impression: 27th July 2023).

21   Central Statistics Office Ireland, https://www.cso.ie/en/ releasesandpublications/ep/ p-pme/populationandmigrationestim atesapril2022/keyfindings/ (impression: 27th July 2023).

22   Dudley Kirk, *Europe's Population in the Interwar Years*, Princeton, League of Nations Publications, 1946, pp. 282–3.

23   Government of Luxembourg, https://luxembourg.public.lu/en/ society-and-culture/ international-openness/luxembourg-portugal. html (impression: 27th July 2023).

24   Full Fact, 13th February 2017, https://fullfact.org/europe/eu-has shrunk-percentage-world-economy/ (impression: 27th July 2023).

25   *Cosmopolitan*, 19th December 2014, https://www.cosmopolitan.com/ lifestyle/news/ a34405/im-latina-and-i-dont-want-kids/ (impression: 2nd August 2023).

26   UN Population Division, op. cit.

27   Pew Research Center, 9th July 2021, https://www.pewresearch.org/ short-reads/2021/07/09/before-covid-19-more-mexicans-came-to the-u-s-than-left-for-mexico-for-the-first-time-in-years/ (impres sion: 23rd July 2023).

28   Darrell Bricker and John Ibbison, *Empty Planet: The Shock of Global Population Decline*, New York, Crown, 2019, p. 121.

29   Calculation based on data of UN Population Division, op. cit.

30   World Bank, https://data.worldbank.org/indicator/NY.GDP.PCAP. CD (impression: 15th March 2024).

31   Eric Kaufmann, *Whiteshift: Populism, Immigration and the Future of White Majorities*, London, Allen Lane, 2018, pp. 201–4.

32   European Principle Group, 24th April 2022, https:// europeanprincipalgroup.com/ insight/analysis-2nd-round-of-the french-presidential-election-apr-24th/; CNN, 6th May 2022, http:// edition.cnn.com/2002/WORLD/europe/05/05/france.win/ (impres

sions: 3rd August 2023).

33   Euronews, 30th June 2023, https://www.euronews.com/ my-europe/2023/06/30/
      eu-summit-ends-with-a-whimper-as-poland and-hungary-resist-migration-reform
      (impression: 3rd August 2023).

34   Gi-Wook Shin, 'Racist South Korea? Diverse but Not Tolerant', in Rotem Kowner and
      Walter Demel, eds, *Race and Racism in Modern East Asia*, Leiden and Boston, Brill,
      2013, p. 369.

35   In My Korea, 26th December 2023, https://inmykorea.com/how many-foreigners-in-
      korea/ (impression: 3rd August 2023).

36   Amnesty International, 10th March 2023, https://www.amnesty.org/en/ latest/
      news/2023/03/tunisia-presidents-racist-speech-incites-a-wave of-violence-against-
      black-africans/ (impression: 3rd August 2023).

37   Africa News, 15th July 2023, https://www.africanews.com/2023/ 07/15/tunisia-not-a-
      land-of-transit-or-settlement-president// (impression: 3rd August 2023).

38   UK Parliament, https://lordslibrary.parliament.uk/ugandan-asians 50-years-since-their-
      expulsion-from-uganda/ (impression: 3rd August 2023).

39   *Mail and Guardian* [South Africa], https://atavist.mg.co.za/ghana must-go-the-ugly-
      history-of-africas-most-famous-bag/ (impression: 3rd August 2023).

40   Department of Health and Social Care, https://www.gov.uk/ government/
      publications/code-of-practice-for-the-international recruitment-of-health-and-social-
      care-personnel/code-of-practice for-the-international-recruitment-of-health-and-
      social-care personnel-in-england (impression: 4th August 2023).

41   *The Voice*, 30th March 2023, https://www.voice-online.co.uk/news/ exclusive-
      news/2023/03/30/more-ghanaian-nurses-in-nhs-than-in ghana/ (impression: 3rd
      August 2023).

8장 기술의 힘

1   F. K. Donnelly, 'Luddites Past and Present', *Labour*, 18, 1986, pp. 217–21.

2   Marxist Internet Archive, https://www.marxists.org/archive/marx/ works/1848/
      communist-manifesto/ch01.htm (impression: 10th August 2023).

3   Energy Intelligence, 14th October 2022, https://www.energyintel. com/00000183-
      d5b7-da97-ad9f-d7f7e4e70000 (impression: 10th August 2023).

4   Statista, https://www.statista.com/statistics/281998/employment figures-in-the-united-
      kingdom-uk/; 1911 Census, https:// www.1911census.org.uk/1811 (impressions:

10th August 2023). Note that the 1811 census data are for Great Britain, whereas the workforce data include Northern Ireland as well.

5   John Maynard Keynes, *Essays in Persuasion*, New York, Harcourt Brace, 1932, pp. 358–73.

6   Our World in Data, https://ourworldindata.org/working-hours (impression: 10th August 2023).

7   Martin Ford, *The Rise of the Robots: Technology and the Threat of Mass Unemployment*, London, Oneworld, 2015, p. 32.

8   M. W. Linn, R. Sandifer and S. Stein, 'Effects of Unemployment on Mental and Physical Health', *American Journal of Public Health*, 75(5), 1985, pp. 502–6.

9   Our World in Data, https://ourworldindata.org/employment-in agriculture (impression: 10th August 2023).

10   Statista, https://www.statista.com/topics/6880/food-trade-in france/#topicOverview (impression: 10th August 2023).

11   Federal Reserve of St Louis, https://fred.stlouisfed.org/series/ DEUPEFANA (impression: 10th August 2023).

12   Paul Morland, *Tomorrow's People: The Future of Humanity in Ten Numbers*, London, Picador, 2022, p. 67.

13   Gov.uk, https://www.gov.uk/government/statistics/taxi-and-private hire-vehicle-statistics-england-2022/taxi-and-private-hire-vehicle statistics-england-2022 (impression: 10th August 2023).

14   CompTIA, March 2023, https://www.cyberstates.org/pdf/ CompTIA_State_of_the_tech_workforce_2023.pdf (impression: 10th August 2023).

15   PwC, https://www.pwc.co.uk/services/economics/insights/the-impact of-automation-on-jobs.html (impression: 12th September 2023).

16   National Institute of Social and Economic Research, *Productivity in the UK: Evidence Review*, June 2022, p. 10, https://www.niesr.ac.uk/ wp-content/uploads/2022/06/Productivity-in-the-UK-Evidence Review.pdf?ver=VIgU5hfsI5mFdzSLFHvj.

17   OECD, https://stats.oecd.org/Index.aspx?DataSetCode=PDYGTH (impression: 17th March 2024).

18   Trading Economics, https://tradingeconomics.com/united-states/ productivity (impression: 14th August 2023).

19   Brookings, 1st March 1999, https://www.brookings.edu/articles/ the-solow-productivity-paradox-what-do-computers-do-to productivity/ (impression: 14th

August 2023).

20   Ford, 2015, op. cit.

21   Ibid., p. xii.

22   Ibid., pp. 122–3.

23   Ibid., pp. 161–5.

24   *MIT Technology Review*, 9th January 2023, https://www. technologyreview. com/2023/01/09/1065135/japan-automating eldercare-robots/ (impression: 14th August 2023).

25   Ford, 2015, op. cit., pp. 177–8.

26   The Conversation, 23rd March 2023, https://theconversation.com/ we-were-told-wed-be-riding-in-self-driving-cars-by-now-what happened-to-the-promised-revolution-201088 (impression: 14th August 2023).

27   Euronews, 20th September 2022, https://www.euronews.com/next/ 2022/09/20/will-self-driving-cars-on-our-roads-ever-be-a-reality some-experts-are-becoming-sceptical (impression: 14th August 2023).

28   *Economist*, 2nd September 2023, p. 61.

29   Christopher Mims, *Arriving Today: From Factory to Front Door – Why Everything Has Changed about How and What We Buy*, New York, Harper Business, 2021, p. 142.

30   Martin Ford, *Rule of the Robots: How Artificial Intelligence Will Transform Everything*, London, Basic Books, 2021.

31   Jobst Landgrebe and Barry Smith, *Why Machines Will Never Rule the World: Artificial Intelligence without Fear*, Abingdon, Routledge, 2022. Carl Benedikt Frey and Michael Osborne, 'Generative AI and the Future of Work', Oxford Martin School Working Papers on the Future of Work, Oxford, Oxford Martin School, 2023, https://www. oxfordmartin.ox.ac.uk/downloads/academic/2023-FoW-Working Paper-Generative-AI-and-the-Future-of-Work-A-Reappraisal combined.pdf.

32   BBC, 3rd November 2023, https://www.bbc.co.uk/news/ uk-67302048 (impression: 1st December 2023).

9장 정부의 힘

1   Tom Clark and Andrew Dilnot, 'Long-term Trends in British Taxation and Spending', IFS Briefing Notes, 25, Institute of Fiscal Studies, p. 2, https://ifs.org.uk/sites/default/ files/output_url_files/bn25.pdf; Statista, https://www.statista.com/statistics/298478/ public-sector-expenditure-as-share-of-gdp-united-kingdom-uk/ (impression: 23rd

August 2023).

2   IMF, https://www.imf.org/external/datamapper/expFPP/USA/ FRA/JPN/GBR/SWE/ ESP/ITA/ZAF/IND (impression: 22nd August 2023).

3   Dubravka Šuica, speaking in Vienna, 28th April 2023. See European Commission, 28th April 2023, https://ec.europa.eu/commission/ presscorner/detail/en/ speech_23_2509.

4   Kathleen Dalton, *Theodore Roosevelt: A Strenuous Life*, New York, Vintage, 2022, pp. 305–6.

5   Richard Nixon, 'President Nixon on Problems of Population Growth', *Population and Development Review*, 32(4), 2006, pp. 771–82.

6   Paul Morland, *The Human Tide: How Population Shaped the Modern World*, London, John Murray, 2019, pp. 41–99.

7   Marie-Monique Huss, 'Pronatalism in the Inter-war Period in France', *Journal of Contemporary History*, 25(1), 1990, pp. 39–68.

8   Morland, 2019, op. cit., p. 100; Lauren E. Forcucci, 'Battle for Births: T he Fascist Pronatalist Campaign in Italy 1925 to 1938', *Journal of the Society for the Anthropology of Europe*, 10(1), 2010, p. 1; David L. Hoffmann, 'Mothers in the Motherland: Stalinist Pronatalism in Its Pan-European Context', *Journal of Social History*, 34(1), pp. 35–54.

9   Leslie King, 'France Needs Children: Pronatalism, Nationalism, and Women's Equity', *Sociological Quarterly*, 39(1), 1998, p. 44.

10 Revue Benefits, https://revenuebenefits.org.uk/child-benefit/policy/ where_it_all_ started/ (impression: 22nd August 2023).

11 Tomáš Sobotka, Anna Matysiak and Zusanna Brzozwska, 'Policy Responses to Low Fertility: How Effective Are They?', UNFPA, 2019, p. 23.

12 UN Department of Economic and Social Affairs, 2021, https://www. un.org/ development/desa/pd/sites/www.un.org.development.desa. pd/files/undesa_ pd_2021_wpp-fertility_policies.pdf (impression: 22nd August 2023).

13 The Budapest Beacon, 29th July 2014, https://budapestbeacon.com/ full-text-of-viktor-orbans-speech-at-baile-tusnad-tusnadfurdo-of 26-july-2014/ (impression: 23rd August 2023).

14 Reuters, 28th July 2022, https://www.reuters.com/world/europe/ hungarys-orban-says-his-anti-immigration-stance-not-rooted racism-after-backlash-2022-07-28/ (impression: 23rd August, 2023).

15 Conservative Home, 14th February 2023, https://conservativehome. com/2023/02/14/

demographic-collapse-and-what-we-can-learn about-natalism-from-hungary-and-poland/ (impression: 24th August 2023).

16   András Klinger, 'Fertility and Family Planning in Hungary', *Studies in Family Planning*, 8(7), 1977, pp. 166–7.

17   UN Department of Economic and Social Affairs, op. cit.

18   Éva Berde and Áron Drabancz, 'The Propensity to Have Children in Hungary, with Some Examples from Other European Countries', *Frontiers in Sociology*, 7, 2022.

19   World Directory of Minorities and Indigenous People, https:// minorityrights.org/country/hungary/ (impression: 23rd August 2023); Laura Szabó et al., 'Fertility of Roma Minorities in Central and Eastern Europe', *Comparative Population Studies*, 46, October 2021.

20   European Commission, https://commission.europa.eu/strategy and-policy/policies/justice-and-fundamental-rights/combatting discrimination/roma-eu/roma-equality-inclusion-and-participation eu-country/hungary_en (impression: 24th August 2023).

21   Reporting Democracy, 23rd September 2021, https://balkaninsight. com/2021/09/23/helping-hungarians-have-all-the-babies-they want/ (impression: 23rd August 2023).

22   Linda J. Cook et al., 'Trying to Reverse Demographic Decline: Pro natalist and Family Policies in Russia, Poland and Hungary', *Social Policy and Society*, 22(2), 2022, pp. 355–75.

23   UN Department of Economic and Social Affairs, op. cit.

24   *European Conservative*, 27th October 2023, https:// europeanconservative.com/articles/news/hungary-boosts-family support-to-raise-birth-rate/ (impression: 1st December 2023).

25   *Guardian*, 4th March 2020, https://www.theguardian.com/ world/2020/mar/04/baby-bonuses-fit-the-nationalist-agenda-but do-they-work (impression: 23rd August 2023).

26   Ibid.

27   Eurostat, https://ec.europa.eu/eurostat/statistics-explained/index. php?title=Government_expenditure_on_defence (impression: 23rd August 2023).

28   Berde and Drabancz, op. cit.

29   Institute for Family Studies, 10th July 2018, https://ifstudies. org/blog/is-hungary-experiencing-a-policy-induced-baby-boom (impression: 23rd August 2023).

30   BNE Intellinews, 30th January 2023, https://www.intellinews.com/ hungary-s-demographic-slide-continues-in-2022-268210/ (impres sion: 17th March 2024).

31   Statista, https://www.statista.com/statistics/1199245/hungary women-of-childbearing-

age-by-marital-status/ (impression: 23rd August 2023).

32 Hungary Today, 19th May 2022, https://hungarytoday.hu/number of-marriages-eu-highest-number-hungary-european-union weddings/ (impression: 23rd August 2023).

33 Cook et al., op. cit.

34 Australian Museum, 9th December 2021, https://australian.museum/ learn/science/human-evolution/the-spread-of-people-to-australia/ (impression: 23rd August 2023).

35 Morland, 2019, op. cit., p. 13.

36 UN Department of Economic and Social Affairs, op. cit.

37 Treasury [Australia], 6th May 2002, https://treasury.gov.au/ publication/2002-igr (impression: 20th March 2024).

38 *Sydney Morning Herald*, 3rd July 2022, https://www.smh.com.au/ national/the-baby-bonus-generation-is-starting-to-turn-18-has-it saved-australia-s-population-20220624-p5awfg.html (impression: 25th August 2023).

39 Ibid.

40 *Sydney Morning Herald*, 3rd May 2008, https://www.smh.com.au/ national/rudd-to-end-baby-bonus-for-rich-20080503-gdsc1z.html (impression: 25th August 2023).

41 UN Department of Economic and Social Affairs, op. cit.

42 Robert Drago et al., 'Did Australia's Baby Bonus Increase the Fertility Rate?', *Population Research and Policy Review*, 30(3), p. 24.

43 *Financial Review*, 1st September 2017, https://www.afr.com/politics/ peter-costellos-baby-bonus-generation-grows-up-20170831-gy7wfg (impression: 25th August 2023).

44 Treasury [Australia], 24th August 2023, https://ministers.treasury. gov.au/ministers/jim-chalmers-2022/transcripts/national-press club-address-qa (impression: 20th March 2023).

45 Australian Institute of Family Studies, April 2023, https://aifs.gov. au/research/facts-and-figures/births-australia-2023 (impression: 17th March 2024).

46 See, for example, Mei Fong, *One Child: The Story of China's Most Radical Experiment*, London, Oneworld, 2016.

47 World Bank, https://data.worldbank.org/indicator/SP.DYN.TFRT. IN?locations=CN (impression: 17th March 2024).

48 BBC, 17th January 2024, https://www.bbc.co.uk/news/world-asia china-68002803 (impression: 25th January 2024).

49 *Economist*, 21st January 2023, pp. 51–2.

50 Tian Wang and Quanbao Jiang, 'Recent Trend and Correlates of Induced Abortion in

China: Evidence from the 2017 China Fertility Survey', *BMC Women's Health*, 22(1), 2022, p. 469; Statista, https:// www.statista.com/statistics/250650/number-of-births-in-china/ (impressions: 30th August 2023).

51   *Guardian*, 17th August 2022, https://www.theguardian.com/ world/2022/aug/17/ chinese-government-birth-rate-policies abortions-population; South China Morning Post, 29th July 2022, https://www.scmp.com/tech/policy/article/3186924/year-after chinas-private-tutoring-crackdown-classes-have-moved (impres sions: 29th August 2023).

52   *Economist*, 29th September 2022, https://www.economist.com/ china/2022/09/29/ china-is-trying-to-get-people-to-have-more babies (impression: 29th August 2023).

53   *Economist*, 21st January 2023, op. cit.

54   UN Expert Group Meeting on Policy Responses to Low Fertility, 2nd–3rd November 2015, https://www.un.org/development/desa/pd/ sites/www.un.org.development. desa.pd/files/undp_egm_201511_ policy_brief_no._4.pdf; *Inroads*, 2018, https:// inroadsjournal.ca/ quebecs-childcare-program-20-2/; Statistics Canada, https:// www150.statcan.gc.ca/n1/pub/71-607-x/71-607-x2022003-eng. htm (impressions: 12th September 2023).

55   Sobotka, Matysiak and Brzozwska, op. cit.

56   IMF, 22nd July 2022 https://www.imf.org/en/Publications/fandd/ issues/Series/ Analytical-Series/new-economics-of-fertility-doepke hannusch-kindermann-tertilt (impression: 30th August 2023).

57   Re mental health, see Mental Health Foundation, https://www. mentalhealth.org.uk/ explore-mental-health/statistics/relationships community-statistics. Re law and order, see Stacey Bosick and Paula Fomby, 'Family Instability in Childhood and Criminal Offending during the Transition into Adulthood', *American Behavioural Scientists*, 62(11), 2018, pp. 1483–504. Re emissions, see Buildings and Cities, 9th February 2021, https://www.buildingsandcities. org/insights/commentaries/sustainability-single-households.html (impressions: 10th September 2023).

58   Cook et al., op. cit.

10장 인류의 힘

1   Institute for Family Studies, 11th October 2017, https://ifstudies. org/blog/in-georgia-a-religiously-inspired-baby-boom (impression: 31st August 2023).

2   Note that much of the fall was caused by emigration, a great deal of it to Russia,

following the dissolution of the Soviet Union.

3 Carnegie Europe, 23rd July 2021, https://carnegieeurope. eu/2021/07/23/orthodox-church-in-georgia-s-changing-society pub-85021 (impression: 17th March 2024).

4 *Economist*, 5th June 2014, https://www.economist.com/middle east-and-africa/2014/06/05/make-more-babies (impression: 1st September 2023).

5 *Harper's Bazaar*, 1st August 2019 https://www.harpersbazaar.com/ uk/celebrities/news/a28574274/why-the-duke-and-duchess-of sussex-wont-have-more-than-two-children/ (impression: 16th April 2024).

6 British Social Attitudes, https://bsa.natcen.ac.uk/latest-report/british-social-attitudes-30/personal-relationships/homosexuality. aspx (impression: 31st August 2023).

7 BBC, 26th March 2015, https://www.bbc.com/news/uk-32061822 (impression: 17th March 2024).

8 The unit has been spun off and now offers services to governments across the world.

9 NHS Organ Donation, 20th May 2021, https://www.organdonation. nhs.uk/get-involved/news/family-and-public-support-helping-save lives-one-year-on-from-the-introduction-of-max-and-keira-s-law/ (impression: 24th January 2024).

10 ONS, https://www.ons.gov.uk/peoplepopulationandcommunity/birthsdeathsandmarriages/conceptionandfertilityrates/bulletins/conceptionstatistics/2021 (impression: 1st September 2023).

11 Gov.uk, https://www.gov.uk/government/collections/teenage pregnancy (impression:17th March 2024).

12 ABC News [US], 25th April 2018, https://abcnews.go.com/Health/ number-pre-teen-moms-us-record-low-cdc/story?id=54720089 (impression: 1st September 2023).

13 Kai Part et al., 'Teenage Pregnancies in the European Union in the Context of Legislation and Youth Sexual and Reproductive Health Services', *AOGS*, 92(12), 2013, pp. 1395–406.

14 *Varsity*, 15th October 2021, https://www.varsity.co.uk/news/22211 (impression: 17th March 2024).

15 Forbes, 4th June 2020, https://www.forbes.com/sites/ davidhessekiel/2020/06/04/companies-taking-a-public-stand-in the-wake-of-george-floyds-death/?sh=5fd1111e7214; Lovin Dublin, 2nd June 2020, https://lovindublin.com/news/irish-businesses showing-support-for-the-black-lives-matter-movement (impressions: 1st September 2023).

16   *Independent*, 3rd October 2014, https://www.independent.co.uk/ news/people/ tracey-emin-there-are-good-artists-that-have children-they-are-called-men-9771053. html (impression: 1st September 2023).

17   *Vogue*, 14th May 2023, https://www.vogue.co.uk/article/creativity and-motherhood (impression: 4th September 2023).

18   See, for example, Qur'an 81:8.

19   Islam Question and Answer, https://islamqa.info/en/an`swers/13492/ does-islam-encourage-large-families (impression: 17th March 2024).

20   정통 유대교 내에서도 이에 대한 논쟁이 이루어지고 있다., Lea Taragin-Zeller, *The State of Desire: Religion and Reproductive Politics in the Promised Land*, New York, New York University Press, 2023.

21   Population Reference Bureau, June 2002, https://www.prb.org/ wp-content/ uploads/2016/09/IransFamPlanProg_Eng.pdf (impres sion: 11th April 2023).

22   Sriya Iyer, 'Religion and the Decision to Use Contraception in India', *Journal for the Scientific Study of Religion*, 41(4), 2002, pp. 711–22.

23   Jennifer Aengst, 'The Politics of Fertility: Politics and Pronatalism in Ladakh', *Himalaya*, 32(1), 2012.

24   World Bank, https://data.worldbank.org/indicator/SP.DYN.TFRT. IN; World Bank, https://data.worldbank.org/indicator/NY.GDP. PCAP.CD (impressions: 17th March 2024).

25   Pew Research Center, 21st September 2021, https://www. pewresearch.org/ religion/2021/09/21/religious-composition-of india/; Statista, https://www.statista. com/statistics/642137/malaysia fertility-rates-by-ethnic-group/; Colombo Telegraph, 31st December 2019, https://www.colombotelegraph.com/index.php/facts-and fallacies-of-muslim-population-in-sri-lanka/ (impressions: 11th April 2023).

26   BBC, 4th July 2023, https://www.bbc.co.uk/news/business-66030048 (impression: 12th September 2023).

27   Roberta Rutigliano and Mariona Lozano, 'Do I Want More If You Help Me? The Impact of Grandparental Involvement on Men's and Women's Fertility Intentions', *Genus*, 78(13), 2022.

28   Simon N. Chapman et al., 'Offspring Fertility and Grandchild Survival Enhanced by Maternal Grandmothers in Pre-industrial Society', *Scientific Reports*, 11(1), 2021.

이재득 옮김

지금 사회가 어떻게 현재의 모습을 갖추게 되었는지 늘 궁금하다. 사회에서 일어나는 변화들을 독자들에게 전달하는 데 큰 애정을 품고 번역한다. 국내에서 신문방송학을 전공하고 미국과 뉴질랜드에서 경영학을 수학했다. 현재 뉴질랜드에 살고 있다. 번역서로는 《일은 당신을 사랑하지 않는다》, 《부자아빠가 없는 너에게》, 《스트래티직 씽킹》, 《원온원 대화의 기술》 등이 있다. 글밥 아카데미 수료 후, 바른번역에서 경제경영, 인문사회과학 및 시사 분야 전문 번역가로 활동 중이다.

세계적인 인구학자 폴 몰런드의
사라지는 인류에 대한 마지막 경고

최후의 인구론

초판 1쇄 발행 2025년 1월 20일

지은이 폴 몰런드
옮긴이 이재득
펴낸이 성의현
펴낸곳 미래의창

편집주간 김성옥
책임편집 정보라
디자인 공미향

출판 신고 2019년 10월 28일 제2019-000291호
주소 서울시 마포구 잔다리로 62-1 미래의창빌딩(서교동 376-15, 5층)
전화 070-8693-1719 **팩스** 0507-0301-1585
홈페이지 www.miraebook.co.kr
ISBN 979-11-93638-58-3 03320

※ 책값은 뒤표지에 표기되어 있습니다.

생각이 글이 되고, 글이 책이 되는 놀라운 경험. 미래의창과 함께라면 가능합니다.
책을 통해 여러분의 생각과 아이디어를 더 많은 사람들과 공유하시기 바랍니다.
투고메일 togo@miraebook.co.kr (홈페이지와 블로그에서 양식을 다운로드하세요)
제휴 및 기타 문의 ask@miraebook.co.kr